谋天下

刘邦篇

高原 著

中华工商联合出版社

序　卓越领导者的必备素质

不论哪个朝代，皇帝都不是随随便便能当的。通过研究皇帝是怎样炼成的，我们不仅可以看到能当上皇帝、成为一个好皇帝的都是什么样的人，还能从中发现真正的优秀领导者的合格标准。

当然，好的帝王分为两种。一种是一无所有白手起家，从最底层的艰苦状态开始，战胜所有对手，一路登顶唯我独尊。另一种是有着父辈乃至数代的积累，依靠这些雄厚的资源获得了一个高起点，再加上自身的出色素质，成功地完成霸业。

毫无疑问，在中国的帝王中，刘邦和朱元璋属于第一种，李世民和赵匡胤则属于第二种。他们都取得了骄人的成绩，让无数的后人仰视，成为历史上卓越的皇帝。但很显然，相对于二代起家，白手起家的帝王更为不易，在我们的排行榜上也更有说服力。对今天的普通人来说，白手起家的帝王也是更好的学习对象。如，刘邦。

在起家创业的历程中，刘邦体现了自己非常明显的四个优点。我们也可以说，他的这四个优点，正是一个优秀帝王的合格标准。如果一个人不能同时具备这四条，那么他就很难承担起管理一个部门、一家公司甚至一个国家的重任。

第一：他有很厉害的情绪自控力；

第二：他非常善于长远布局，不争一城一地得失；

第三：他对下属充分地授权，发挥人才的作用；

第四：他重视约定，有极强的人格魅力。

在那个时代的群雄中，就这四条宝贵的品质，我们发现刘邦的主要对手项羽没有一条是合格的。

面对着当时不理想的现实，陈胜很愤怒，吴广也很愤怒，项羽比他们还愤怒。他们的情绪自控力差，在争夺天下的过程中愤怒地摧毁着一切，很多时候表现得就像一个疯子。但是，刘邦从不愤怒。他很冷静地知道自己应该成为什么样的人；他要做的是替代某些东西，而不是把它完全摧毁。从他看到秦始皇的车仗时的感慨中，我们就能发现，刘邦一开始就具有真正的帝王思想，从思维的起跑线上就已经领先了众人。项羽和陈胜等人的表现看不到帝王的影子，更像一方诸侯的作派。

在今天的很多人看来，刘邦似乎没有什么雄才伟略。比如总有人说他的天下是靠汉初三杰带来的，极少有人提到他的自身能力。我们也很少在历史上看到他大谈自己的宏伟战略，或者向人们宣扬自己的理想目标。但是，刘邦却用他的行动一步步地为人们展示了他的天下观、战略思想和布局能力。他走出的每一步都是为了未来更为巨大的收获，因此他习惯于隐忍和后退，将锋芒完全让给风头出尽的项羽。他缜密地计算，在机会出现时则采取果断和迅捷的行动，善于抓住最佳的良机。

尽管刘邦出身卑微，碌碌无为了大半辈子才正式踏上历史的舞台，但在宏观战略层面，他比出身贵族的项羽强出了不知多少个档次。项羽虽然勇武，却缺乏大局观。至于用人和授权这两项管理领域的重要工具的使用，作为对手的项羽更难与这位手下拥有"汉初三杰"和无数谋士与勇将的沛公相提并论了。刘邦在对于人才的信任和使用上，堪称最敢于放权的一位中国皇帝。即便在世界史上，刘邦也因为这一点而成为国外历史学家眼中的"最值得尊敬的天子"之一。

如果只看事情的表象，我们很容易认为"约法三章"是刘邦为了稳定局势、争取民心而采取的一种临时性的手段，但事实上，这四个字成为汉代立法的基础，是西汉政府在初期无为而治、与民休养生息的法理基础。项羽是这四个字的反面，他经常出尔反尔，大肆屠戮已经投降的敌军乃至无辜民众，纵容士兵抢掠财物，毁坏宫殿，荼毒百姓。这种不遵守承诺、缺乏信义、残暴无情的行事作风，完全与他贵族的出身不相匹配，也阻碍了他的争霸大业。与之相反的是，刘邦信守承诺，赢得了人心。

从信义的角度讲，刘邦完全兑现了对自己部下的承诺，成功之后分封诸将，缔造了新的秩序，让天下重归稳定。项羽却在起兵征战中不断地破坏着自己诚信的形象，比如对于"怀王之约"的公然违背，再比如暗杀义帝；而在广义上，刘邦守信重诺的特点还延伸到了比个人得失更为重要的社会领域，他使得汉代的立法以约法三章为基础，整体趋向于宽松，尽管从立法体例和内容看，仍然是秦律的延续，但从根本上对秦律中较为严酷的部分进行了改革，促进了社会的发展。

优秀的帝王通常出于风云际会之中，并开辟一个完全不同的"新世界"。所以，上述四条，不过是我们评价一个英雄最基本的标准。除此之外更重要的素质，则是一种预见并且去创造未来的能力。战国末期，当时天下已经逐渐呈现出了一强多弱的态势。七国中以秦国为独强，一强在西，不断扩张，日渐东进和南下，把其他的诸侯国慢慢蚕食，一一消灭。可以说，当天下发展到这种形势时，大一统已是指日可待，同时也是一种必然的趋势。

尽管完成统一后的秦国只维持了短短的十几年，但这种全国一统的潮流已是历史的选择，谁也不可能逆流而动。人们厌倦了诸侯国之间永无休止的互相征伐，只有统一才能带来长时间的和平。但是，带领诸侯联军和全国义军推翻秦王朝的主要带头人项羽，却对此缺乏一个清醒的认识。他想做的不过是恢复春秋时代的霸主荣光，他梦想成为齐桓公、晋文公，分封诸国而自己独霸。这仍然是裂土而封的梦想，违背了中原大地追求统一、结束内乱的民心。

刘邦看到并遵循了这个趋势，也把握住了宝贵的机会。于是，项羽在思想层面落到了下风之后，他的失败也就不可避免了。这正是刘邦作为一个卓越的帝王最为可贵的地方。无数人都想奋起于乱世，抓住机遇，成就一番事业。无数人都在拼命地向前冲，向前挤，付出也都是巨大的。但是，同为奋斗群体中的一员，只有那些具备长远的眼光、犀利的洞察力和准确预见力的人，才有取得辉煌成功的本钱。

这是刘邦的一生给我们的最大启示。

最后，你千万不要小看那些社会中的"垃圾角落"，用世俗的眼光轻视一个人的出身。因为有很多英雄和伟大的人物，其实都是在"垃圾堆"里出生的。正因为他们的出身较低，经历过无数的苦难，才能掌握那些出身优裕之人没有机会获得的经验和阅历，才能产生更为宏大的理想和足以忍受千难万险的意志力！

如果您今天读到了我们这套"帝王创业"系列，读到了刘邦的故事，您会从他的创业历史中明白一个最简单的道理——越是懂得低头向下看的人，才能越加明白成功的不易，并且可以攀爬到一个更高的位置。西汉的开国皇帝刘邦，就是一位顶天立地的布衣领袖，也是一位引领时代的卓越的管理天才！

第一章

出身：形象包装很重要

成功者都是"发明家"

一般而言，只有成功者才会拥有"传奇"的童年。所以下面这个关于刘邦的民间传说，是后来才被某些想象力丰富的家伙发明的：

在秦帝国的泗水郡沛丰邑中阳里这个地方，有一家姓刘的庄户。两口子种田为生，丈夫平平凡凡，是个普通农民。这位丈夫后来就是有名的刘太公了，汉高祖的父亲。我们现今对他的了解，用四个字就可以概括：老实本分。

刘太公的妻子据说长的很美，远近闻名，也很贤惠，辛苦持家，像那一时代的大部分家庭妇女一样。这一天，她下地干活，天上突然间乌云密布、雷电交加，下起了倾盆大雨。刘夫人慌忙地跑到一座桥下避雨，顺便好整理一下湿透的衣衫。

这时，一条巨蟒从天而降，张牙舞爪地扑了上来。

刘夫人当场被吓昏了过去，人事不省。但是回家不久，她就发现自己——怀孕了！而且，她也不知道自己怀了什么胎，一怀就是一年多，挺着大肚子，孩子就是不出来。两口子越想越害怕，到处拜神。

十几个月了，胎儿没动静，这种情况换了谁都害怕。村里人逐渐传出了闲言碎语，说刘夫人怀上的不是人种，而是一个妖孽。

还有人造谣说："这个妖怪一旦生下来，我们村就要遭殃了！"

两口子一听这些话，就更加害怕了。

直到有一天，村里来了一个道士，在刘家的大门外念念有词，装模作样。既不要饭，也不要钱，站在门口不走。刘家赶紧把他请进来，好生款待，顺便请教他这是怎么回事。

刘太公眼泪都要流出来了："道长，我媳妇难道是撞邪了？"

"非也！"道士眼睛一眯，说，"尊夫人被龙所雾，腹内怀有龙子，一年未生，须服凤凰山上的土，龙子才能降生。"说罢，袖子一摆，驾云而去。

这个场面想必您已经很熟悉了。大凡皇帝降生，都会有一段让人咋舌的传奇故事，不是有道士前来指点，就是有算命先生突然来访。我们在各个皇帝的官史中总能看到类似的记载。总之，在仙人的引导下，刘家虔诚地照做，不敢有丝毫的违背，去取来了凤凰山上的土，让刘夫人就水吞服。

效果很显著，因为几天后，刘邦就顺顺利利地出世了。

这一年是公元前247年。

就在同一年，秦庄襄王去世，秦王政继位了，这时候的始皇帝政还是一个小孩，比刘邦大不了几岁。天下仍然处于纷乱的战国时期，沛县这时候，仍然属于楚国管辖。沛郡丰邑中阳里这个地名，是嬴政统一天下后才更改的称呼。

也就是说，刘邦在当时是地地道道的楚人，在出生时还没有取得秦国的户籍，严格来说，当时仍然叫作沛县。

沛县位于淮河之北，泗水之南，大致在黄淮平原的中部。自古以来，一直是战略要地，每当天下大乱，这里就成了重要战场。可以说，谁夺取了这块地方，就能在争夺天下主导权的战争中占据先机。历史上多次决定命运的战争也在这里进行，比如楚汉彭城之战、垓下之战，魏晋南北朝的淝水之战，还有解放战争中的淮海战役等。

既是兵家必争之地，也是人才辈出之所。在秦末汉初大动荡、大变革和战争中的风云人物，也多出生在这里，比如萧何、王陵等人。一千多年后，这里又出了另一位白手起家的帝王，推翻元朝建立明帝国的朱元璋。他的祖籍就是沛县，后来才迁到了濠州。

可以这么说，如果让刘邦在电视上用一句话为自己的家乡做个广告，他一定会说："我们沛县是个有龙气的好地方！"

做了皇帝以后，刘邦对自己的老家格外重视。他把丰邑从沛县分隔出来，设置为一个新的行政地区：丰县。同时为了满足老父刘太公的思乡之情，又在首都长安的东部新建了一个全如旧貌的"丰县"，称之为新丰。

建好这个城后，刘邦就下令："原来丰邑的百姓都搬过来吧，还是和我爸做邻居。"他对沛县的偏爱还体现在税收政策上。他下令，沛县的人今后世世代代都不用交税，也不用服徭役。沛县人民听了，欢声雷动，还是有个当皇帝的老乡好啊！

游手好闲也需要本钱

刘邦一生下来，得到了邻居非常好的评价——我估计史官也不敢记录任何对他过于糟糕的"人身攻击"，说他"相貌非比寻常"，长大后绝对是一个奇人，一定能成就一番大事业。当然，没有证人，也没有证词。

后来刘邦用自己的行为证明，我们邻居说的话总是靠不住的。整个少年时代，他都不事生产，游手好闲。用现在的一个词评价，就是"无赖"。但我需要纠正人们的一个误解，在那个时代，"无赖"的意思并不是"泼皮"，而是"无以依赖"，就是没有一份正经工作，整天在街上流浪的意思。

但是客观地说，他的长相是说得过去的，起码不是太丑，否则他连在街上乱晃的资格也没有。

这就告诉我们，游手好闲，也是要有点本钱的。要么有花不完的钱，要么，就得有个讨人喜欢的好形象。

农夫家的老大和老二，是从小便必须陪着老爸下田干活的。即使在家里，也逃不掉要做些较为轻松的杂务，比如刷锅洗碗之类，成天忙这个，忙那个，加上日晒雨淋，灰头土脸，怎么看也不会"上相"，更不可能有时间去打开自己的知名度。可以想象，专注处理家务的人，他也不会有太多的朋友及人脉关系。

这方面，刘邦就幸运多了，他有打理形象维护"妆容"的条件。因为他是家中老三，生来便不用做太多的工作。由于他出生得晚，刘太公的经济能力这时也比较好一点了，做不做"工"，都不差他一个人。加上他从小受到的照顾就较多，尤其出生时的传说在乡下人人皆知，刘家的大大小小对家里的这位爷那就必须另眼看待了。

所以没人让他干活，就算想让他干活也找不到他。他总能在合适的时间躲开家务，所以他很闲。因为闲，也就有充足的时间、有大好的心情仔细打扮，保养皮肤，修理胡须。在穿着上，他可能也有一套。根据基因学，刘氏兄弟的底子可能都差不多，但经过一番长时间的保养，刘邦看起来就比自己的两个哥哥英俊体面得多了。

他出生的那天，刘家的世交卢家也生了一个男孩。这个人就是卢绾，是今后刘邦一生中的主要创业伙伴之一。两个人可以称为"青梅竹马"，发小，感情很好，因为他们从小就在一起长大，一起玩乐，还一起求学，共同拜了一位马姓儒生为师。但刘邦对于读书是决计不感兴趣的，只读了几天，就"旷课大吉"，任谁说也不去。

用他的话说："我把那个老师炒了。"

刘太公气得翻白眼，但怎么劝都没用。

所以，刘邦的童年和少年时代和我们大多数人差不多，就是在和卢绾这个发小的厮混中度过的。两个人相比的话，刘邦当然比较有领袖气质，他是喜欢当老大的人，而卢绾相反，个性温和，比较本分。因此，卢绾自然而然地就成了刘邦的跟班，跟在屁股后面摇旗呐喊。卢绾这个人没什么能力，在刘邦起家的过程中表现平平，干的是跑腿打杂的工作，没立下什么大功劳，但刘邦仍然提拔他为长安侯，后来更是把他晋封为了燕王。

这表明，发小最容易受到信任。比如徐达、汤和之于朱元璋，在王朝建立后的勋贵大清洗的浪潮中，徐、汤二人能够得以保身，与朱元璋的发小关系恐怕是很重要的一个原因。知根知底，不容易猜忌。如果你和你的老板也是从小一块长大，那么恭喜你，只要不是特别缺心眼，在他的手下谋个不错的位置，对你来说是很轻松的。

总的来说，刘邦的家庭很普通。父亲和母亲都是种田的，亲戚也是一群庄稼汉。没有背景，也没什么钱，属于普通的温饱之家。

这样的身世背景，与"贵"字显然扯不上半点干系。当时如果有人说刘邦是大富大贵之相，是严重缺乏说服力的，人们会觉得他疯了。尽管有一段时间，刘邦曾远行投到张耳的门下，做过那么几天的游侠，但游侠这个身份与"贵"字也隔着有十万八千里。所以，当刘邦开始起兵时，围绕着这位沛公的造神运动就开始了。

包装基本原则：成为一个注定要成功的人

大凡是白手起家的帝王，总是要在恰当的时候给自己洗底，把过去画得漂亮一些，头上的光环再点亮一点，才能使人信服。这些事自然有人去干，用不着刘邦亲自出手。我们也可以称之为"形象塑造"，有几个主要的方面，都是关于他年轻时身上体现出来的种种"贵人"的征兆。

第一，72个黑子。

刘邦的身上一定长了些黑子，而且还不少。不然这个事很难去编造。或许在他小时候某个对这方面较有研究的村民偶然发现了他身上长着几枚黑斑，不是长在屁股上就是生在了背上。传来传去，传到对于这些相界八卦略懂一二的人耳中，慢慢地就凑成了72个数。

这个过程可能是这样的：

"刘三后背上长了几个黑斑。"

"刘三身上长了十几个黑子。"

"刘三全身长满了72个黑子，个个闪闪发光！"

传到最后，刘邦身具奇人之异相，就在人们心中形成了一个板上钉钉的事实。到他起义时，手下的跟班，下面的士兵就都知道了。无论这是不是事实，大家都会不约而同地选择相信。

第二，出生时的异象。

刘邦的母亲不但在怀孕时看见了一条巨蟒朝着自己扑过来，生产前一天也梦见了蛟龙缠身。据他母亲事后惊魂未定地说，那条蛟龙足有十几丈长，大树一般粗，腾云驾雾而来，仿佛是天神下凡，就缠到了她的身上。

她这么说的时候，村民霎时间就围上来足有几十口子，个个瞪大眼睛追问："然后？"

"然后我家的小三就出生了。"

这件事如果是真的——老百姓都觉得一定是真的，那么刘邦在他们的眼中就是无比尊贵的。一般来说，具备异象之人，将来不是大奸之徒，就是出将拜相了。虽然我们不知道这个段子是谁想出来的，但可以肯定，有了这个传说，刘邦无形中就已经成了一个贵人，一个注定要成功的人。

作为一名士兵，你会拒绝追随这样一位注定要成就霸业的领袖吗？

作为一个敌人，你敢轻视这样的对手吗？

作为一个百姓，你能不敬畏这样的皇帝吗？

外在形象更重要

我们综合刘邦的身世、条件和起家的过程来看，他的内在美不美，除了他自己，没几个人知道。但在形象塑造的过程中，有一点是可以肯定的，外在的形象给他加了很多分。

很多人可能会认为，一个人只要具备内在美就够了。其实，外在美也是你内在美的一种体现。也许你满腹才华、理想远大而且有一份高明的计划，但所有的人都说你看上去不像一个成功人物。不但不像，甚至你猥琐的外表还让你看起来就像一个落魄的下九流。你怎么能成功呢？由于形象不佳，你必须用加倍的努力去证明自己的实力，起跑线就低了好多，在与对手的竞争中，这岂不是一种劣势？

或许，你仍然可能成功，但你一定会落在刘邦这种人的后面。

特别是在今天，人与人之间的交往是短平快的节奏。人们没有太多时间去体味你的内在，琢磨你的心灵，很可能就是一面之缘决定了你是否能得到这份工作，是否有拿下这桩生意的机会，是否有可能继续和她发展感情，这是人的心理的普遍特点。

所以，像刘邦一样为自己做做形象包装，是多么的有必要！

20世纪70年代，有一位美国的心理学教授瑞比恩博士就得出了一个结论：我们每个人互相之间给对方留下的印象有55%取决于我们的外表，38%取决于我们的声音，只有7%才是谈话的实际内容和背景资料。

这是几乎不以个人意志为转移的，是一个普遍规律。不论你认为这样是否合理，事实就是如此。人们都有一颗爱美之心，因此帅哥总是比武大郎有优势。一个得体的装扮，优雅的举止，会给别人留下十分美好的印象，这不仅是对自己的尊重，更是对于他人的尊重。

美好的形象，能够体现你的内涵、修养、学识、品位、为人，甚至价值观和道德观。对别人来说，他们觉得你带来了愉悦的视觉和心理体验，愿意和你相处，也喜欢和你交朋友，否则，人们对你就只会退避三舍。

假设你获邀去参加一场酒会，或者一次商业聚会，如果你的穿着十分随便，胡子十几天没刮，衣服还散发着一股臭味，主人会觉得你是一个可以成大事的人吗？

他只会愤愤地想：这人是在污辱我的品位，我应该把他赶出去。

我们当然也曾经听人说："哎呀，我喜欢自然美。"于是，无论何时何地，他们都素面朝天。有些男人不修理发型也就算了，许多女孩子也蓬头乱发，认为自己这样很自然。形象是挺自然，但是美吗？我想，即便你是一个十分尊重别人的人，对这样的人也禁不住怀疑，很难相信他们能做出什么惊天动地的成就。

用一句话说就是：一个人不但大脑要有智慧，外表也要讲究，才能给自己打下一个创业的好基础。

不是每个人都可以做皇帝，当老板。不过，从现在开始，学习一点个人品牌的包装术没有什么坏处。就如我们看到的一样，即便刘邦这样的天才，他在创业时也要先为自己树立一种独特的品牌效应。

就像现在的一些商界领袖们正在做的一样。他们总是衣着光鲜地出现在各种各样的时尚杂志上，不时在自己的博客上发表一些妙言趣语或是可以引起争议的话语。老板们正通过在媒体上的频繁曝光的方式，让自己越来越"明星化"，吸引市场的关注。

总之，即使是一个成功者，他们也希望自己的大名和形象可以让更多的人知道，将自己包装成某种特定的形象。因为这是一个人的号召力的组成部分，也是人们用来发动和凝聚舆论的本钱。

可以是穷光蛋，但要有融资的能力

要包装，当然需要付出成本。这一条显然是无需解释的。

这个成本就是钱，源源不断的钱，怎么花都花不光的钱。你可以是穷光蛋，像刘邦，他就没几个钱。但是他融资的能力一流。

刘邦融资的方式有两种，第一种是从家里拿。在外面混，有一帮小兄弟跟着，吃喝，路费，娱乐，到处都得花钱。你以为好名声是喊出来的？没钱怎么办？刘邦的第一个办法是回家拿，这招风险最低。

作为不算太穷的农民，刘太公好歹有一些积蓄——没有电视剧上演得那么落魄，所以每次儿子要钱，他总会给一点。当然也有不给钱的时候，因为刘邦太能花了，消费支出节节上涨，慢慢就让家人无法承受。这难不倒刘邦，他的对策是转移目标，盯上了他的嫂子。

说起这位刘嫂，《史记》中记载了一段轶事，刘邦称帝后把自己的弟弟、侄子都封了王，惟独不封他已死的大哥刘伯的儿子。家里人看不过去，就委托刘邦那已被封为太上皇的老爹去跟刘邦说情。这时刘邦才道出了内由，说："我不是忘记了封他，是因为我那位嫂子太不像长辈了。"

他和自己的嫂子怎么结的梁子呢？就在这个"吃"上。刘邦在没钱的时候，经常带着一帮兄弟跑到大嫂家去吃饭。嫂子很讨厌小叔子老来蹭饭，有时候就假装看不见，一见他们来了，就用勺子使劲地刮锅，刮得当当响——表示俺家已经吃完饭了。刘邦和兄弟们大失所望，就都搭拉着脑袋走了。过后，刘邦杀了一个回马枪，看到锅里竟然还有羹汤，从此就怨恨上了大嫂，觉得这女人太不够意思。所以，分封兄弟子侄时，他唯独不封大哥的儿子。

在刘太公为自己的孙子说了情以后，刘邦才封他大哥的儿子刘信为羹颉侯。侯跟王可是差远了啊！可见刘邦对当年这件事是多么的"怀恨在心"。

刘邦的嫂子想必有一肚子的冤屈。许多的中国人都有为了面子无比慷慨的一面，可也有平常对亲友极吝啬的时候。这也怪不得他们，因为平常人家并不富裕，一年四季大多数时候都生活在物资匮乏中，自己好不容易攒了几两肉，想留给儿子打打牙祭，凭什么要让你这个大懒虫跑过来享用呢？如果是你自己也就算了，毕竟是小叔子，一家人，肥水不流外人田，问题是你还带着一帮人，三天两头地窜过来蹭吃，换谁也受不了。

所以，刘邦这个转移目标的蹭吃方略并不值得推崇。

第二个办法是别人给，类似于募捐。刘邦的名气越来越大以后，就有更多的人加入他的圈子。起初还只是一些同村和同乡的穷小子，像卢绾这种人，后来就开始有官员和富家子弟加入了，比如萧何。他们就没少往外掏钱，而且越掏越多，慢慢就成了买单的冤大头。

你如果问："当冤大头很值吗，为什么不把刘邦踢一边去？"

萧何会回答你："值！因为我看好刘邦！"

成功者在还没成功的时候，总是很擅长花别人的钱。即便是已经很成功的人，他们在募款方面也很有一手。把别人的钱花在自己身上，提升形象，再去赢得更多的钱，就成了一个发财之道。

有钱舍得花还不够，还得有人帮你花，请人替你设计形象，营造舆论。比如出生时的异象之说，这是最简单的形象营销。难度再大一点的像王莽，雇人全国各地埋石头，上面刻上老天的指示。这都是创业之前形象包装的必要步骤。

经过一番专业的运作，最后，你就形成了自己的品牌Logo。刘邦的Logo是什么呢？下一节我们就会讲到的，两个字：大方。

第二章

朋友：权威来自众人的推举

"不务正业"的另一面

年轻时的刘邦到底干了些什么，做了哪些重要的事情，以及他是如何度过自己的青春时代的呢？现在我们阅读一些名人传记，经常看到成功者的自述，忆苦思甜，向人们介绍自己当年的艰苦学习、努力工作，还有多么多么用心的社会实践之类的青春历程。其实，这些并不一定是完全真实的。

人们未必在自己年轻时就能预见到自己的成功，就可以针对性地做出长远的计划。只不过，因为自己成功了，才回过头去包装一番，去告诉那些想追寻自己脚步的年轻人：

"孩子，听我的，按我教你的去做吧，你一定可以成功！"

如果你真的按书中所讲去努力，你不一定能够取得成功，甚至有可能背道而驰，因为一些真正可以促使人成功的品质，并不是听起来那么美好和正面。相反，它们可能是常人眼中看起来是缺点的东西。比如吃喝玩乐、"不务正业"这些人们一致批评和鄙视的行为。

刘邦在开始创业之前，就在做这两件事。一是吃喝玩乐；二是"不务正业"。根据《史记》的记载，对刘邦的"乡下生活"，我们大体可以从中总结出五点：

第一，刘邦"不事家人生产作业"，"好酒及色"，其父刘太公说他是"无赖，不治生产"。就是他从不下地干活，喜欢酒色，到了老爸都厌恶的程度。

第二，刘邦"为布衣时，有吏事辟匿，卢绾常随出入上下"，这段记载表明，刘邦经常带着卢绾跟当地官员一起厮混，神神秘秘，整天不知干些什么，刘家老小上下，也没少对此翻白眼。

第三，当刘邦违反法律时，萧何站了出来，"数以吏事护"之。说明他跟官府有来往，犯了事有保护伞。

第四，刘邦"贪于财货，好美姬"，这是大仇人范增说的，爱财还喜欢美人。假如现在有一个年轻人，爱财如命，迷恋女色，又没一份正经工作，你觉得他有前途吗？肯定对他不屑一顾。刘邦那会在人们眼中的印象，就是这样的，谁也瞧不起他，除了他那帮一起混的哥们。

第五，刘邦还发生了一段婚外恋，有个女人给他生了一个儿子叫刘肥。根据《史记·齐悼惠王世家》的记载，那个女人叫曹氏，在当地开了一家小酒馆，是个寡妇，除此之外其他的信息就少见了。刘肥这个人我们都有印象，他是刘邦最大的庶子，后来封为齐王，他的封地有七十多座城，凡是说齐语的百姓，都归他管。

通过以上五个方面，不喜欢刘邦的人便给早年的他勾画出了一副"流氓"形象：不务正业，游手好闲，坑蒙拐骗，贪财好色，还玩婚外情，有了私生子。

这人放到现在，就是一个地地道道的无业游民，一个纯纯粹粹、不打一点折扣的痞子无赖、混世魔王。

这是刘太公不能接受的。老大刘伯和老二刘仲，都老实本分，热爱劳动，努力赚钱。现在，两人结婚生子，成家立业了，而且也都拥有了一份家业，独门立户了。只有自己这个不成器的三儿子刘季，两袖空空，一无所有。不但如此，他对于务农经商等一切正途都毫无兴趣。

每当刘太公跟他谈人生谈理想时，刘邦都会扔下一句话："你累不累呀？！"笑嬉嬉地甩袖而去，临走前，还要问问老爸的口袋里有没有钱。

儿子如此不争气，刘太公一气之下，把他赶出了家门。

如果只是从这些表面迹象看，刘邦显然是一个不怎么成功的人，名声很差。至少在年轻时是这样。但是，如果我们结合秦汉时期的历史环境和风俗习惯去考察，就会发现刘邦这些行为在当时非但不是一种不端行径，反而给他积累了大量的人脉，创造了一个很不错的事业基础。

秦汉时期人的精神气质和今天有很大的不同，这一点要注意。秦人尚武，汉人当然也不像今天的人。那时候的人性格豪爽，不拘小节，常有越轨之举，也引以为豪。

刘邦恰好就是这样的人。他不喜欢读书劳动，被自己的父亲斥为"无赖"，说他不如自己的哥哥会经营。说明他不走寻常路，如果他学习自己的兄长，恐怕一辈子就只能在家乡摆小摊赚点糊口钱。

他的志向在哪儿？

30岁之前的刘邦会告诉你："我也不知道。"

但是，当他做了亭长，在当地小有名气，换句话成了正儿八经的官员以后。他的志向就已经显露无遗了，因为他对于自己这个"乡干部"的职位是非常不屑的。有一次，他带队送服役的人去咸阳，路上正好碰到了秦始皇出巡。秦始皇坐在华丽的车上威风八面，护卫的队伍长达数里，浩浩荡荡，尽显皇家威仪。路人皆闪避，伏下身子不敢看，刘邦却昂首直视，羡慕地说：

"大丈夫就应该这样啊！"

这句话，似乎已经预言了他的未来，注定是不平凡的。

大方——好人缘的前提

刘邦并不是无业游民，而是有业不就，主动地选择混世。他既无正当的职业和固定的收入，又要打肿脸充胖子，强装出一副潇洒之相，喝酒玩乐都需要银子，有的还要现金支付。而且他对朋友还极为大方，花钱如流水。那么钱从何来呢？前面我们说了，如果刘太公不给，那他就只有使出撒泼、耍赖等无理手段来获取了。

刘邦的哥们义气很重，有钱都花在了朋友身上，没有储蓄的习惯。钱财来得快，去得也快，他由此获得了喜好施舍、豁达大度、宽厚仁爱的名声。方圆十里的流氓地痞都崇拜他，搁现在说，就是人气极旺，粉丝众多。而且他性格比较粗放，人情练达，见多识广，能说会道，心理素质又好，虽然遭到了村民和乡人的非议，也不为所动。换句话说，就是脸皮比较厚。这让他比较能坚持自己的"原则"。

刘邦在"大方"的方面是不分穷人和富人的，他见了贫困之人，对钱就绝不吝惜，经常施舍一些食物、银钱给那些乞儿和饥妇。因此，虽然非议众多，但有这一点，乡里人也不敢对他说一些太过分的评语。再加上他和一帮兄弟不光偷鸡摸狗，也为乡邻出了不少力，比如谁家盖房子，他们就去帮忙，谁家丢了东西，他们也去帮着找回来，对付四周的强盗和小偷，这让他逐渐就有了一个很正面的名声。

看起来他的行为很矛盾，但刘邦觉得自己很正常："我可以吃喝玩乐，偷鸡摸狗，不务正业，别人？不行！这是我的地盘。"

此时的刘邦，已经是一个很有性格和主见的"老大"级人物了，声名自然传到了"县政府"。主管领导对刘邦早就有所耳闻，县衙的各级官吏，也逐渐地注意到了这个出手大方的家伙，对他很感兴趣。这些都是人脉，都是朋友。中国有句古话，朋友多了路好走，刘邦深知此理，运用得当，他很快就在当地积累起了雄厚的人脉。

展示自己的大方是需要成本的，吃饭喝酒就得花钱。天天请人吃喝玩乐，这个钱可不是小数。因为游手好闲没有工作，所以时间长了，刘邦根本无力支付酒钱，他就开始赖账。开始时酒馆的老板非常头痛，没有哪个老板喜欢赖账的客户，因此他有时就不让这家伙进来喝酒，把他关在门外；或者远远见他来了，就赶紧关门。这一招看来是向刘邦的大嫂学的。

但是几次下来他吃惊地发现，只要不让刘邦来喝酒，他酒馆的生意就变差；只有刘邦来的时候，生意才兴隆。这是一个令他感到恐惧的现象，因为刘邦的朋友已经多到了可以影响一家酒馆生意的地步。他去哪个酒馆，他的朋友就跟着去哪儿消费，而且这些人不比刘邦——他们大方慷慨，从不赊欠。

老板顿时想明白了，从此就让刘邦在自己这儿白吃白喝。盈利全靠刘邦的朋友，做个人情给刘邦，顺便还赚足了人气。

刘邦不但大方，还能跟不同的人聊到一块。上到天文，下到地理，没有他不感兴趣的，虽然他不怎么懂，但他有一个绝招，就是喜欢听。不管你跟他说什么，他都用自己真诚的表情告诉你：

"我认为你说的很有道理，我很喜欢听。"

这也是一种大方，而且是非常稀有的大方。这意味着你不但要牺牲自己的时间、金钱花在别人的身上，还要"奉献"自己的耳朵、心灵给对方。这个世界上绝大多数人可以容忍别人占自己钱财上的便宜，甚至愿意在物质上施舍别人，体现自己的大方，但决不想拿出自己的耳朵，去安静地听别人坐在自己面前高谈阔论，哪怕一分钟都不想。

你做不到，但是刘邦能做到。

萧何就在这些和他一块喝酒、一起侃大山的朋友当中。这位未来的大汉王朝的丞相、刘邦打下江山和铲除功臣的左膀右臂，现在在做什么呢？他是沛地的主吏，相当于现在的一位县长助理和县委的秘书长。还有一说，他是沛地的县丞，也就是当地的公安局长。不管哪个职位，他都算得上是县令身边最亲近的人，在沛地这块，一人之下，万人之上。也就是说，这个职位在当时是很厉害的，除了县令，其他人都得给他几分面子。

刘邦如何与这样的大人物交上好的呢？就是缘于他性情豪放和大方善听的优点。

史书记载，他与萧何"纵论天下"，一边喝酒，一边谈论国家大事。说白了，就是在一起喝酒吹牛，讨论咱秦朝的各种新闻。吹来吹去，萧何觉得，这位姓刘的兄弟实在很有趣，我不管说什么，他都能听进去。时间长了，萧何就成了一位军师级的人物，因为刘邦不管有什么事，都愿意来听听他的看法。

刘邦对萧何说："只要你认为可行的事，我就能很放心地去做了。"

萧何听了，嘴上表示我可没这么厉害，但心里却很受用。

一个人想在事业上获得成功，能力再强，理想再高远，也少不了周围各种朋友的帮助。我们很难想象，一个没有朋友的人，他能干出一番宏伟的事业。事实上，若是离开了别人的帮助，别说创一番大事业，就是去路边摆个煎饼摊，都会困难重重。

怎样交到货真价实的朋友

如何才能像刘邦这样多交一些货真价实的朋友呢？

首先，必须像刘邦一样，懂得以心换心，去站在对方的角度换位思考。

跟人交朋友，就得用自己的"心"去换取别人的信任，使对方知道你是他的好哥们，也是他的贴心人，他才能没有顾忌地把自己的"心"献给你，从而达到"以心换心"，成为心心相印的兄弟。

在这方面，刘邦是一个绝顶高手。几百年以后，他的一个子孙后人刘备，也是一位宗师级的人物。甭管处在什么困境，总有一帮弟兄拼死拼活地把他捞出来，卖力又卖命，能干又忠心。刘家的江山，就是这么打下来的。

这两人共同的做法就是："在我想让你替我考虑之前，我会先替你考虑。"

牛顿说："我站在巨人的肩膀上。"刘邦和刘备完全可以说："我们站在兄弟的肩膀上。"

最忌讳的就是假仁假义、口是心非，当面一套、背后一套，甚至于口蜜腹剑，成为一个伪君子，虚伪小人。这种人就很难交上朋友，除非他伪装得特别深。交朋友这件事也像创业，就比如一个推销员上门去推销业务，他推销的首先应该是他自己，然后才是他的产品。因为消费者只有在接受了他这个人之后，才会花钱去购买他的产品。

交朋友、打江山和创业的道理，本质上其实都是一样的。

其次，要求同存异，宽厚仁义。

刘邦性格中的"宽厚"，常人也是很难做到的。很多人通常是嘴上原谅别人，嘴上宽厚，心中却小肚鸡肠，不肯容纳别人，即便嘴上讲仁义，讲体谅，讲共存，实际上也经常说一套做一套，变脸比翻书还快。听着是正人君子，看着却是不仁不义。

世界上没有完全相同的人，也没有性格脾气和观点完全一致的人。即便在一棵树上，两片树叶又怎能丝毫不差呢？所以和人相处，必须求大同，存小异。哪怕你是领导，对待下属、朋友，也要在坚持原则的同时，不拘小节，在小事上马虎一点，在差异上宽容一些。

即便对方确实是错误的，你自己受了冤枉，也要展现自己的宽宏大度。我们与别人总是可以通过交换意见来澄清是非的，最终达到和谐与团结的目的。从刘邦对韩信、对雍齿的很多事情上，我们都能看到他性格中根深蒂固的宽厚的一面。

即便他口是心非，恨死了一个人，但在形势需要时，他也能做到"真诚"地宽待和"大方"地体贴、容纳对方。

最后，控制自己的脾气，尊重对方的要求，而且要开朗乐观，能说会道。

一个固执的人是很难做成大事的。刘邦恰恰与此相反，他从不固执，而且总能保持最大的乐观，也能说会道，和朋友在一起，总是会改变自己的看法，去听从大家的建议，然后大家一片和谐。这个优点在以后的起兵反秦和楚汉争霸中，无数次地帮助了他，因为他十分尊重属下的要求、建议，最大化地促成了刘邦集团的团结。项羽却独断专行，脾气火爆，使得项羽集团不断地分裂，内乱，最终走向灭亡。

领导者绝不可拥有固执的性情和火爆的脾气。原则必须坚持，但在小节上应懂得变通。交朋友也不可以过度展示自己的个性，或者沉默、内向、木讷寡言。一个人要努力地使自己变得开朗起来，多和周围的人打成一片，善于倾听，逐步地提高交际的能力，才能积累到足够的朋友，从而打下雄厚的人脉基础。

可以说，朋友是最重要的资源，是最关键的人脉。有了这种人脉，你才拥有了创业的基础。有人说："看一个人的人际关系，就知道他是怎样的人，以及将会有何作为。大多数人的成功，都源于良好的人际关系。"
看看刘邦四十岁之前的所作所为，我们就知道此言不虚。

因人成事

不管刘太公怎么训斥这个"无赖"儿子，怎么想尽办法贬低他的能力，打击他的信心，以图让他滚回家来好好过日子，刘邦仍然我行我素，毫不在乎。后来，他终于找到了自己的第一份工作：亭长。

亭长，就是管十里以内的小官，是秦帝国当时最基层的小吏。相当于现在的旅馆馆长兼派出所所长，专门负责过往出差官员的住宿，并且兼管地方的治安。在当时的秦朝，亭是一种准军事机构，有标配的武器，比如弓弩、刀剑、甲具和盾等。亭长的职务通常也由军人或退役的帝国军官来担任，因为这是一个武职，负责维护社会治安，又有保护路过官员的重职，由县衙直接统辖，其重要性可见一斑。

因此，当上了这个公务员，就给了刘邦接触当地大人物和名门望族的很多机会。后来刘邦就如法炮制，通过结交一个又一个有权势的朋友，获得越来越多的资源。在古代，名声对一个人很重要。名声怎么获得呢？除了在穷人眼里要留下好印象，在当地士绅阶层的心目中更要得到一个好评价。刘邦很成功地做到了。这为他成为一代帝王奠定了坚实的基础，因为，他起家时的班子成员，大多数都是在这时候结识的。

其中有一个很重要的人物，就是樊哙。

说到樊哙，就不能不提一句老话："仗义多皆屠狗辈。"没错，这话放到樊哙身上，就告诉我们两个信息。

第一，樊哙这人特别仗义。

第二，樊哙是卖狗肉的，是个屠夫。

他这辈子干过的最出彩的事，就是在鸿门宴上力护刘邦。项羽看见他也很喜欢，因为这小子把盾牌往地上一扔，抽出刀来，就把生肉一片片地割着吃，将帐内的众豪杰惊掉了下巴。吃生肉，你敢不敢？反正我不敢，保准第一口就吐，但樊哙吃得不亦乐乎。项羽见了，又惊又喜："真豪杰也！"马上赏酒给他喝。

项羽这意思是说，在这个大帐内，我终于看见了一位真英雄。

项庄舞剑，意在沛公，想把刘邦一剑捅死。就是这位樊哙，推翻帐外的卫士，直冲进内，搅黄了范增的计划。后来，樊哙自然是一直忠心无比，杀敌立功，被封为舞阳侯，而且他还娶了吕雉的妹妹。

刘邦这人贪吃，尤其是极爱吃狗肉。除在家中做着吃外，他还常到卖狗肉者家去吃。沛邑那时卖狗肉的店铺，他几乎都去吃过。其中就有樊哙的狗肉店。刘邦最喜欢到樊哙这儿来吃。吃完了，没钱付账就赊欠，饭量又大，有时拍拍屁股就走，吃白食。樊哙几乎天天都向他要帐，要了昨天的，今天又欠下了，越欠越多。樊哙小本经营，利润不大，日子一长就吃不消了，眼看有被刘邦吃破产的危险。

为了躲避这个无赖食客，樊哙做出了一个无奈的决定：搬家。我惹不起，但我还躲得起。

他曾经把自己的店从河西搬到了河东。但是没用，不到两天，刘邦就渡过河找来吃。由于常吃常欠，刘邦时间长了，就欠了樊哙一大笔狗肉钱。据说，欠下的这笔钱可以在当地买套小院了。与此同时，因为刘邦是亭长，他经常光顾的店铺，附带着就领来了许多人，包括他的那帮狐朋狗友。所以，随着刘邦欠下的肉钱越来越多，樊哙的生意其实更兴隆了，因为附带的收入特别多，县衙的公款消费，也经常安排在他的店，吃完就付现金，让他的店发展很快。

因此，他俩就成了一对好朋友。

刘邦这个亭长的职位，当然也不是凭白无故就靠自己的能力当上的。事实上，这份工作的获得，正是因为人脉的力量，缘于萧何的举荐。

沛县成立起来后，按照十里设一亭的建制，就把县城这一带地方设为泗水亭。因为紧靠泗水河，这里人口聚集，物产丰富，热闹非凡。但是热闹的地方就有是非，这里打斗不断，盗贼蜂起。对此，县令曹德很是头疼，他就想安排一个合适的人选去管理这片地方。

萧何一看机会来了，极力向曹县令推荐刘邦来担任泗水亭的亭长，说："老爷，能管好泗水亭这个地方的，非刘邦莫属。"

对刘邦，县令当然是有印象的，他的第一个反应就是："这人不靠谱吧，他不是整天都聚众斗殴吗，而且以前还差点吃上官司。"

萧何只好如实回答："正是他。"

县令摇头道："那怎么行呢，一个好惹事生非的人，岂能维护好一个地方的太平？"

萧何赶紧替刘邦洗地，说："据我观察，这个人本质并不坏，不偷不抢，不恃强凌弱，不欺男霸女，只是游手好闲，不务正业而已，如果有人能约束他，我看他一定能为百姓办些实事。"

"恐怕不那么简单，还是考虑考虑再说吧。"曹县令否定了萧何的建议。

过了一段时间，一大早就有众多的百姓跑到县衙来反映情况，有的说昨天夜里都被强盗抢了，丢失的有粮食、衣物、器具等，有的说走在路上自己的钱就被夺去了，这是一伙很厉害的强盗，四处为恶，专挑善良的人下手，根本就抓不到。

萧何又赶紧进言："老爷，泗水亭的亭长必须抓紧安排了，不然城里没人看管，以后还不知会发生什么案件。"

"哪有合适的人选？"县令很头疼，眉头紧皱。

"刘邦就不错，只是您信不过就是了。"

县令叹口气说："小萧，不是我信不过，实在是怕他给惹出乱子来，到时不好收场。"

"我向你保证，他不会的。再说，干这种事，太规矩的人也干不了。"萧何进一步说道。

县令被打动了，沉吟道："既然你反复推荐，那就让他试试吧！不过你要告诉他，干不好，就连你也要受牵连，到时拿你俩一起问罪。"

县令此言，合乎法律。因为连坐之法，一直是秦帝国的主流法规。

就这样，在萧何的力荐之下，刘邦才当上了泗水亭的亭长。他上任后的第一要务，就是维护地方的安定，保民安民，不使平民百姓受到盗贼的侵扰。所以，上任之初，刘邦得尽快做出点业绩来，不然不光他无法交待，萧何在县令那儿也说不过去。

刘邦就把一帮兄弟召集到了一起，开会讨论怎么才能做出点成绩来："经过萧先生的推荐，县令让我做泗水亭的亭长。我们这块地方老是出事，能不能干好，还得靠各位的帮忙，不知你们想不想跟我干呢？"

"全听您吩咐！"兄弟们回答得十分干脆。

刘邦一拍大腿："好，那我们就主抓八个字：惩治刁民，防灾防盗。"

他把这帮平时一起吃喝的兄弟召集起来，又从社会上招募了一些人，便编成了一支多达几十人的亭管队伍。他希望以这些人为基础，替他把差当好，把地面管太平了，好给县令和萧何一个交待，表明"我刘邦确实是值得信任的，是有能力的"。

人虽然有了，但问题也来了：

第一，这些人虽然对他忠心耿耿，但都没有报酬，属于白干活。县里负担不起这么多人的开支，吃喝拉撒全靠刘邦一个人。短时间可以，时间一长，他就撑不住了。没钱发，兄弟们也有人坚持不住了，毕竟都是上有老、下有小的人，哪有不领工资白出力的道理。

这表明，薪水问题不解决，团队就建立不起来。

第二，刘邦成天带着他们蹭饭吃，街上的饭馆时间长了也受不了。虽然这些酒馆老板嘴上不敢说什么，背地里捣点乱还是能做的。比如，他们把饭做得越来越差，让亭管们无法下咽，一吃就吐……人民智慧是无穷的，把菜做得好吃不容易，做差还是不难的。

天下虽有免费的蹭饭，但却没有永久免费的午餐。如果利益不能互绑，协调机制不建立，你和客户之间就达不成共识。

因此，刘邦的队伍很快就士气低落，市面上出了抢劫案，他也侦破不了，周围盗贼丛生，他和兄弟们大眼瞪小眼，拿他们没办法。一时之间，沛县城内鬼哭狼嚎，众人惶惶不安。

"如此下去，肯定不行啊！"刘邦自觉很没面子。他苦思冥想好几日，终于想出了一条路子：要干活，没有人不行，要有人，就得有钱，羊毛出在羊身上。说白了，这笔经费，得从老百姓的身上出。

既然我是为客户服务的，那么就明码标价，让客户花钱买平安。

他马上算了一笔账：亭管队伍一共二十多个人，每人每天吃二斤粮食，一年也就一万多斤。沛县城里有几万人，每人每年只需要拿出一斤粮食给他，他这亭里的用人开支的一切费用就都有了。既替衙门省一大笔钱，又为百姓做了实事，还让自己的这帮兄弟有了稳定的口粮，可谓一箭三雕。

第二天一大早，他就找到了亭内的各家大户和族长商量，把自己的这个收费标准公布于众。因为最近县城总是遭抢，大户们正头疼，小户们也急着求个平安，所以大家对刘邦的条件一致同意。他很快把这一措施付诸实施，不仅日常费用绰绰有余，连给县令送礼的钱都解决了。

县令很高兴，他的上司很满意。

萧何也高兴，他的伯乐很满意。

兄弟们更高兴，他的团队建立了。

城内的百姓和大户也觉得划算，客户的需求也满足了。

刘邦用这一招，解决了所有问题。他的亭管队伍正规地运作了起来，日有值班，夜有巡逻，特别是对一些打架斗殴、偷偷摸摸的坏人进行了严管和重罚，使得城内的社会风气大为好转。几个为害乡里的盗贼团伙，在几年的时间里都被他一网打尽，泗水河畔成了一块太平之地。

站在兄弟的肩膀上

在他的这个团队中，已经有了萧何、周勃、夏侯婴、灌婴、曹参、王陵和樊哙等几名非常关键的人物。通过几年的协作，刘邦的人脉力量，初步地开始展示价值。县令对他也越来越信任。

除了萧何与樊哙之外，其他的几个人物也非同小可，比如夏侯婴。我们知道，这个家族的势力一直到了东汉末年仍然十分强大，皆因为在汉帝国的建立过程中，夏侯家族为老刘家的天下出了大力，因此世代封侯，拱卫汉室。

夏侯婴和刘邦也是同乡，刘邦当亭长时，他是沛县的厩司御，也就是县政府车队的车夫，公车司机，经常接送往来的官员和重要客人，传递文件。工作需要，他与刘邦往来较频，两人意气相投，就成了朋友。后来夏侯婴晋升为县衙的小吏，进了萧何等人的圈子，与刘邦也就更熟了。

两人还发生过一次误伤事件。有一次，刘邦与他练剑，不小心伤到了夏侯婴，被人举报了。按照秦律，官吏伤人追究更严，就算你俩是游戏也不行。在法庭上，刘邦不承认自己伤了小夏侯，小夏侯当然也一口否认老刘伤了自己。两人很团结，守口如瓶。虽然上面派下来的调查人员用鞭子把夏侯婴抽个半死，还在号子里关了好几个月，最终也没能审出真相。

老刘和小夏侯最后都脱了罪责，经此一事，二人就成了生死之交。

刘邦起兵后，夏侯婴随同一起造反，始终跟在刘邦左右，是他的专用司机，替他驾车——比如刘邦千里迢迢跑进韩信军营夺了他的兵权，当时驾车的就是夏侯婴，可见他在老刘心目中的位置。后来他被封为昭平侯，做了汉帝国的太仆一职，位列九卿，世代尊荣。但是夏侯婴对此并不在乎。

他每次见到刘邦，都会热泪盈眶地说："陛下，我还是怀念给你开车的日子啊！"

刘邦听了，十分感动，对他也更加信任。

曹参作为萧何死前指名推荐的接任丞相，其地位当然也不可小视。他也是沛县之人，同乡中的一员。曾经做过狱掾，就是监狱管理人员，与萧何、刘邦堪称铁三角关系。史书说他们几人"居县为豪吏矣"，就是指他们有权有势，形成了一个牢固的关系网，成为当地很强的势力。

在建立汉帝国的过程中，曹参深受重用，功劳极大。人们多认为他是首功之臣，功在萧何之上。只不过，由于刘邦对萧何的偏爱，才排在了萧何之后。为了这事，曹萧二人的心里都不舒服，算是一个小小的过节。

到萧何死时，曹参正在外地，是封国齐国的丞相。听到这个消息，曹参马上说："赶紧给我收拾行装，我得赶回长安，因为我要当中央的丞相了。"仆人小声议论："咱们老爷是说梦话吧，萧丞相与老爷素有过节，怎会将相位让于他呢？"

曹参听了，不以为然，只说："过几天你们就知道了。"

果然，萧何临死前向皇帝推荐的自己的继承人，就是曹参。这说明，两人虽在功劳的大小上有所分歧和争端，但在大事上，一点都不糊涂。

周勃的祖上是河南人，后来才搬到了沛地。他年轻时靠编织蚕具为生，卖不了几个钱，就兼职干点吹鼓手的工作。不要误会，这个吹鼓手不是去给人当网络炒手，而是给那些有红白之事的人家吹吹打打，算是一个业余的音乐家。

他还参过军，当过弓手。所以在射箭方面，他是很有资历的，射得又远又准，另外军事素质也极强，有勇有谋。随刘邦起兵反秦后，他南征北战，立下大功；汉朝建立后，他又率军平定诸王之乱，替刘邦干掉想叛乱的功臣，战功赫赫。

刘邦对周勃的评价是："安刘氏者必勃也。"后来的事实印证了刘邦的眼光，周勃为人朴实忠厚，正直无私，从不谋取私利，作战勇猛，又颇具谋略，是十分值得信任的军事统帅。当然，周勃也有缺点，这个缺点和刘邦一样，就是不喜欢文人，最烦儒生讲话时绕来绕去。每次跟知识分子讨论问题，周勃总是先对他们丑话说在前："有话直说，不要绕弯子！"

周勃病死后，谥号武侯。他的儿子周亚夫继承其爵位，被封为条侯。周勃的这个儿子也是历史上很有名的三军统帅，治军严明，作战勇敢。后来在汉景帝时期，周亚夫承受重任，领军出征，平定了史上有名的"七王之乱"。

任敖是刘邦在亭长任上的另一个深交。他当时和曹参一样，也在监狱任职，属于刑事系统的公务员。这个人有一个很大的特点，就是义薄云天。不但讲义气，他的脾气还很大。刘邦后来亡命山中时，吕雉被官府叫去问话，还被关进狱中，受到了很不好的待遇。任敖知道后，大怒，上去就把主持这个案件的狱吏打伤了。

为保护大哥的女人，他义不容辞，不惜犯下刑事案件。可见他的忠义。

起兵后，任敖马上响应入伙。后来他被封为广阿侯，做了上党郡守，就是上党郡这个地方的首长。刘邦死后，吕后当政，又任命他为御史大夫，相当于副相，让他主持帝国的司法政务。对他来说，这是吕后对当初狱中相救之恩的回报。

王陵这个人，格外值得一提，因为在刘邦这些同乡起兵的兄弟朋友中，他是比较特殊的。首先，他的身份地位比较高，家庭背景很牛，远非萧何、刘邦等人的家庭可比。王陵又喜欢意气用事，说话不会拐弯，总喜欢说实话，所以名气很大，对刘邦的态度也不怎么样。他的年龄比刘邦小，但刘邦却拿他当大哥，以兄长的礼节对待他。这充分说明了刘邦的器量之大。但是，王陵一点不买账。他瞧不起刘邦，也不想跟着他干。

所以，刘邦率军攻入咸阳时，王陵的心理很失衡，于是自己聚集了几千人马，跑到南阳，拒绝刘邦的邀请，就为了证明自己比刘邦强。

其次，王陵后来投入刘邦的阵营，和项羽有关，算是又一位被项羽逼走的豪杰（另一位是韩信）。当楚汉相争的局面形成时，王陵还在外面坐拥人马观望，项羽就盯上了他，派人把他的母亲绑架过来，好吃好喝地养着，希望她劝降王陵。

王陵听说后，派人来看望母亲。王母是个很刚烈的女人，对来人说了这么一段话："虽然我儿子不服气汉王，但在我看来，将来能得天下的一定是汉王刘邦。请你们替我转告王陵，不要犹豫了，赶紧去效忠汉王，千万不要因为我而犹豫不决。为了让我儿速速决断，我这就去死！"

说完，王母就用一把剑自己抹了脖子。

这个不幸的悲剧发生后，项羽的处置十分不当。他的表现不是悲伤，而是愤怒。项羽传达了一个命令："把这个老太太的尸体扔进大锅，给我煮了！"

王陵得知消息，差点疯了。他拔剑乱舞，指天发誓："天必助我，灭你项羽！"立刻宣布，投身于刘邦，铁心跟着这位以前自己瞧不起的老乡干。刘邦对他相当重用。汉朝建立后，王陵被封为安国侯，成为刘邦临死之前的托孤大臣之一。到汉惠帝时，王陵还接替曹参做了帝国的右丞相。

这些人，还在沛县混的时候，又有几个人看得上他们呢？似乎没什么人觉得他们有出将入相之才，有治国平天下的能耐。但是刘邦就能与他们结交，通过自己的努力，与这些不同性格、才华迥异的各型人才建立稳固的关系，建成一个强有力的圈子。

这就是寻找和编织人脉网的能力。一个本身就富有潜质的人，如果有人赏识、举荐、提拔和栽培他，要比一切全靠自己努力向上爬来得轻松、迅捷而且有效果。同样的才能，同样的一个人，面临相同的情况，但却遇到了不同的老板，不同的人脉，往往就产生了不同的结果，甚至是悬殊很大的结局。这就是有没有人推荐的差异。

第三章

婚姻："潜力股"的胜利

想成为主角，就要豁得出去

转眼之间，刘邦就四十多岁了，他还在小公务员的层面上混着。这时，他人生中的一个重大转折来了，因为他穷困潦倒地混到四十三岁，终于要结婚了。他的妻子就是吕雉，吕公的女儿。也就是高皇后吕氏，她是这位汉朝开国皇帝的正配夫人。

辉煌属于将来，眼前的吕雉只有二十八岁。其父吕公也是一位不平凡的人，他为了躲避仇人追杀，从山东的单父（今山东的单县）迁居到了沛县。吕公有四个儿女，长子吕泽，次子吕释之，三女吕雉，四女吕须。老大和老二后来都随刘邦起兵，立功封侯，荣耀满门；吕须则嫁给了刘邦卖狗肉的好友樊哙，两家结了亲。

吕公和沛县当时的县令是多年的好朋友，因此这里是一个逃难的好地方。吕公刚到沛县，很多人就听说了他和县令的关系，加上吕家也是出了名的望族大户，书香之家，所以人们便争先恐后地上门拜访，拉拉关系，套套近乎。来后不久，恰逢吕公生日，吕家便准备了一场宴席，邀请全县的社会名流前来赴会，回报沛县父老的情意。这场宴会，刘邦的好友萧何是主持人。

这种事当然是瞒不住刘邦的，他也要去凑热闹。洗了把脸，他大模大样地就去了。走到门口，才听说有个规定：凡是带来的贺礼钱不到一千钱的人，不能进正厅，只能在堂下就坐。这是一个拼贺礼的场合，没钱的只能在院子里站着。

对刘邦而言，这是一个很高的门槛，因为他一毛不拔，兜里一分钱没有。但他根本不管这些，虽然没有带一个钱，他却对门口负责接待的人说："我，泗水亭长刘季，出贺钱一万！"

一万钱是什么概念呢？普通人当时劳作一天，赚不到七八钱。刘邦作为公务员，亭长的月工资也就几百钱。在当时的基层，官吏之间遇到送礼，拿出一百钱已经算是很大的面子，不小的数目了。一千钱对县令一级的地方官员，也算是重礼了，一定成为地方上的佳话。只有将相级别的国之重臣、世家大族，才能拿出上万钱来作为贺礼。可想而知，刘邦这一嗓子，把沛县人民的心脏着实惊吓了一番。

这件事说明，刘邦的胆子确实很大。往好了说，是有勇气；往坏了说，是吹牛皮。像我们今天如果去参加一场宴会，明明个穷光蛋，却在宾客登记处写上礼金一百万，会是什么效果？脸皮不厚到一定的程度，是干不出这种事的。而且，这也很考验主人的心理承受力。我相信大多数时候，干出这种欺骗之举，一定会被当场赶出来，而不是被当作贵宾。

因此，刘邦此举，是一场把脸皮和名声都押上的赌博。

此语一出，里面顿时惊呼声一片。可以想象，人们的惊讶不亚于看到了外星人。但我个人觉得，发出惊呼声的可能只有吕家人，因为当地群众、社会名流、政界各级官吏，没人不知刘邦是什么货色。总之刘邦这句话一放出去，吕家大院一片沸腾，吕公亲自出门迎接，要来看看这是何方贵客。

他深鞠一躬，高揖起手，行了一个大礼："不知贵客光临，有失远迎，请上座。"吕公毕恭毕敬。

刘邦很镇定，可以说以无比淡定的范儿，大大咧咧地走在最前，直入正堂，坐在了宴会首宾的位置上，把县令都晾在了一边。

吕公有喜好相面的习惯，对于占卜相面之事有着几十年的专业研究。说白了，吕公不但是位绅士，还是位著名的相士。看见一个陌生人，他就想给人家相相面，断一断将来命运。刘邦刚一落座，吕公不由自主地仔细端详起来，捻须凝目，看了半天，一句发自于他内心的赞叹就脱口而出了："貌状如此奇异之人，老夫从未见过。"

在场众人都听得出，这绝非什么出于礼貌的溢美之词，虚伪之言，确实是吕公的肺腑之言。坐在他面前的刘邦，日角斗胸，龟背龙股，着实让他吃了一惊：此人非等闲之辈，吉人自有天相。

"来来，吃菜，喝酒。"吕公似乎已忘却了众人的存在，专门照顾刘邦。他还吩咐仆人，去把自己的家人叫出来，与刘邦相见。

抱得美人归——潜力就是你的资本

刘邦成了宴会的中心，当之无愧的主角。

不但众人吃惊不已，萧何对这一幕也大为惊讶。要知道，萧何后来是以丞相之才闻名天下的，向来擅长协调关系，管理团队，且有不俗的相人之才。比如在对待韩信的问题上，萧何一眼就能看出韩信有统帅之才。所以他实在猜不透这位吕公的葫芦里卖的是什么药。

出于谨慎，萧何小声揭了刘邦的底："咳，刘季这人，专好说大话，恐无实事，不知吕公您？"

他发此一问，目的何在，人们很难揣测。我认为，萧何是在向吕公确认。确认这位吕公不是在说醉话，而是发自真情实意。

尽管萧何的声音很小，吕公还是听到了，但对刘邦的态度却仍然没有改变。

刘邦得到了平生第一次的隆重款待。

待到客走人空，吕公只留下了刘邦一人。

"敢问这位小伙子，婚否？"吕公神态严肃，好像有什么大事要向刘邦交待。

刘邦急忙起身回答："至今独身，尚未婚配。"他说的是大实话。而且我们知道，一个四十多岁的男人，说出这样的实话，是需要很大勇气的。在这一点上，刘邦总算没有欺骗别人，因为他知道吕公有未嫁的女儿,长得仪容秀丽,早就名声在外。

果然,吕公要收他为婿:"我有一女,愿许配给你,请你千万不要嫌弃。"

刘邦顿时觉得,一片祥云从天而降,砸到了自己的脑袋上。机不可失,失不再来!他没有丝毫犹豫,立刻屈身下拜,行了翁婿礼:"岂敢不遵大人之命。"

吕公比他还着急,迫不及待地与刘邦约定了婚期,然后老丈人和好女婿杯碰杯,欢醉而散。

吕公的老婆当天晚上就急了,差点要跳河自尽。她闻听吕公将女儿许配给刘邦,不禁怒气冲天:

"你早就说咱们的女儿生有贵相,必配贵人,前几日沛县的县令为他的儿子求婚,你想都不想,就给打发了,为何无端地许与刘季这个家伙?难道一个小亭长就是你要找的贵人?万一看走了老眼怎么办?"

还有番话,她没好意思说出口:我不想把女儿嫁给一个臭流氓。

吕公挨了老婆的骂,既不生气,也不着急,似胸有成竹,慢悠悠地告诉他的妻子:"我说,你不懂就别问了,我向来看人很有一手,断不会有误的。我主意已定,你赶紧准备婚礼吧。"

老太太眼睛一斜,又骂道:"准备个屁,有什么可备的?他刘季家里一贫如洗。"

吕公马上说:"那更好,嫁妆备丰富一些,婚礼的花费,就由我们家全部负责吧!"

真是一位好丈人!

尽管有不满之言,有欲哭之悲,但在那个时代,妻子总是拗不过丈夫的。吕公一言九鼎,说了就不会反悔。就这样,刘邦成亲了。在一个黄道吉日,吕雉带着丰厚的嫁妆,嫁到了贫寒的刘邦家里。想必在成亲那天,吕雉也是万分失望的,悄悄地流了不少眼泪。

成亲之后,吕雉就一个人扛起了照顾家庭和养育儿女的重任。因为刘邦将她娶过来之后,度了度简单的蜜月(充其量在家呆了几天),就又开始了自己的混混生活，为了公务以及与朋友们周旋，三天两头不见人影。每次问他去干什么，刘邦都是用后脑勺和屁股回答她：

"老子的事，你莫管！"

这位"天王老子"的事她没办法管，家中的这些烦心事她总得管。织布耕田，烧饭洗衣，包括孝顺父母的责任，就都一骨脑儿地落在了吕雉一个人的身上。

自信才是最宝贵的财富

成亲后的刘邦，仍然不改无赖本色，经常戴一项自制的竹帽到处闲逛，骗吃骗喝。在这期间，吕雉为他生了一个儿子和一个女儿。儿子就是未来的汉惠帝，女儿则是未来的鲁元公主，后来嫁给了赵王张敖为妻。这个张敖，就是张耳的儿子。

回过头来研究刘邦成亲的过程，我们可以发现他展示了自己的两项本领，也是他的两个最大的强项。一是厚脸皮，二是自信。刘邦是个穷光蛋，没钱，没地位，也没什么文化。换作别人，看到吕公家的情况，这么高的门槛，也许马上就不好意思而离开了。要知道，当时来的都是县里有头有脸的人物，是货真价实的大场合。跑到这里白吃白喝，再大牌的无赖也不好意思。就算不赶紧括脸离开，也应去想办法找人借钱送礼。可是刘邦不，他脸皮厚，说干就干，而且很自信。

如果没有一张铁打的厚脸皮，刘邦也就没有机会被吕公注意到。当然，他也就没有丝毫机会娶到吕雉，更没有希望为自己后来的人气打下好的基础了。试想当时刘邦如果脸皮薄，肯定不会一文不名去赴宴。就算他去赴宴，也要借上一笔钱，能借到的恐怕也不会太多。吕公根本就不会注意到他。

所以，"贺钱一万"的口号痛快淋漓，虽然是一句张口即来的空口白话，却需要过人的胆识才能做得出来。

吕公表现出来的"大惊"和"起迎"，对来者如此高看，主要原因肯定不是刘邦是否有这么多钱，也不是他的长相和衣着，而是刘邦竟然敢如此当众撒谎这个胆大包天的行为。他佩服刘邦说假话达到了大言不惭、神情自如的地步，惊叹于刘邦超强的自信。

可见，刘邦这套做秀的本领让吕公深表佩服，他也因此而看出刘邦非等闲之辈，是一个能做大事的人物。事实上，刘邦的这种空话和大话，也反映了他的政治做秀的能力，其演技实在一流。在吹牛时，达到了就连自己也信以为真的境界，物我一体，真假同一。这已经不是厚颜无耻，而是张扬声势和自我炒作的高明手法了。

刘邦的自信，是这种长期磨练的厚脸皮和撒谎的本事带给他的。他从成年开始，就经常去参加社会聚会活动，即使没有钱，他也能厚着脸，毫不害臊去参加聚会活动，去吃免费的酒宴。如果是偶儿一次去吃，肯定达不到神情自如的状态。正是因为这种事干的多了，才达到了浑然一体、毫不在乎的境界。

大言不惭，虚张声势，这肯定不是一时的功夫，是一种渐进的过程；因为刘邦对当时社会的了解与研究是非常深刻的，他很明白人们的内心需求，知道当时的社会风气。加上他在家乡长期在社会混吃混喝的特殊经历，使他对社会各种人性的认识有最真切的感受和体会，从而使他熟练掌握了一种方法，利用人性的特点去拉拢、吸引当时最优秀的人才，死心塌地为其所用，为其效忠，最后帮着他去打天下。

由此可见，一个人如果脸皮太薄，信心太脆弱，在面对陌生人或者是一些重要场合时，顾及的只是自己的面子，这样会失去正确的判断能力。很多时候，有很多重要的事情就是因为面子问题耽误了，错过了最好的解决时机，也错过了一些宝贵的机遇。

一个人只有做到了足够的自信，他才能在很多事情上表现得与众不同，充分施展自己的能力。换句话说，一个人如果想要厚脸皮，那他首先得有很强的信心。哪怕这个信心是装出来的。

对于一个成功的管理者，或者是想要成功的管理者来说，刘邦的这两个特点就非常值得借鉴。只有敢于展示自己的自信，才能完全地表达自己的想法，然后让人相信自己的能力，同时也才能够欣赏并且善于运用别人的能力。

比如史玉柱，这位巨人集团的董事长，曾经欠债几个亿，身负重债，一文不名。但他完全不把这些困境看在眼里。他的选择是，继续创业。2007年，巨人网络登陆了纽约交易所，史玉柱成为第一个不穿西装进入纽约交易所的敲钟人。

不穿西装进入纽约交易所敲钟，就是一种自信心的充分显露，体现出来的是一种卓尔不凡的气场和超越于众人的、独一无二的领袖气质。

第四章

机遇：富贵总要险中求

留得青山在，不怕没柴烧

公元前210年，这的年份非常重要，因为刘邦在这一年得到了一个差事，送一批囚徒去骊山干活。确切地说，是去遥远的骊山给大秦帝国的始皇帝修一座墓。

秦始皇在很久之前，就开始为自己准备一座世界上最好的坟墓。经过设计师们的认真寻找，地点选在了骊山这个地方，咸阳的北郊。咸阳是秦帝国的首都，非常得繁华富庶。不过，那时候的人们显然对都城的向往并不是特别强烈，尤其是这些囚徒。工程越催越紧，需要的劳工也越来越多。工程量很大，意味着工作节奏不是一般人能承受的。吃的喝的都供应不上，休息时间也没有多少，这种劳动强度，比今天的一些黑心工厂可残酷多了。

所以，凡是被选中来修墓的人，大概都是九死一生，不是累死，饿死，就是被监工的鞭子打死。

总而言之，对刘邦来说，这是一个苦差。囚徒不想去，随时有逃跑的可能；而且路途遥远，中间说不定会发生什么变故。如果这样，自己可就玩完了。所以，一路上刘邦都很郁闷，他觉得，以前晃晃荡荡游手好闲，日子过得自由自在，现在做了一个什么亭长，工资没多少，还得把脑袋拎在裤腰带上。

正如他预料到的，这批囚徒还没走多远，就已经逃跑了一大批，到了丰县泽西亭的时候，刘邦已经受不了了，因为逃跑的人实在太多。

他皱着眉头，前前后后数了数，然后说："停！"大家不要走了，坐下来歇会，得合计一下。他就想，怎么办呢？都跑了这么多人了。按计划把余下的人送到目的地，朝廷便要治我的失职之罪，运气好，可能留个脑袋；运气不好，死无全尸。不可能不死吗？按当时严酷的秦律来说，保命的概率是零。

想到这里，刘邦认为，去了必死无疑，所以咸阳是不能去了，因为没人想掉脑袋。那么原路折回？也不行，被抓了照样死路一条。自己的老丈人虽是名门望族，但秦律之严，不是一个吕公能通融的；县令自不必说，肯定拿他是问；萧何与那帮弟兄也保不住他。

前两个选项都否定了，那就只有一条路了：逃。

好死不如赖活着，先逃了再说，躲到一个安全的地方，避避风头，说不定哪天，事情就有转机。这是刘邦一个很值得称道的优点，在紧急之时，他很擅长选择一种中间路线，忍辱负重，蛰伏待机。

只要留得青山在，就不怕没柴烧。

既然自己要逃了，这些囚徒怎么办？刘邦决定放了他们。

他召集大家开了一个会，把情况简单一说："你们都是苦命人，我也不想为难，所以各自逃命吧。"

于是，刘邦成了私放囚徒的通缉犯，他自己藏进了芒砀山。

消息不久就传回了家乡，很快就在沛县传开了。帝国的法律部门要抓他，而且第一时间就把他老婆拘捕起来审问，差点在狱里折磨死。但是，县里的老百姓却对他的这个行为大加赞赏。

贤惠的吕雉心里最不是滋味。丈夫一夜间就从公务员成了犯罪分子，落荒而逃，过得了今天没明天。那时候又没手机，也不知道他是死是活。她除了独立地支撑家庭、把老人孩子照顾好之外，实在想不出别的办法。

据说这位强硬的女人长途跋涉，为深山的丈夫送衣送食，以免他活活饿死。看官可能要问，她是怎么知道刘邦藏身之地的呢？有人传言，刘邦匿居的地方，时常有一片云气笼罩，所以吕雉沿着云气的位置追踪而至，就一定能够找到刘邦。

先保住命，再图未来。这是刘邦的第一次重大的人生选择，就具有如此隐忍的色彩。回首五千年历史长河，一些成大事者都是忍得一时的血性和冲动，而后才能东山再起。刘邦显然不是为了人格丢掉性命的人，在他看来，笑到最后才是真的开心。

就像越王勾践，他与吴王夫差交战，战败后沦为了夫差的仆役。但他没有以卵击石，飞蛾扑火，悲壮地灭亡，而是卧薪尝胆，在日复一日地受辱中积蓄力量，等待那个万分之一的机会，成功地东山再起，报了大仇。

当然了，刘邦这种"反组织、不爱岗敬业"的行为在现在来讲还是很不可取的。如果你有这样的一名属下，可就得小心提防他了。

困难面前隐忍待机

在创业这条充满荆棘的路上，甚至于我们的人生中，随时都会遇到这样或是那样的挫折。有谁能够一切尽在掌握呢？没有！如果你在创业还没起步时，就不慎摔倒了，你会怎么办？有这样一种让自己暂时躲进"深山老林"的准备吗？在困境重重之时，为何不给自己一个重来的机会呢？

当我们在危险的环境中，面临巨大危机的时候，不要充当出头鸟，要藏巧于拙，暂时隐忍，往往就可以避灾逃祸，转危为安。这和刘邦藏进大山的行为有异曲同工之处。

以隐忍的方法与对手巧妙地周旋，对商界、职场人士而言，确实不失为一种高明之术。

今天的商场和职场，风生水起，诡谲多变，如果自己的能力、毅力不足，稍有懈怠，就可能遭到挫折；而且，无论自己多么出色、多么谨慎，外界环境的变化也常常不是一个人所能预料和抵御的。比如公司并购、业务重组、人员调整甚至那些好像与自己没什么瓜葛的斗争，都可能把你卷进漩涡，沉入水底，让你万劫不复，没有丝毫东山再起的资本。

每个人，都既要想方设法规避风险，在平安中求进取，又要学会如何面对逆境和低谷。因为，这些"不幸"的事情往往来得比你预想的更快、更突然、更频繁，需要你在一瞬间就做出明智的决断。

第一，你要保证一个健康的身体，吃好睡好才是做事的保证。

留得青山在，首先要把身体保养好。现在许多创业者都非常拼命，于是我们也经常听说各种英年早逝的新闻。一些年纪轻轻的公司高管和创业者，出师未捷身先死，使观者唏嘘不已。

不过，许多人看到这种事，最多也就警醒几天的工夫，就又我行我素地继续恶意透支自己最宝贵的财富了。拿身体去当赌注，以为自己的运气好，完全可以在短时间内取得成功，从而再拿出充裕的时间去享受生活。可是事实呢？我相信如果你能读读刘邦的故事，你就能懂得"调节"之道。多把力量积蓄在自己的人才上面，而不是由自己去全力作战，这才是真正的"青山"，是能提供烧透一切的"木柴"的"青山"。

刘邦在深山老林中躲藏待机的经历告诉我们，时间是最管用的秘方，是最有效的计划。要有足够的时间等到拨云见日的那一天，再厚积薄发地顺势而起，大干一场。而要做到这些，就要指望我们有一个健康的身体了。

第二，始终要维持一个良好的心态。

不管任何时候，千万不能和自己"较劲"，也不能和周围的环境、世道"较劲"。尤其是在失意的时候，不要愤怒，不要悲观，更不可绝望。因为再大的挫折，随着时间的流逝，形势的转变，很久之后我们回顾，也会觉得稀松平常，不过如此。

因此，学习刘邦，无论出现了任何麻烦，都保持一颗理智的平常之心，不苛责自己，也不埋怨别人，更不把责任推给环境。换句话说，做人做事，不可愤世嫉俗，也不可急于求成。

你要是能像刘邦一样，永远保有这样理性的心态，遇到再大的困难，都能在冷静的心态中迎来好的转机。

第三，这时更要发展自己的人脉，不要断了关系的大门。

人在不得志的时候，亲情、友情更能显出其巨大的价值。刘邦钻进大山后怎么干的呢？他的选择是联络以前的朋友，保持通讯；同时发展身边的人脉，笼络那些囚犯和被押去修陵的农民，把他们变成自己的人。即便逃亡，他也在壮大自己的队伍。

一个人处在困境中时，如果不能保持良好的心态，只顾一味地挣扎、逃避，恰恰最容易伤害到自己已经积累的人脉。人在这时候，更不能断掉了自己关系的大门，因为人在遇到困境时，大多数的转机也都是与旧日的人脉分不开的。

第四，闭门修炼自己的能力，耐心观察崛起的良机。

无论何时，你都应该使自己具有一些可以安身立命的一技之长。隐忍时期，不代表你可以没肝没肺地睡大觉。你要始终占据哪怕只是一小块舞台，以此来证明自己的存在，展示和锻炼自己的能力，积聚力量，让暂时的隐忍成为日后重新上路的力量之源。

除这四项之外，诸如那些暂时的功名利禄等，都是身外之物，既能很轻易地获取，也会瞬间丢失，是靠不住的过眼云烟。尤其在一个人失意时，这些东西就只会成为人心目中的负担，成为向更高的境界跃进的绊脚石，甚至是害人之物。

如果你对这些念念不忘，恐怕只会搅扰自己的心态，丧失自己的核心竞争力，只怕将来真会没柴烧了。假如刘邦对他的亭长职位惦念不忘，生怕丢了自己手中的荣华富贵，他的选择可能就不是躲进深山，而是冒险去咸阳，或者回县城述职了。到时他丢掉的就不仅是一个小小的公职，还会搭上他的身家性命了。

斩白蛇：廉价高效的广告

私放了帝国的劳役之后，刘邦就面临一个重大的选择。他要躲起来，但不知道躲多久。未来的命运不可预知，且不管它，当前的情况却有些凶险。

为什么这么说呢？因为还有不少人没有逃跑，而是站在他身边，围成了一圈。

有几十个人觉得刘邦是条汉子，愿意跟随刘邦。在生死关头，刘邦的仁慈救了这些人一命，他们为此心存感激。特别是有不少年轻力壮的汉子，他们认为刘邦是一个富有侠义精神的大人物，早晚能成就大事，跟着他混，肯定错不了。因此这些人表示，哪儿也不去，和恩公同生共死。

这样，刘邦就在事实上成了一支逃役队伍的首领。在未来的岁月里，他不但需要照顾自己，还得为这些人的吃喝拉撒着想。但与此同时，他的安全也得到了保证。一个人在大山中生存，毕竟不如一群人的力量大。有这些壮丁忠心地听他指挥，对他来说也建立了最基本的权威。

有一天，他们深夜到了一片沼泽地，前面的情况不明，不敢轻易前进，派了一个人到前面探路。这人一会就逃了回来，惊魂未定地报告："不好了……前面有条大蛇挡路，我老远看了看，吓坏了，老大，我们还是回去吧。"

刘邦一听，反倒豪气干云了，挺胸说道："我们都是大男人，继续向前进，有什么好怕的。"说完，他走在最前，直向前去。

历史上的这一幕后人没有亲眼见到的。事实上，在事发现场，据说真正见过的人，也就只有一些不怕死的跟在刘邦后面的家伙。他们小心翼翼地往前走，拨开挡路的树枝，一边走一边拿着棍子乱砍，生怕有什么野兽窜出来把他们吃了。不久，果真就看见了一条大白蛇，足有好几丈长，吐着大蛇信盘亘在路边，摇头晃脑，威风无比。

一群人吓得四处乱窜，刘邦却很淡定。他借着酒劲，上前挥手一剑，将这条大白蛇斩成了两段。大蛇在地上扑腾了几下，死了。

于是，大家顺利地通过了这片沼泽地。

大家走了几里路，刘邦因为喝醉了酒，倒在地上呼呼大睡，谁也叫不醒。众人便说休息一会吧，就近安营，或许还搭了几顶树叶制成的营帐。有人就借这个机去到斩蛇的地方，想看看那条被斩断的白蛇是什么模样。结果白蛇没见着，只看见一个老太太蹲在那儿哭泣，人们便问：

"老奶奶，你为什么在这里哭？"

老太太回答："有人杀了我儿子！所以我才哭。"

"你儿子怎么会被杀？"

"我的儿子是白帝，化身为蛇，挡了道，结果被赤帝的儿子给杀了。"

说完这句话，老太太就消失不见了。

这几个人回去后，把这件事告诉了刘邦，然后又对大家说了一遍。这些人添油加醋，将此事形容得神乎其神：

"老太太白发披身，如同鬼魅。"

"她走时化作一团白烟，谁也看不见她是怎么飞上天的。"

"原来那条蛇是白帝之子呀，能杀它的只有赤帝之子。"

"赤帝之子是干什么的？"

"这你都不懂，赤帝就是老天，赤帝的儿子，当然是上天之子啊！"

于是乎，这些跟着刘邦混的人越来越敬畏他。刘邦有事没事地也经常回忆一下当时的情景，越说越玄乎。这个传说就散播出去，全天下的人都知道了，无形中，刘邦就成了普通人眼中"上天之子"的象征。

对迷信的古人而言，这一招很有效。刘邦斩白蛇起义，然后说自己是赤帝之子。这个创意其实和陈胜的"大楚兴，陈胜王"差不多，但是刘邦的效果显然更佳。据说这个广告的出炉还得到了吕雉的亲密帮助。这位刘夫人整天在村里到处吹嘘，说天上有片云彩，云彩之下必是她的老公。两人无形中一唱一和，对刘邦做了一次最廉价也是最好的广告宣传。

名声永远是第一资本

现代人由于有通讯设备，有摄像机，都讲究个"有图有真相"，但是在古代，一个人的名声和广告往往是通过"口口相传"的。

人们都说黄帝高大英武，聪明伶俐。但那时没有数码相机，没有录像和录音设备，只能依靠众口相传。所以，在精明的设计、营销和一代代的自发宣传下，帝王人物很容易被捧成神。

最早的广告，与如今的某些广告其实是一样的：眼见为虚，耳听为实。大家跟着感觉走，众口一吹，时间长了大家都无比相信，然后就有了至高无上的权威。

你要做到匪夷所思，才能让大家记住你。你要秀出自己的个性，秀出别人无法做到的东西，你才能成为"天下独一无二"的人。

名声永远都是第一资本，不管你想做点什么，都要先为自己做好一个形象策划，打造一个名声的基础。你可以让人敬，让人服，也可以让人畏，无论你怎么样，都要事先做一个精密的包装。

好的形象，对于每一个人来说都很重要。一个名声不好的人，即使你做了大好的事，别人也会觉得你是在逢场做戏，假惺惺地装模作样，没安好心；而有一个好的名声呢？即使你做了坏事，大家听说了也不愿相信，也会有许多人想办法替你洗白，帮你遮掩。这就是好形象的力量。

刘邦的名声，就是经过许多事情的积累，逐渐策划营销出来的。这是企业家格外需要学习的地方。一个人不管有多睿智，多能干，背景条件有多好，如果他不懂得如何去做人、做事，去为自己策划一个好的品牌形象，人格魅力，那么他最终的结局就无法看好，至少很难取得太高的成就。

做人做事重要，做秀也同样重要。

也就是说，欲成大事者，做人、做事与做秀是一体的，是一门艺术，更是一门高深的学问。

"先做人，后做事，同时必须要善于做秀"。这是成功经理人在进行自我定位时经常讲到的一句名言。在中国，人们受传统的思想影响很大，特别是如何做人做事这样的道理。中国人在评价看待一个人时，不光是看他怎么做事，更会看他怎么做人。你要会做人做事，更要会做秀，才能满足人们的胃口。这或许才是在世俗社会取得成功的一个不可缺少的必备条件！

"秀"是什么？就是"演戏"。刘邦是一个演戏的行家。在中国历史上，刘备、李世民、朱元璋等英明的帝王，都是舞台上的高明的演员。

其实不光是人，产品的塑造也同理。大凡一件新生的事物，都得先学会、懂得如何去"做秀"，去表演，做广告。只有通过若干次，甚至无数次的重复做秀，这项新事物才有可能得到世人的认可和强烈的认同。最后，它才能逐渐地流行起来，成为消费的主流，征服消费者。

优秀的人才想要出人头地，同样需要经营职业生涯。很多时候，他们都要用做秀的方式来经营。你有优势，有理想，有野心，不能藏在心里，一定要择机大胆地表达，让更多的人知道，让他们明白和感受到你的与众不同。只有这样，你才能赢得人们的尊重和崇敬，才有号召力。

在实际工作与生活中，有很多可以做秀的事情，拿来为自己制造一个高大伟岸的形象。

总而言之，就像刘邦一样，在发迹之前，我们平时的言谈举止都需要格外注意，为自己打下一个形象的基础，确立一个能成为出众领袖的好名声。因为这样的人总是比别人更容易成功。

第五章

大器晚成：有志不在年高

看懂大势：大事业需要大时机

抓住小的时机只能成就小事业，要建立一个大事业，就得需要一个大时机了。时机是什么？就是一个进入的机会，一个好的平台，或者说，也叫做"大势"。打天下的人要看"天下大势"，做生意的则讲究"市场大势"。

公元前209年，秦帝国终于发生大事了——陈胜、吴广率领起义军开始起兵反秦。在攻占了陈（现在河南淮阳）以后，陈胜建立了"张楚"政权，和秦朝公开对立。

两人这么一闹，而且闹出了一个大动静：建立了一个新政权。

消息传到咸阳，朝臣一片惊慌。天下，终于大乱了。

说起陈胜这个人，他有一句名言永载史册："王侯将相，宁有种乎？！"

从这句话可以看出，他是一个绝不甘心受人奴役的人。王侯将相未必是天生的，你们能做的，我凭什么做不得？别小瞧这句话，因为从这时起，中国从春秋战国沿袭到秦末的贵族社会开始受到强力挑战了。在此之前，中国社会是非贵不王，阶层分化十分严重，平民百姓休想进入上层社会。但是陈胜打破了这个神话：

"你们做得，我也做得！"

"你们吃肉，凭什么让我啃树皮？"

陈胜还说过另几句很著名的话，他还在地里耕田的时候，对自己的同伴说："苟富贵，勿相忘。"就是说，咱们都是穷光蛋，以后如果有谁发财了，有权有地位了，可得彼此提携啊！人们一听都笑了，说："哥，你想什么呢，咱们卖力气给人家种田，哪儿来的富贵？"

于是，陈胜叹息道："燕雀安知鸿鹄之志哉！"

你们都是燕雀，怎知我的雄心壮志？！

不久，他便以实际行动向人们证明了自己的豪言壮语。

秦二世元年（前209年）七月，秦帝国大举征兵去戍守渔阳（今天北京市的密云西南）。陈胜作为一个只能卖卖力气的穷光蛋，也在征发之列。当然，他还是有点地位的——被任命为了带队的屯长。他和其他900人在两名小吏的押送下，日夜兼程赶往目的地。

这些年的秦帝国，工程相当多。早在秦始皇活着时，为了建造长城就动用了三十万士兵，征集了几十万民夫。孟姜女的故事就发生于长城工程。为了开发南方，又动员了几十万军民，死伤无数；然后就是阿房宫，不但征用了七十万囚犯，还花费了无数的金钱。二世继位后，阿房宫那边的工程仍然在继续，不知用了多少人，花了多少钱。那时全中国的人口至多也就两千万，光这些工程就征发了近十分之一的人口。

刚统一天下，就开始劳民伤财，大搞工程。这种情况下，民不聊生，怨声载道，就是预料之内的事情了。

陈胜他们一群人就是在这个大环境中被征用的。他们行至蕲县的大泽乡时，突然遇到了连天大雨。这雨一下就是好几天，来势凶猛，冲断了道路，没法走了。结果就是误期，按秦律的规定，凡所征戍边兵丁，不按时到达指定地点者，一律处斩。

在生死存亡的危急关头，陈胜决定造反。是夜，他悄悄地找到了另一位屯长吴广，试探口风。

吴广是阳夏（今河南太康）人，和陈胜一样，也是穷出身。两人虽然结识不久，但已是无话不谈的朋友。陈胜说："这儿离渔阳还有上千里路程，怎么也不能按期抵达渔阳了，我们现在的处境，去也是送死，逃亡被抓回来也是死，与其都是死，还不如选择为国家而死，干一番大事业呢？"

他开门见山，直达主题，毫不含糊。接着，他又马上分析时局，谈起了造反的可行性。因为没有可行性，即便人们很想跟你干，在必死的风险面前，也可能缺乏勇气。

他说："天下人已经苦于秦朝统治很久了，老百姓对秦王朝的苛捐赋税、募役刑罚已经到了难以忍受的程度。我听说二世皇帝胡亥是秦始皇的小儿子，本不应该继位，该继位的是长子扶苏。扶苏贤能，却被二世无故杀害了。还有一位名人叫项燕，曾是楚国名将，战功卓著，又爱护士兵，很受人爱戴。现在老百姓并不知这两个人是生是死，我们何不以他们的名义号召天下人起来反抗秦朝的暴政呢？"

陈胜找了一个很好的理由，为死去的扶苏复仇，再打出项燕的大旗，来争取民心。吴广很佩服陈胜的胆略，觉得这个主意很妙。两人一拍即合，当即决定：死国，举大计！

准备工作就绪之后，他们利用两个小吏酒后行凶打人之机，将之杀掉。然后斩木为兵，揭竿为旗，发动了大泽乡起义。没有武器，就削了木头、砍了竹子当装备，反正是白手起家，干起来再说。起义军以大楚为号，陈胜自立为将军，吴广为都尉，带领义军迅速攻下了蕲县。

之后，他们兵分两路，向东西两面同时发展：一路由葛婴率领向东进军；另一路主力队伍由陈胜率领，向蕲县以西挺进，义军势如破竹，接连攻克了安徽和河南的铚（zhì音至）、酂（cuō音嵯）、谯、苦、柘诸县。所到之处，到处都是欢迎和参军的百姓，他们的队伍迅速壮大，很快就拥有了六七百辆兵车和一千多匹战马，以及几万名士兵。

攻下陈县以后，在陈胜的召集下，义军开了一次各方会议，商讨反秦大计，确定了"伐无道，诛暴秦"的口号，正式建立了政权，国号张楚，陈胜在这里称王了。

大泽乡起义就像引爆了一个雷管，炸开了一道大堤。从此以后，各地纷纷兴起义军。本来秦朝的各项政策就很不得人心，之所以不反，是因为大家都在等待一个先行者，来看看到底能不能成功。现在一看，起义军取得了这么大的胜利，秦军也不过如此嘛！于是六国旧贵族和各方早有异心的造反势力蜂涌而上。

比如，秦嘉、董緤、朱鸡石于淮北起义，项梁和项羽于吴县（江苏苏州市）地区举兵反秦，这些义军很快汇合成一股巨大的洪流，形成了以陈县为中心的全国性的反秦战争。

在农民起义的引领下，本就不满秦朝的六国的旧贵族和中小官吏也见机行事，纷纷投奔了起义队伍。这其中，包括魏国名士张耳、陈余，他们加入义军；山东儒生、孔子八世孙孔鲋，也怀抱着孔子的礼器投靠陈胜。

义军迅速壮大之后，从起义中心陈县出发，兵分三路向秦帝国发起了总攻。

第一路由假王（假是代理的意思）吴广率领，去进攻荥阳，沿黄河向西推进，以打开通往咸阳的大道。

第二路由宋留率领，取道南阳扣武关，分散关中敌人的兵力，策应吴广的主力。

第三路由周文率领，进攻关中，直取咸阳。

除此而外，陈胜还派了武臣、张耳、陈余等人去进攻赵地，派了周市进攻魏地，派了邓宗攻九江郡，派了召平去进攻广陵。这称得上全面开花，像汪洋大海一样，把秦帝国淹没了。虽然吴广一路由于秦朝荥阳守将坚不出战而受阻，不能西进，但周文的第三路军却十分顺利，沿途受到了广大人民群众的热烈拥护与支持，仅用了几十天的时间，就横扫淮河与黄河流域，抵达了函谷关。

这时，其军势大盛，已经发展成了拥有车千乘、兵马数十万的强大军队。他们趁势越过函谷关，打进了关中，秦军纷纷闻风溃逃，抵挡不住，义军一直打到了距离咸阳仅有百里的戏（陕西临潼境内）这个地方，对秦帝国的首都咸阳形成了极为严重的威胁。

打到这份上，"陈吴集团"前景光明，还差一步，就能拿下秦帝国的心脏。

这就是刘邦躲进深山后外面的形势进展。天下大乱，创业的机会出现了。而刘邦接下来的选择是十分明智的，他果断地选择了反秦，创业，去争取更大的前途。

在秦朝做一个小职员，即便顺顺利利，也换不来他想要的前途，何况他已经犯下了重罪；只有创业能让他致富，能让他翻身。尽管他已经快五十岁了，对这一点仍然有着清醒的认识。

只要方向对了，机会抓住了，一切都为时不晚，年龄并不是问题！

在正确的时间做正确的事

其实，刘邦早就看好了创业这条道路，他对自己的定位很准确，一如当他看见秦始皇东巡时的豪华仪仗时的感叹。"大丈夫当如是也。"从那一天起，刘邦已经在心底给自己进行了准确的定位，坚定了自己的理想。

我们分析他起事时的大环境，可以说刘邦遇到了一个非常好的时机。如果放到歌舞升平的年代，一个全身充满痞子习气的官员，再怎么混，充其量也就是地方一霸，根本没有希望再上一层楼，何况都这么大年纪了，在官场也没什么晋升的希望。

但刘邦生在了天下剧变、人人思变的时代。秦始皇的治国思路本就是一种苛政，灭六国之后又大搞工程建设，国人皆忍气吞声，换成了儿子上台，结果更是变本加厉的暴政。

就好比是一家公司，公司的老CEO决策很专制，大搞一言堂，随便开除人，还不允许下面的人说任何的意见，那么这种公司是迟早要和秦朝一样，走向破产，或者被别人吞并的。

没错，刘邦就是生在这么一个人人都想反抗却又没有能力反抗的年代。经过种种巧合、必然和缜密的运作、选择，刘邦以一个区区亭长的身份，被推上了领袖的位置，成为天下人注视的中心。

原因在哪儿？

我的答案是，他选对了切入点，在正确的时间，选择了一项正确的事业。

小到创业，大到人生，甚至于找老婆这样的事情，都是如此，都需要我们找一个适当的切入点，在一个对的时机出手。

本钱的问题也很关键。无本当然能创业，但代价会很大。拿刘邦来说，出生在农家，毕生的努力最后只混到了一个小亭长，这个起点听起来有点低，创业的本钱是很小的，别说跟项羽比，就是跟陈胜和吴广相比，可能也差一些。但如果仔细分析我们就会发现，刘邦虽然没有太多本钱，却有一个得天独厚的优势，可以帮助他在这个时候抓住大势，顺利起步。他的优势就是自己的工作性质。

第一，他在老家的关系网特别发达，什么样的人才都有，他起事时的人脉基础相当雄厚，文有萧何，武有周勃，简直可以直接管理一个国家了。

第二，虽是芝麻大的官，但他在这个小职位上，时常要押送一些苦力或者是犯人去边疆改造，可以说这就有了士兵的来源，是一个不容忽视的本钱。

如果刘邦手头一个兵也没有就直接起义造反，那他面临的困难就多不少，估计他的称帝时间就会推迟。但是他手上有兵的话，好歹一起步就能带着一票人，算是一个将领了，这就是创业的本钱了。他手下的这些兵，随着作战经验的丰富，也能逐渐成为部队中的基层军官队伍。不管他是去投靠陈胜，还是自己独立作战，都是资本。

有了本钱，抓住形势，再跟对了带头人（创业初期选择一个强者，让他带着自己走），才能赚大钱，不至于被残酷的市场竞争抛弃（被秦军消灭），自己才能很快做老板。

在大势来临时抓住机会，再为自己找一个盟友，搭一个平台，这就是一个正确的介入的过程。刘邦是做得非常出色的，始终头脑清醒，知道自己应该干什么，怎么干。

他最后做上了老大的位置，是因为天下的老百姓和地方实力派们深信刘邦的才能，知道他能给大家谋福利，愿意跟着他混，希望他来主持这个"家"。刘邦也没有辜负大家的期望，确实是推出了不少好的政策，把这

"家"管理得有声有色。

墙倒众人推，但不要第一个推

从开始押送劳役去骊山的那一天起，可能刘邦的命运就已经注定了。他注定要在帝国末期的风起云涌中扮演一个重要的角色，天降大任，舍我其谁？估计刘邦当时没心情这么想。当逃役事件发生后，开弓没有回头箭，他必须借助农民起义的力量来解除悬在他头上的"死亡威胁"，也只有抓住全国一片大乱的时机，趁机起步，才能改变自己的命运。

所以，当他听说义军已席卷全国的消息后，立刻意识到，自己需要放手一搏了。

有时候，你需要向上走，而不是往后退，才能摆平问题。有一个成语叫"迎刃而解"，就暗含了这个意思。

陈胜、吴广率领起义军起义后，全国各地都有人响应，尤其各个基层的郡县，义民把自己县乡的领导杀掉，群起而应，作为对起义的支持。当然起来反抗的多是六国的旧地盘，这些刚被秦国的统一战争打下来的关东和南方等地，大家本就不适应秦朝的治理方式，亡国的仇恨也尚未消失。此时一见有人带头，都想终于有人起来闹事了，立刻就会跟随。

墙倒众人推。这话没错，但人们总会等有人第一个上去推，见到有效果，才会大胆地跟进。

沛县的县令很惊慌，他知道一旦本县也有人起事，那一定就是聚众杀官，自己这条老命想必是保不住了。最好的保命办法，当然是先下手为强："我如果宣布带领众人起义，这条命不就保住了嘛，我还能继续掌握县里的大权，此乃一箭双雕。"

真是一位有前途的县令！但是萧何和曹参作为他手下的主要官吏，却有不同的想法，过来劝他道："长官，您可是秦朝的官员，领着秦朝的工资，现在想背叛政府，想法虽好，可是恐怕没人会听令的。"

县令一想，是这么回事："那该怎么办？"

"您应该将本县流亡在外的人召集回来，一来可以增加力量，二来也可以杜绝后患，让这些人来震慑众人，他们就不敢不听从您的命令了。"

萧何他们何出此言？显然就是为了刘邦，而不是为了县令着想。因为刘邦正是本县逃亡在外的名声最大的家伙。在逃命的这段日子，他们互相思念，彼此惦记，一直在等个借口把他弄回来。

县令没这智商，所以他觉得很有道理，就让吕稚的妹夫樊哙去把刘邦这位仁兄找回来。樊哙不辱使命，很快就钻进深山老林，见到了刘邦。一看，吃了一大惊，因为刘邦身边已经有一百多号人，小日子过得是风生水起。

这伙人虽然在大山里面艰苦了点，过着爬树钻洞的生活，但每天打点野味，也算顿顿有肉吃，就是晚上睡觉不太安生。

刘邦听说沛县要造反了，心想哎哟，熬了这么久，机会终于来了，天不负我也！马上带人往回赶。但就在樊哙领命刚走后，这边的县令就又后悔了——此人脑子转得慢，这时才回过神来。他一是觉得造反的风险实在是大，万一被镇压了，全家都没命；二是害怕刘邦这种人回来了会不好控制，弄不好还会被刘邦干掉，等于是引狼入室。

于是，县令翻脸了。他命令手下将城门关闭，派人上城加固防守。然后要捉拿萧何和曹参，把他俩当成造反谋逆的元凶，准备杀了向朝廷请功。

萧何和曹参闻讯，赶忙逃到了城外。这时刘邦也到了，三人见面，悲喜交集，抱成团哭一场恐怕是免不了的事了。萧何把情况简单一说，刘邦说别怕，这件事处理起来挺容易的。

他用自己不怎么华丽的文笔写了一封信，射进了城中。

信上是这样说的：

"我的父老乡亲们，天下百姓苦秦政久矣！现在全中原的人民都已经起兵反秦了，很快就要打到我们沛县。虽然你们现在帮着县令守城，但到时那么多兵马杀到了这里，你们还守得住吗？肯定守不住的！所以啊，父老乡亲，我们只有一个出路，那就是一起保卫家乡，把出尔反尔的县令杀掉，再选择一个有威望的人当首领，响应各地的诸侯。这样，我们的家室就可以保全了。否则，一旦义军杀到，全城都将被屠戮，届时便悔之晚矣啊！"

这封信写得很真诚，也很实际，话糙理不糙。人们被打动了，加上本来就对平时不体恤百姓的县令很不满，所以就在当天夜里，县令的脑袋不知道被谁割掉了。

人们打开城门，迎进刘邦。

夺城，杀官，造反的第一项工作做完了；接下来是第二项工作：找一个首领。这么多人，得有一个领头的。

人们普遍的意见是：这个头应该由刘邦来当。

刘邦赶紧推让说："不妥啊，如今正当乱世，诸侯起事，兵马纷争，如果我们安排的这位首领不当，就会一败涂地。我虽然是一个不怕死的人，但我感觉自己的能力不足，无法保全父老兄弟。这是一件很大的事情，希望你们重新推选胜任的人。"

言下之意，我能力不足啊，我很谦虚啊，你们再找找看？

人们又把目光投向了萧何、曹参。二人慌忙推辞："吾等不足担大任，还是刘邦来做吧。"他们两个都是文官，刀笔吏，出谋划策的人。一方面，他们觉得自己做不了义军的领袖；另一方面，当然也有现实的考虑，那就是风险。

风险就是，秦朝军队一贯很强大，能统一六国的军队可不是说着玩的。万一起事不成，秦国军队一来即遭旋灭，那么自己的满门性命也就不保了。所以，这个在乱世带头创业的风险是很大的，尤其对带头人来说。我们今天也经常见到一些创业公司的老板，发达成功的固然有之，可破产之后穷困潦倒甚至家破人亡的，也并不罕见。

只有能承担风险的人，才配作这个领头人。

　　人们统一了意见，集体推举刘邦。城内几个老资格的土绅说："平素我们早就听说了刘邦的许多奇异之事，说明他注定显贵，没有谁比他来当这个头更合适了！"这时候传说起作用了。

　　刘邦这回是推不掉了，其实他也不想拒绝。他只是做个姿态，来看看自己的这帮手下，都是什么样的心思，是不是真的想让自己当这个主公。

　　经过三两次的推让、客气，刘邦被推举为沛公，由他来领导大家起事。对这一段，正如上面所言，司马迁在《史记》中就是这么说的："萧曹等皆文吏，自爱，恐事不成，后秦种族其家，尽让刘季。乃立季为沛公。"

　　于是，众人设祭坛，刘邦自称赤帝之子，领导民众举起了反秦大旗。他们祭祀了黄帝，把牲血涂在了旗鼓上，将旗帜染成红色。因为刘邦杀掉的是一条白蛇，而是他自己又是赤帝的儿子，所以肯定是尚红的，一定要制红旗，穿红装。后来汉朝崇尚火德，也是沿袭了五行之说中的这个道理。

　　祭祀宣誓完毕，刘邦就成了义军首领。萧何、曹参、夏侯婴、周勃和樊哙等人，就开始组织人马，筹备粮草。他们在沛县招收了几千名壮男，制兵器，划组织，协调编制，然后出兵，去攻打了附近的胡陵、方与，杀了一些秦兵，积累了些经验，便又退回到了丰邑驻守。

成功的关键因素中没有"年龄"

　　这一年，已经是秦二世元年的九月，刘邦也有四十八岁了。在这一年，历史终于给了刘邦一个天大的机遇，可能也是这辈子的最后一个机会，让他成为了沛公，使他可以凭布衣之身，提三尺剑，去争夺天下。

　　过去流行一种说法："创业要趁早"，人们通常认为，一个人要想成功，就要赶在年轻时开始创业。否则，年龄一大，你可能既没有了雄心，也变得不合时宜。但刘邦的起步年龄足以推翻这个结论。

有志不在年高，而且做大事也不可急于一时。

我看过哈佛商学院针对全球创业成功者做过的一项调查，统计显示：创立高潜力企业的创业者的平均年龄，都在35岁左右，几乎没有更年轻的了。甚至于，许多更加成功的企业管理者，他们在迈出第一步的时候，都已经超过了四十岁。这时，他们的阅历已相当丰富，经验老道，判断成熟，更能做出理性和富有远见的决断。

这是因为，一个人事业成功的关键因素中，并没有年龄，而是远见、创意和执行。

如果我们让刘邦发表一番成功感想，我相信他一定会对你说："只要决定开始做，并用心去做，什么时候都不晚，不信你看我是怎么做的？！"

但与此同时，我们也知道，刘邦的这番道理人们并不是不清楚，只不过敢于像他这么去做人的凤毛麟角。所以刘邦成功了，而世人只能乖乖地仰望他的成就。

第六章

判断力：看清你的对手，
找到你的伙伴

看清对手：项羽是什么样的人？

刘邦在他的不惑之年起兵了。与此同时，他最大的对手也出现在了秦末历史的大舞台上，这个人——当然就是项羽。

著名演员陈道明曾说过，年轻时他喜欢项羽，但年龄大了，他却喜欢刘邦。看似很普通的一句话，却很鲜明地形容出了两个人的区别：

"项羽热血十足，是一个理想化的偶像；刘邦老辣成熟，是一位务实的英雄！"

当然，项羽很不简单，没人敢说他比刘邦弱太多，也无人敢贬低他在那个时代的成就。他从一个为了生计而落魄不已的打工青年、破落的贵族后裔，到创办了自己的事业并最终发展成为行业的领头羊，再到事业破产、兵败乌江而自杀，如此复杂又辉煌的人生经历，只用了短短六七年的时间。

这里面，有太多历史的偶然，更多的，可能是充满了许多必然的历史因素，是他和刘邦的不同性格、形势的复杂变化共同推动的。

项羽的名字叫项籍，羽是他的字。历史对他的评价是，他是中国古代杰出的军事家以及著名的政治人物（虽然人们很难听到他畅谈自己的政治理想）。我们更多的是对于他军事思想的了解——在中国历史的长河中，"勇战派"的代表人物名册上，必定有他的一席之位。他作战英勇，豪气冲天，武勇古今无双（个人武力很强悍），后人对他有"羽之神勇，千古无二"的评价。

　　说明在"个人战"方面，没人能打过他，在指挥军队冲锋陷阵这方面，也堪称当时的第一人。这是刘邦远远不及的。自然，人们用"霸王"一词形容他，就十分恰当了。

　　他是下相（今天江苏的宿迁市）人，故都彭城（今天江苏的徐州，战略要地）。作为楚国名将项燕的孙子，他是当之无愧的贵族后代，家世背景没得说，比刘邦"高贵"了十八杆子不止。

　　而且，项羽在容貌方面也是当世无双。《史记》说他八尺有余，《汉书》中说他八尺二寸，折算成今天的标准，那就是一米八九的大个子，典型的既英俊又威猛，加上其贵族身份，搁到今天，也是无数少女的梦中偶像。

　　在早年间，也就是楚国灭亡后，旧贵族们混不下去了，项燕兵败战死，项羽与堂弟项庄就随着叔父项梁过上了流亡的苦日子，跑到了吴县。加上项梁杀了人，他们这家子算是既流亡又逃命，躲避秦国官吏的追捕，生活是很惨的。

　　这是他年少时的生活状况，败落的官员后代，空有一肚子的怨气没法发泄，满脑子就只有一个想法：活下去，多活一天是一天。

　　不过，凄惨的童年生活并没有磨灭项羽的伟大志向，他从小就很有抱负。项梁曾教他读书，但项羽并不想成为酸腐秀才，一肚子的"读书无用论"，对读书甚是抗拒，学了没多久便厌倦了；项梁又教他武艺，虽然这是他感兴趣的，但他却也瞧不上叔父这点本事，整天吊儿郎当地应付。项梁很生气，特别生气，像天下所有恨铁不成钢的父母一样，项梁对他臭骂一通。但是项羽不以为意，却教训起自己的叔父来：读书有什么用，能记住姓名就足够了；学武又有什么了不起，还不是只能打得过一个人。我项羽要学就学厉害的，我要学兵法，我要一人抵万人！

　　项梁一听，觉得有点道理，对项羽又燃起了信心，于是便开始教授他兵法。

　　谁知，项羽的热情就像夏日的云雨，来得快，去得更快。不消几日，项羽又想退学。项梁气得无奈，只能作罢，任由他去。

这段经历充分说明，项羽不管学什么，都没有学到精处，博杂而不专，这大概就是他"莽夫"性格的最初显现。

历史记载，项羽的力气很大，一身的腱子肉，史载他"力能扛鼎"，气压万夫，很有气魄，也可以说英气逼人。身体素质越发闪亮的同时，这一时期的项羽也逐渐展现出了他日渐壮大的政治志向。有一次秦始皇出巡，经过钱塘江时，项羽跟着叔父在旁观看，见其车马仪仗威风凛凛，他便对项梁说："彼可取而代之也。"

"我可以取代他！"

如此嚣张犯上的话差点把项梁吓死，他第一时间捂住侄儿的嘴，不让他再说一个字。在那个言论不自由的时代，这种话说出来是会遭遇灭顶之灾的。一旦让人听见举发，他项家可就要亡族灭种了。

在吴中地区，项梁的威信很高。史载当地的贤人和有钱人都喜欢跟他交往，遇到事情也都由他出面主办。一方面，这是因为项家过往的威名，大家同为楚亡之后的破落户，怀念旧国之心相同，自然喜欢扎堆，依靠这位贵族后人；另一方面，也因为项梁确实有能力，有担当，是楚人公认的有名望之人。

项梁就利用这个优势，暗中招兵买马，训练兵士，聚拢人才，凝聚人心，等待时机，为项家恢复荣耀。大泽乡起义后不久，项梁就带着项羽一起响应，在会稽郡斩杀了郡守殷通，举兵反秦，并出任张楚政权的上柱国（原楚国官置，意为军队的最高将领），然后渡江，西进，伺机与秦军决战。

在起兵过程中，据说项羽一个人就干掉了近百人，展示了他超人的武艺。这显然是有点吹牛的，武艺再强的人，在乱军中想一人杀掉百人也是一项不可能完成的任务。很明显，围绕着项羽，史家们也做了一定的造神工作，对他的武力值做了不小的神化。

这一年，他年仅24岁，率领了八千吴中子弟兵，正式登上了争夺天下霸权的舞台，成为反秦义军的一员。在这时，项羽集团就正式建立了，并且逐渐地成为刘邦集团的最强大的对手。

刘项的三大不同点

说到这里，我们有必要对比一下两大集团的不同。

首先，是目标的不一样。

项羽的目标是灭秦而不是统一，否则他也不会去分封那么多诸侯了，他更像是一个希望恢复战国旧制的霸王。灭秦之后，他要制霸天下，而不是自己当皇帝。至少，当皇帝这一步不是他急于实现的，未来是不是会当皇帝？不好说，因为他没机会来证明就死了。

在整个反秦的历程中，直到他死，他一直很明白自己在做什么，他并不是许多人说的毫无政治理想，只懂军事征伐。事实上，只不过是因为他的理想已经不合时势，才在大势面前显得脆弱和不堪一击。

对他的政治目标，司马迁有一个评价很是形象："大政皆由羽出，号称西楚霸王，权同皇帝。位虽不终，近古以来未尝有也。"让人们都怕他，服他，是他的第一目标。

刘邦集团的政治目标则是灭秦和统一，既灭秦，又要统一天下，建立一个新的大一统的朝代。这两件事相辅相成，密不可分。此目标极其明确，且刘邦阵营上下一心，步调一致，凝聚力很强。从现实看来，经过秦始皇的灭国战争，战国旧制已被破灭殆尽，天下一统的大势已不可逆转，老百姓早就厌恶了几百年连绵不断的国与国的频繁征战，希望过上长期和平稳定的生活。

所以，从目标的对比上，刘邦集团很早就处于一个领先的位置。

其次，是团队的不同。

刘邦集团是一种大家热烈发言、然后采取最佳决策的集体团队，项羽集团只是典型的"一个人的团队"，是他自己的一言堂。项梁活着的时候还好一些，还能听取属下建议，广访贤士，找来了范增。但他一死，项羽一掌权，项家军就成了项羽一个人的地盘。

即便他的身边有被称为第一谋士的范增，我们纵览整部《史记》，也未曾见他为项羽出过一个具有重要意义的建议然后被其采纳。但刘邦，我们无数次在历史记载中看到他皱着眉头苦兮兮地问"为之奈何"，萧何、张良、韩信等一帮智谋无双的天才轮翻给他出主意。

项羽有大才而不用，只相信自己；刘邦有无数的顶级人才相助，他也无比信任这些人才。这就是两人在团队和决策方面的巨大差异。刘邦虽然自己没太多主意，可他能在众多的建议中选择最好的那个，具有很强的判断力，他能判断哪一个主意是最合适的并做出正确的选择。

在两人竞争的起跑线上，这些不同就已经存在了，并且决定了将来两个人斗争的结局。

最后，是个人风格和形象的截然不同。

项羽自认为是盖世英雄，天下也没有人会否认，也不敢有人否认。他出身名门望族，少年得志，24岁投军起兵，27岁就已经称霸天下。巨鹿之战后，更是威名暴涨。诸侯见了他，都不敢抬头，只能跪行。项羽不是英雄，谁敢称英雄？！既有骏马在手，又有美女相伴，天下尊敬畏惧，事业成就又高，纵横天下，唯我独尊。放到今天来看，典型的"高帅富"。

刘邦呢？有人说他是无业游民，有人说他是腹黑，也有人说他是无赖，更有人不屑地说他是小人。他在乡下过了大半辈子，混于乡村，流迹于酒肆，周旋于县衙官吏之间，老婆还是靠自己弄虚作假骗来的。四十多岁才起兵，武艺又一般，只能靠别人出主意帮着自己打天下，一生不停地逃跑又逃跑，逃到最后竟然当了皇帝，于是也有人说他运气好。

但是，英雄只能让人赞颂膜拜，却斗不过刘邦这样的可集众人智慧的王者。英雄只能让人嗟叹，却夺不了天下；王者虽让人不服，却可建功立业。历史就是这么戏谑而又公正。

这说明，一个领导如果太强势了，对于整个团队来说并不是一件好事。领导者有他擅长的，但总有更多是他不擅长的。一个强势的领导固然好，但当这个强势的领导制订了错误的团队目标并且不喜欢听取手下建议时，他的失败就指日可待了。

对一个失败的领导者来说，他的"英雄指数"再高，又有何用呢？

更关键的是，你要看清自己的对手是什么人。刘邦很清楚自己的对手是项羽，也十分了解项羽集团的实力和特点，但项羽对刘邦却一点不了解，甚至不屑于去了解。当竞争格局形成这种态势时，对项羽来说就比较麻烦了。

说到对手的判断和选择问题，有一个历史时期很有代表性，就是两宋。从公元1124年到1279年，时间的长河仅仅迈过了155年，中国历史上却迭代出现了五个帝国，他们绚烂升空，辉煌一时，却都快速灭亡了。以致后来人谈起时，总不像了解其他朝代那样，甚至不知辽国、北宋、西夏、金国与南宋这几个名称应该穿插于哪个熟悉的时期之间。

这五个帝国的灭亡，都源于犯下了一个共同的大错：它们不知道自己的敌人是谁，也不解自己的敌人。因此，当它们在向错误的对手进行进攻的时候，反而遭到了真正的敌人乘虚而入，在背后给了自己致命的一刀。这也是项羽集团犯的错，从来没有将刘邦当成自己真正的对手，结果就是死在了刘邦的致命一击上。

辽国和北宋不知道自己的共同敌人是女真人，只顾闭着眼睛跟对方玩命，结果女真人崛起，辽宋都亡于金。金国将南宋视为自己最大的敌人，南宋也认为金国就是自己的仇人，结果双方打来打去，最后都亡在了蒙古的手中。

在进入一个领域之前，你要看清自己的对手是谁。这是网易老大丁磊说过的话。如果你不认清自己的对手，你就会成为辽国、北宋，成为金国和南宋，当然也会成为项羽。你会如同盲人般行走在危险的夜路上，迷失掉自己最基本的判断能力。可能直到倒下，你也看不清凶手是谁。

走在最前，未必赢到最后

在大泽乡发动起义的陈吴之军虽由一群乌合之众起家，但他们点燃了第一把火，其势便一发不可阻挡，迅速地占领了陈县，引发了全国的起义大火，成为引领时代潮流的领路人。

这时，下一步该如何走的问题就摆到了台面上。成功与失败的关键往往在这种关口就出现了：它并非取决于人们的第一步是如何做的，而是取决于第二步的选择。

生活中，多数人走对了第一步，但从第二步起，就开始犯错了。迈出正确的第一步往往很容易，后面却是越走越难，也越来越考验一个人的判断力和综合实力。

在这个关键的时候，陈胜等人就走错了方向。他们错在不该过早称王。作为走在最前面的起义军领头人，本来就树大招风，第一个引起了秦帝国的注意，又早早称王，不可避免地就把秦军主力吸引到了自己的身上，成为秦军主力重点进攻的目标。

随着队伍越来越大，陈胜团队的人越来越沉不住气。当他召集陈县的父老相亲、义士豪杰和团队召开会议时，众人都拍马屁："将军您披坚执锐，英明无比，伐无道，诛暴秦，复立楚之社稷，功宜为王"。意思是您这么伟岸的人，做了那么多替天行道的事，不称王上天都不答应。

陈胜越发觉得自己天命将至。

这时，有两位名声在外的民间游士也听说了陈胜，便来到陈县寻找机会。一位叫张耳，另一位叫陈余。这两位算是不多见的明白人，他们反对称王，对陈胜说："愿将军毋王，急引兵而西，遣人立六国后，自为树党，为秦益敌也。敌多则力分，与众则兵强，如此野无交兵，县无守城，诛暴秦，据咸阳以令诸侯。诸侯亡而得立，以德服之，如此则帝业成矣。今独王陈，恐天下解也。"

就是说将军您不要急着当王，应该引兵向西，把六国后人扶正，让他们当王，当作大旗竖起来，使他们成为秦军的敌人，分其兵。这样您就能拿下咸阳以令诸侯，等到诸侯与秦的残余势力打得差不多了，您再出来以德服人，帝业不就成了吗？

主意是好，但是，真正的好主意一般少有人听。

陈胜只是假模假样地礼贤下士，便将他们打发了。此时的他热血上头，再也等不到真正的时机来敲门，挑了一个良辰吉日称王了，自立为

"张楚王"，真的是实现了"王侯将相，宁有种乎"的热血志向。然后他兵分三路伐秦，大举攻向秦国腹地——正如前面我们已经讲到的陈胜军的进军线路。

结果并不美妙，吴广军在荥阳被阻住。李斯之子李由坚守荥阳，吴广久攻不下，陈胜又加派了周文率军向西击秦。周文军进展很快，一度打到了关中的戏（秦战略重地，今天的陕西临潼境内），直逼秦都城咸阳。但这时周文军的末日也到了，秦二世征发修骊山陵墓的刑徒为兵，又命少府章邯率领应战。

章邯是个很厉害的将领，在当时来看，堪称秦帝国最后的一根栋梁，文官出身，却能领兵，是个文武双全的人物。所以周文的部队大败，他自己也自杀了。

武臣军很快占领了旧赵的都城邯郸。张耳、陈余两个家伙对陈胜不采纳他们的意见很不满，而且陈胜也不封他们为将军，只封他们为校尉的小官。两人一想，跟着他混没啥前途，就把算盘打到了武臣的身上。

两人就劝武臣自立为赵王："离开陈胜，您照样混得开，而且您看这形势，陈胜这个人鼠目寸光，早晚必败，跟着他没前途可言哪！还不如自己发展，尚有胜算。"

武臣在打自己的小算盘方面很有悟性，点点头说："有道理！"

陈胜听说之后勃然大怒，差点把武臣等人的家室全砍了脑袋，幸亏上柱国房君跑来劝说："老大，秦还没亡呢，我们就杀了他的将相家属，这不是把他往秦国那边推吗？不如勉强答应。"陈胜听着有道理，只好咽下了这口恶气，承认了武臣的自立行为，并且命令武臣率兵去支援周文。

武臣抗命不救。我小日子过得好好的，现在也成了王。既然我们都是王，我这个赵王干嘛还听你这个张楚王的？所以坚决不出兵，这间接导致了周文的败亡。武臣还派手下韩广去攻取燕地。结果韩广跑出去后，依样画葫芦，在燕地贵族的怂恿下，自立为燕王。

陈胜的另一员手下周市进军到了旧魏和旧齐的境内，到达狄县以后，狄人田儋杀了狄县令，自立为齐王，率军来反击周市。周市就在魏地立了魏的旧贵族魏咎为魏王，然后他自立为魏丞相。

一时之间，北方出了好几个王，互不统属，各自单干，无法联合起来。义军内部不和，形成了难以调和的分裂局面，陷入了严重的危机。

章邯作为秦国一代名将，熟读兵书，好不容易捞到了打仗的机会，自然不会忽视这样的信息。他发现起义军现在力量分散，处于一个内部的博弈整合期，尚未形成凝聚力，立刻决定抓住良机，各个击破。

在打败周文后，章邯马上率军东击荥阳。

秦军还未杀到，起义军已经发生了残酷而令人感到悲哀的内乱，而且形势无法逆转。因为吴广刚愎自用，对军事不通却又独断专权，他的部下田臧早就对他非常不满，趁机把吴广杀了。在此之后，田臧扛起战斗的大旗，自己率领一支精兵部队前去迎击气势汹汹杀来的章邯。结果一战就败了，毫无抵抗力。这真应了那句老话：自以为是的人，往往不堪一事。他觉得老大吴广是草包，就取而代之，却不知道自己其实也是草包。

章邯干掉了吴广军，随后全力进攻陈县。起义军这时已无退路，陈胜在退到下城父（今安徽蒙城）后，被其车夫庄贾杀了，尸体被埋在了砀县，后人将其谥为隐王。到这时，由陈胜和吴广掀起的反秦起义的第一个阶段就结束了，也同时开启了由刘邦和项羽主导的第二个阶段。

陈胜和吴广的败因

作为先行者，陈胜和吴广倒下了。他们输在了什么地方？至少在表面看起来，这哥俩主要输在了四个因素上。

1、目标的短浅：称王定都过早，太容易知足。

起义军经过一个月的发展，就攻下了重城陈。这是一个了不起的进展，也是他们没想到的。所以，在欢呼声中，陈胜早早地登上了王位，满足了自己的心愿。也就是从这时起，陈胜的心态就变了，他开始在陈这个地方遥控指挥部队，脱离了前线，不再跟部下同甘共苦。

非但如此，他还开始修建自己的宫殿，准备长期在此生活。这表明，他此时已经进入了功成名就的状态，就像太平天国拿下南京后的洪秀全一样，准备享受成功了，看不到潜在的危机。当秦军攻来时，他才发现自己孤立无援，不堪一击，只能放弃宫殿，以一名失败者的身份仓惶逃窜，最终死于非命，落得一个被自己人杀死的悲惨结局。

2、管理的失误：设立了"秘密警察"制度。

陈胜在管理方面的缺陷是他毫无眼光，没有创新意识，也不懂得真正反思旧朝的弊端。他不但继承了秦朝的一套体制，而且变本加厉，建立了秘密警察制度。手下的将领一旦有错误，就会被他"立案调查"，以至于很多派驻在外边的将领不敢回来，觉得在姓陈的手下当奴隶，还不如自己在外称王，打自己的地盘。

于是，这些将领动了自己的小心思，内部产生了分裂。他们有的自立为王，有的则立六国之后为王，总之大家离陈胜远远的，且都跟他平起平坐，各自为战，不再听从他的指挥。这样一来，陈胜就逐一失去了自己的得力干将，成了一个被手下集体抛弃的老板，这与他的管理失误是分不开的，说明他在制度的设立方面一点也不擅长，是管理方面的白痴。

3、用人的不当：刻薄寡恩走向极端。

表面看来，陈胜用人是比较公平的，他似乎要主张以法治国，以法驭臣，像秦国变法功臣商鞅那样。他受秦制的影响巨大，一边要推翻秦帝国，一边还对秦制照搬照用，迷恋不已，骨子里幻想的不过是用另一个"秦帝国"来代替现在的嬴氏天下。

迷信法家有一个好处，就是不论是亲朋好友还是新来参加起义军的，他都能一视同仁。但正如商鞅一样，他在用人上过于刻薄寡恩，甚至对亲人和心腹极为严苛，到了让人畏惧和恐怖的地步，这是足以将陈胜推入深渊的致命缺点了。

有一次，陈胜的一个故人来找他，因为这个人说话不当，陈胜竟然立刻把他杀了。陈胜的妻兄和岳父来找他，也遭到了冷遇，在他这里得不到半点好处，看不到什么前景。在这样的用人思路下，越是他的亲近之人和心腹之臣，在他这里就越找不到存在感，渐渐地都远离了他。就连车夫他也笼络不住，不想为他卖命，反而在落难之时把他杀了。

我们对比一下刘邦和项羽的用人方法，也能看出刘邦比项羽、陈胜等人高明之处。项羽和陈胜相比，则走向了另一个极端，这两位都是愤青级的人物。项羽太喜欢任用和重用自己的亲信了，另外再加一些德高望重的贤者。对于一些外来的投奔者，项羽则不屑一顾，比如韩信、陈平等人。他用人惟亲，重用亲友而轻视天下之才，这就使得真正的人才大批地投向了他的对手阵营：刘邦集团。

刘邦在用人方面则是两种人都用，凡是有用之才，有利于他的目标实现，实力增长，不管是亲朋好友，还是外来人才，刘邦一律给予信任和重用。他能看到亲友的忠诚，也能认识到外来之才的智慧，这是非常好的心态，很有气魄，远远地超越了项羽和陈胜。

亲友和朋友是什么人呢？刘邦冷静地认为，这种人虽然其中也有一些杰出的人才，但大多数都属于平庸之辈，不可大用。但他知道，这类人有一个最大的优点，基于乡亲或从小一起长大的朋友，他们的忠诚度是很高的，很难背叛，所以非常适合担任保卫工作，担任一些非常荣耀其实无关大局的职务，比如夏侯婴是刘邦的车夫，车技好，在忠诚方面也无可挑剔。

对外来派的认识，刘邦也很清醒，既有防范的准备，又能真正地信任和重用，使其不生戒心，从而努力效忠。像对待韩信、张良、陈平等人，他做得就完美无缺，让人敬服。这些人本事大，不过半路投来，又非同乡，所以有点让人不放心，得下血本笼络，还得给予大权。

张良数次离他而去，陈平是从项羽那里逃过来的，韩信则是无名之辈，刘邦在内心有所怀疑的同时，还是给予了无限的信任，这就很了不起了。这也是项羽和陈胜等人无法做到的。

把这些用人的思路摆出来一分析，我们就知道陈胜与刘邦的差距了。在当时对手是如此之强的情况下，陈胜即便有成为先行者的勇气和运气，也没有笑到最后的实力。他犯了太多的错误，又缺乏足够的统领全局、谋划未来的能力，只能早早地倒下，成为秦末大起义中的一粒火种，当然也成了给人做嫁衣。

4、口号的狭隘性：误判形势遭致毁灭。

最后，陈胜失败的最大原因，就是宣传的失败和政治信仰的不合时宜。"张楚"这个旗号是他立起来的，但随着斗争形势不断发展，已经不能满足当时人们的要求，既然楚国张了，那么齐、赵、燕、韩、魏是不是也要张呢？既然你不愿意张，那么人家只好自己张了。

于是，在错误口号的煽动下，一个个的割据政权就这样如雨后春笋般建立。本质而言，这表明陈胜没有从根本上改天换地的气魄，他想走的还是战国那套路子。思维没有创新，结果可想而知，白为他人做了嫁衣。

陈胜和吴广建立的张楚政权存在的时间很短，只有六个月，可谓是功未成身先死，但对秦末的起义形势却起到了不可代替的推动作用。这把火在他们死后没有熄灭，而是继续熊熊燃烧，渐渐烧遍了秦帝国的每一个角落。

比如，当陈胜被杀的消息传到南方后，已经拥兵六、七万的项梁便召集了手下开会，商量未来的对策。范增便对他提了一个建议：

> "陈胜败，固当。夫秦灭六国，楚最无罪。自怀王入秦不反。楚人怜之至今。故楚南公曰：'楚虽三户，亡秦必楚。'今陈胜首事，不立楚后而自立，其势不长。今君起江南，楚蜂起之将皆争附君者，以君世世楚将，为能复立楚之后也。"

范增的话说得很矫情，可是很有道理。这的确是一个非常好的策略。项梁马上就同意了这个建议，立了原来楚怀王的孙子为楚王，且自号为武信君。他们汲取陈胜的教训，继续率军与秦军战斗。

一定要找到你最好的创业伙伴

张良祖籍河南，是秦末汉初的超一流大谋士，也是刘邦手下最重要的帮手之一，后人将之与萧何、韩信并称为"汉初三杰"。他的祖先五代相韩，都有着很重要的职位，最高做到了相国之位。所以，张良是六国旧贵族的一员，也是名门望族的后人。他对秦国有着切齿之恨，一心想灭掉秦国，为韩国复仇，这是他反秦的思想基础。同时，张良这个人特别有谋略，通晓权谋之道，是个不可多得的奇才。

一个创业团队，如果有了这样一位创业伙伴，事业就成功了一大半。首先，他与公司有着共同的愿景；其次，他有很强的能力，能帮助公司快速成长。

史书上记载，张良这个人性格豪爽，快意恩仇，非常有胆量，而且特别擅长计谋，是个深富韬略之人。按照这样的人设，大多数人会猜测张良一定高大伟岸，是个强壮的汉子。但史载却恰恰相反，张良的相貌非但缺少点男子气概，身材也是比较娇小，长相秀气，是个十足的"韩系花美男"。

人不可貌相，就是这样一个看上去柔柔弱弱的"小鲜肉"，手段却非同一般。当韩国被秦国所灭时，张良已经掌握了整个家族的政治大权，他满腹国仇家恨，誓死要为自己的国家报仇。

张良已经有了计划，他要暗杀当时秦国的大王秦始皇。

这是一个非常冒险的计划，张良心里很清楚，而且他自己办不到。为了使计划顺利实施，他四处寻觅武功高强之人。这时有人告诉他，他应该去东夷寻找目标。那里有位名声颇旺的部落酋长，人称"仓海君"，听说他教授人武功秘籍，门下聚集着众多高手。张良感觉这正是自己要寻找的人，千里迢迢前去求见。

仓海君听说了张良的故事，很受感动，于是推荐了一个人给他。此人身材伟岸，力气非常之大，120斤的铁椎在他手里就像一柄普通的铁剑，且能远距离击中目标。要刺杀秦始皇，近身攻击不太可能，所以只能远距离刺杀。这位大力士的本领，最合适不过了。

经过详细的计划，他们找到了一个最好的时机：等待秦始皇第二次东巡。一般皇帝到民间巡游，都会摆起很大的阵仗，队伍长，行动慢，这就给瞄准目标留出了机会。张良和大力士对秦始皇的游行队伍进行了一番仔细的侦查，事先判断好了他们要经过的地点，最终找到一个易于藏身、刺杀成功率高、逃脱迅速的位置：博浪沙。

这本是万无一失的计划，但最终还是出了岔子。秦始皇的车队中，穿插着很多副车，里面坐的都是他的替身。他自己乘坐在其中哪一辆车上，除了近身保卫的人，谁也不知道。这一点张良也无从得知，所以只能根据观察来猜测。最终，他们选定了一辆马车，大力士准确地击出铁椎，巡游队伍顿时一片慌乱。

张良他们以为得手了，于是按照既定计划逃跑。两个人提前说好了，事发后分头跑，大大降低被擒住的机会。作为主谋的张良，因为长相比较具有欺骗性，得以成功逃脱；而那位魁梧的大力士，却因长相太过招摇，而被抓住了，后来被处以极刑。

自此，张良就成了全国通缉要犯。好在他刚刚出名，认识他的人不多，更别提他长得"人畜无害"，特别有欺骗性。张良很机智，他认为最危险的地方也是最安全的地方。于是改头换面，给自己换了个身份，在繁华的下邳城招摇过市，一点也不害怕被人认出来。

不过却有个人特别注意到他。那是一位既像乞丐又似神仙的老头，他阅人的经验看来是无比的丰富，很快看出了张良非等闲之辈。

有一天，他故意要试试张良。

当张良走向桥头时，老人突然脱下鞋子，就往桥下丢，然后转身向张良叫道："年轻人，你帮我捡一下鞋！"

张良愣了一下，觉得这老头很奇怪，但好奇心驱使，就走下桥去，把鞋子给老人捡了回来。

"好，你再替我把鞋子穿上吧！"老头翻着白眼说。

张良听了有点儿不高兴了，但转念一想，替他穿个鞋子也没什么，便满足了老头的要求，态度还特别恭敬。

老人哈哈大笑起来，随后拂袖而去。张良目送着老人离开，感觉莫名其妙，呆呆地立在原地。

谁知老人走出去很远之后，又折回来了。见张良还站在那里，就对他说："我看你还是块可造之材，你五天以后，等到天明时分来见我，还在这个地方。"

张良更加奇怪了，没想到遇上个怪老头，但他仍然很恭谨地答应了。

五天之约一到，张良赶紧去桥头找老人。一路上都在嘀咕，到底是遇上了什么怪事呢？等他急匆匆赶到时，老人已经等候多时了。老人一见他便气呼呼地说："你这年轻人也太不懂礼貌了，怎么能迟到呢？五天以后你再来吧！"

张良愣住了，可以前也没有个准确的时间，他既然比老人晚到，那就是迟到了。所以他只好低头道歉，并与老人确定了下次见面时间。

五天后，鸡还没叫，张良已在薄暮中出发。他心想，这次一定赶在老人前面。谁知，远远地看到了一位老人背着双手站在桥头。张良顿时泄了气。

老头还是愠怒的表情，斥责他又迟到了，让他五天后再来。

这五天里，张良失眠了，左思右想也没弄明白这老人是什么意思。到了第五天，他干脆不睡了，连夜出发去桥头等候。

这一次，张良终于走到了老人前面。过了没多久，老人也缓缓地到来。他满意地点点头，然后掏出一本皱巴巴的书递给张良，说道："给你十年的时间，回去把这本书读通，以后你就可以当皇帝的老师了。十三年后，记得到济北来看我。等你到了谷城，山下有块黄石头，在那里就能找到我！"

话音刚落，老人便离去了，只留下惊呆了的张良。从此以后，张良再也没见过那位老人。他回到家后才发现，这本书竟然是姜太公兵法。张良拿这本书当宝贝，不分昼夜地学习，直至将书中的精华完全消化。

后来，张良曾试过向别人推销这本书的精髓，但人们根本就听不懂他在说什么。直到后来遇到了刘邦，他用这本书中的兵法考验刘邦的看法，没想到刘邦连连点头，而且完全采纳张良的建议，并运用到实践中。至此，张良感叹，自己终于找到了同道中人，这位沛公就是自己以后要辅佐的人，是他创业路上的好伙伴。

这些故事不乏传说的嫌疑，但可以看出，要创业，就得找到那个合拍的伙伴。刘邦在寻找人才的同时，张良也在找英明的东家。张良之于刘邦，刘邦之于张良，都是对方不二的合作人选。因此，他们一起合伙打天下，才能无往不胜，所向披靡。

张良的洞察力

在聚众归刘邦后，张良成为其主要的"智囊"，从而开始了他以天下为棋盘的一生，成为刘邦战胜项羽的主要胜负手之一。

在楚汉战争中，他提出了不立六国后代、联合英布、彭越，以及重用韩信等策略。他认为，"聚集三王，方可与霸王一战。"竭力促成反项羽的统一战线，以联盟形式孤立项羽，再伺机把他打败。在战争的僵持和关键阶段，他又极力主张追击项羽、歼灭楚军，不留后患，为刘邦完成统一大业奠定了坚实的基础。

刘邦称他"运筹于帷幄之中，决胜于千里之外。"这一名句已经说明了一切。同时，张良这个人的机智还表现在对于功名的淡泊，在汉朝建立后被封为留侯，然后选择功成身退，避免了韩信式的结局，这也是他有着极高智慧的佐证，说明他对于刘邦洞察入微，不但能谋功，还能谋身。

惠帝六年，张良病卒，谥号文成侯，结束了他辉煌而又全始全终的一生。

可以说，张良既是刘邦的军师，又是他的创业伙伴，同呼吸共命运，两者互为一体，利益休戚相关。

张良这个人洞察力惊人，而且他的策略和眼光，充满了战略与高度。在真真假假的联盟与敌对中，他最清楚谁是真正的敌人，而谁又是真正的朋友。运筹帷幄之中，他总能利用巧妙的策略和手段联合朋友去打击敌人。张良乃神人，而这种出神入化的洞察力，源自于对人性细致入微的观察和理解。

用现在的话说，张良特别懂心理学，他可以准确深刻地把握各种人的心理需求，利用并转化——化不利为有利，化优势为胜势。

张良对刘邦重大的建议如下：

第一，建议他将大本营设在汉中而不是巴蜀，并且放了一把火，烧毁了返回关中的栈道。

这是一条非常重要的策略，成功地麻醉了项羽的警惕之心，使其轻视或者说完全忽略了刘邦的野心。

项羽自封为西楚霸王之后，便觉得刘邦不足为惧了，于是封了刘邦为汉王。起初，刘邦的封地非常偏远贫瘠，只有巴蜀地区的穷乡僻壤。但张良的一个举动，却使刘邦的封地向富庶迈出了巨大的一步。

鸿门宴上，张良曾救过刘邦一命，为了报答救命之恩，刘邦就赏赐给张良不少黄金珠宝。张良痛快地收下了，但转身就将这些财宝全送给了项伯，请他在项羽那儿大展三寸不烂之舌，多说刘邦的好话，将汉中地区也封给刘邦。

这一招，并不是对任何人都有用的，但项伯却特别受用。张良看出了这一点，所以不惜重金收买项伯之心。后来，张良将自己给项伯送礼的事告诉了刘邦，刘邦喜出望外，于是又多拨了一笔钱，让张良再去送给项伯，公关此事。结果，项伯充分发挥了自己的"说服"之力，让项羽完全相信了刘邦并无野心，还真的把汉中封给了刘邦。

在当时的项羽看来，汉中并非战略要地，封给刘邦也没什么，不会影响他的战略大计。但对于刘邦团队，汉中却是重中之重，这是他们日后重返关中的前进基地，也是实现战略扩张的非常重要的一步。

为了彻底麻痹项羽，张良的计策并未就此止步。当时的韩国岌岌可危，而张良心系故国，想回到韩国去扶持韩王成，刘邦批准了。在临别时，张良又为刘邦献上了锦囊妙计——烧掉褒斜路上的栈道。此举意在告诉项羽，我刘邦绝无东返之意，您放心地当您的霸王。但真实的意图，却是蒙蔽项羽，让其而无瑕西顾。历史的伏笔再次写入，这一把火，不仅彻底烧掉了项羽的疑心，还为后来的经典计谋"明修栈道，暗渡陈仓"，铺就了顺理成章的基石。

在上述这两项建议中，对付项伯，张良利用了他贪财的本性；对付项羽，利用了其自大、容易被表象欺骗的弱点，成功地实施了自己的计策。在刘邦集团最脆弱和最需要积累实力的阶段，这两个锦囊妙计成功地蒙骗了对手，避开了强大敌人的全面打击。

第二，建议刘邦封韩信、英布、彭越三人为王，以"三王"的实力做为自己的臂膀，建立起最为强大的"反项羽联盟"，对项羽进行联合绞杀。

公元前205年的四月，刘邦率领的军队势如破竹，一举攻破了项羽的都城彭城，但没想到得意之时，却被项羽一个"回马枪"杀得狼狈逃跑，父亲和老婆都落入了敌人的手中，孩子都差点扔到路上当替死鬼。其状之惨，让人不忍目睹。

在逃跑的路上，刘邦面色腊黄地问张良："兄弟，我欲捐出关中的土地，来寻找能共同打败项羽的合作者，你说这份大礼，我该捐给谁呢？"

刘邦的意思，就是许诺谁打下来某一块地方，就封其为当地之王。因为现在项羽确实强大，自己独力难挡，再不割点肉、吐点血出来，恐怕他是等不到战胜项羽的那一天了。

张良笑着问他："汉王果真有决心？"

刘邦说的是真话："我是诚心实意，绝无虚言！"说完还摸了摸砰砰跳的心脏，擦了擦被项羽追兵惊吓出的冷汗。

张良一看，主公确实是下了大决心，便向他推荐了三个人，分别是刘邦手下的大将韩信、项羽的前部将九江王英布、齐王田荣手下的猛将彭越三人。

"主公，笼络住了这三个人，项羽必败！"

刘邦又一次听从了张良的计谋，后来，帮助刘邦战胜项羽的果真就是这三个人。

张良的这个建议，实际上就是以裂土封王的代价实现强强联手，构建灭项同盟。那他为什么了选中了这三个人呢？

第一：他们都具备非常厉害的军事才能。

第二：他们都不是籍籍无名之辈，且充满了自立为王的野心。

会用兵，能打仗，在军事上绝对值得联盟；有能力，有野心，在策略上就具备了可以收买的坚实基础。可以说，这一准确无误的用人决策，大大地缩短了楚汉战争的时间。

第三：及时制止了刘邦分封六国旧王的错误举措。

分封六国旧贵族，意味着统一大业成为泡影，而刘邦差点犯下这个错误，张良及时制止了他做出这个决定。

公元前204年，刘邦与项羽相持于荥阳。汉军粮道被项羽攻破，陷入十分困难的境地。刘邦这时有点慌，他有病乱投医，征求属下有何良策。有人就给他出了一个主意，说："主公啊，我们不如分封以前被秦国灭掉的赵、魏等六国的旧王室的成员为王，给他们好处，由他们来响应我军，袭击项羽的侧后，分解眼前的压力。"

刘邦正急得不行，一听好主意啊！确实能解决眼下的难题，就答应了，而且马上刻好了这六国的王印，派人携印出发，去找这些六国的旧贵族，准备将这个计划付诸实施。

张良这时正好出差回来（他晚来一步，刘邦就会铸成大错），听说了这个消息，行李都没来得及放下，便直接冲入刘邦的大帐中。当时刘邦正在吃饭，张良一把夺过他手中割肉的刀子，问道：

"主公，你是不是准备封六国后人为王？"

"是呀，你怎么知道的？"

张良说："主公，你不能这么干，我给你讲讲原因。"

他列了一大堆理由，但最关键也是让刘邦幡然醒悟的一条就是：现在跟着你打天下，抛头颅洒热血的将士图什么？不都想着有朝一日出人头地，可以封官封侯吗？否则他们凭什么给你卖命？现在你把那些已经没落了的六国王室的后裔封为国王，把将来可能到手的战利品分给了他们，自己的将士会怎么想呢？他们一定心灰意冷，不会再为你卖力了，保不齐会发动叛乱，离你而去。而且，那些六国王室的后人也没什么实力，在项羽的军队面前起不到阻击的作用。

刘邦如梦初醒，直拍脑门，连忙派人追回已经刻好的印信，把它们全部销毁，以后再也不提此事。

事实上，张良能提出这个建议是很不容易的，因为他加入反秦大业，本来是打算为韩国复仇。何况他也本是韩国的世家公子出身，祖上三代为韩国的相国。从这个角度讲，他投身到反秦斗争的初始目标就是为韩国报仇，要重建一个新韩国。只是当他所扶持的韩王成被项羽杀掉之后，他才彻底投靠到刘邦旗下的。如果按照他以前的人生目标，他应该赞成封六国后人为王才对。但张良没有，这正是他伟大和值得尊重的地方所在。

因为，此时的张良已经彻底看到了六国灭亡无法复生的历史大趋势，只有统一并建立一个新帝国才是未来的主流民意。任何对战国格局的复辟行为都不可能成功，一定会失败。所以，他毅然放弃了旧有的理想，转而从眼前的政治现实出发，以分封现有的实力派为手段，支持刘邦夺取天下，建立起一个统一的新国家。

这一建议充分地表明了张良对于未来趋势的深刻洞察力，是项羽集团的智囊所不及的，也超过了项羽身边最厉害的一个人物范增的谋略水平。

第四：促使刘邦尽快分封手下的功臣，稳定汉初的政治局势。

打败项羽之后，汉帝国建立了。刘邦虽然分封了萧何、张良等主要功臣，但对于大多数的功臣，却迟迟没有动静，众将私下议论纷纷，意见很大。又是张良发现了这个情况，及时上谏刘邦，迅速解决。

他对刘邦说："陛下，天下虽然打下来了，可是您只分封了萧何、曹参等跟您亲近的同乡，其他的一些将领，或者不是你素所亲近的同乡朋友，但立有战功，他们担心分封时没有自己的份儿，或者过去曾经得罪过你，怕你不高兴了要报旧仇杀了他们。所以，如果您不赶紧分封功臣，恐怕他们就要谋反了。"

刘邦心想是啊，他们要是集体谋反，我的天下岂不得而复失？就问：

"那该如何是好？"张良的对策是："先分封一个大家公认的与你有仇的人，然后再尽快地分封其他众将。"刘邦就选择了雍齿这个数次让他难堪的家伙，封其为什邡侯，并命令丞相、御史大人等尽快制定封赏计划。

雍齿一被封侯，军心就稳定下来了。众人觉得，你连大仇人都能封侯，那我们这些立下功劳的，早晚也会得到丰厚的赏赐。

张良之才超越了那个时代，他对人的心理的洞悉，已经到了看透一切的境界。他巧妙地利用人性，加以诱导和控制，屡次做出非常重要的决策，帮助刘邦化险为夷。与此同时，他自己却超然物外，淡泊名利，知晓分寸，进退自如。这正是一个好的创业伙伴兼管理助手的最卓越的品质所在。

功成而不居，谋定而后动，目光远大，判断敏锐，决策果断，这是张良比韩信和萧何等人更优秀和高明之处。

从这些英雄人物的历史结局来看，张良真正的高明之处，并不只是智慧高超那么简单。与他比起来，韩信也是"智囊团"中的一员，他的才干绝不在张良话下，但最后的结局却令人唏嘘。韩信深知自己一意孤行下去，最终的下场不会太好，却无法控制内心的欲望，最终走上了"谋反嫌疑人"的不归之路，死于吕后之手。

张良胜出的，是道德定力。

韩信可以共创业，却无法共富贵。一个初创企业，需要韩信这样的有实力的天才，但当企业完成初期的扩张后，韩信这样的野心家就成了企业继续稳定发展的隐患。

张良则不同，他出身名门，曾是个贵族，他加入刘邦的创业革命中，并不是为了升官发财的个人目的，而是为了最初的理想——灭掉秦国，复辟自己的故国。换句话说，张良的个人理想更为高尚，他不是为了个人利益在投机，而是一个非常纯粹的理想主义者，他要实现的是一种治国理念，而不是名利。

对这一点，李白曾写诗称赞张良"破产不为家"。意思是说，张良变卖了家产投入造反事业，并不是为了个人身家。所以，具备这种心灵境界的人，怎么会在创业成功后掉进争权夺利的世俗套路中呢？

这也说明：一个人的理想高度，往往会决定他最后的结局。

刘邦打下天下后开始分封功臣，表现得很是小气。当时功劳最大的人是相国萧何，按理说刘邦应该把最大的礼包送给萧何才对，很多人都这么认为，但最终刘邦也只是勉强地封了他一个八千户的鄼候。后又因念及当年萧何一个大方的举动，便多封了他两千户，让萧何成为一个勉为其难的"万户侯"。（刘邦发迹时，外出服劳役，别人都送了三百钱给他当盘缠，萧何却大方地多送了二百钱，总计送了他五百钱）。

当时就有人私下说："我们这位皇帝的抠门程度，当初跟他一起打天下时是决然想不到的。"萧何生气极了，没想到自己的功劳那么大，封赏却让人耻笑。

作为对比，刘邦对张良的封赏却是非常的大方。他挑了最富庶的齐地，并将三万户都封给了张良，眼皮都没眨一下。在刘邦看来，张良才是那个对自己帮助最大的人，萧何不过是在投资而已。

对于这份大礼，张良谢绝了。他说了一番感人肺腑的话：

"臣当年在下邳起兵时，与皇上在留地相遇，那是上天有意，将臣送到陛下面前的，陛下用了臣的计策，又侥幸成功。所以，请陛下把留地封给臣就行了，三万户我是不敢领受的。"

张良的这番话，言辞恳切谦虚，听来让人感动。一个老臣，为创立这份基业出生入死，却超然名利之外，只在乎一份共同创业的情义，这让刘邦卸下了一切戒备。所以，他答应了张良的请求，封张良为留候，封户和萧何一样多。在这之后，张良又屡次请辞，解甲归田。后来，他也曾再次出山为刘邦效命，但再也没接受过任何正式的职务。他真正地做到了一退到底，彻底消除了皇室对他的猜忌。

组成高效的团队，需要高明的眼光

创业就像打天下，有了好项目，有了好资金，有了好的机会，还远远不够，因为你还需要有一个合格的创业伙伴，或者说你要有一名军师。他能帮助你出谋划策，替你管理手下的人，能助你搭建出一个高效稳固的创业团队，这才是我们创业胜利和管理得力的保证。

但是看看四周，那些失败的企业家和管理者经常倒在这一环节上。因为人们在选择可以信赖之人时，往往倾向于找那种和自己类似的人，也就是"物以类聚、人以群分"。相似的价值观成了人们相互吸引的主要因素，人们觉得这样的人才能与自己更为融洽地相处。于是，他们不过是为自己找了一个"影子"，找到了另一个自己而已，这对创业和管理毫无益处。

对于创业搭档的选择有一个基本原则，那就是在目标与价值观一致的前提下，风格互补为最好。不同风格的人相处时虽然难度很大，工作效率会因为经常现出的讨论或争论而有所下降，但是团队的创新度与活力会更高，而且不容易走极端。

这意味着：团队里要有一个"刺头"，一个喜欢站在反面思考问题的人。反对意见固然令人心烦，但多一个角度探讨和论证，就意味着离真相和正确更近；当团队领导者头脑发热时，反对者能够清醒自持，保证客观和冷静，及时地把那些冒险的想法拉回到正轨；而当一个自己无法解决的问题摆在眼前时，那个互补的搭档，可能恰巧擅长。就像张良对于刘邦的作用，他能发现刘邦看不到的东西，阻止刘邦犯下致命错误，同时还具有高尚的品格，既能合理地解决问题，又不会导致整个团队的分裂。

正因为两个人是不一样的，是互补型的结合，才能互相冷静和清醒地看到对方的缺点和优点，而不至于总是"惺惺相惜"却难免一个功败垂成的凄凉结局。

第七章

借势：怀王之约的价值

谨慎但又自负的项梁

在会稽郡起义的项梁、项羽叔侄，离秦国的中央地区最远，但他们势力的扩展也最为成功。不久，项梁便拥有了整个会稽郡，但他并不急着称王，仍以秦国官吏郡守的称呼来执行统治权，可见与项羽相比，项梁是一位思考审慎的领导人物。

首先，他派项羽南下，去收编江南地区的义军，尽可能扩充江东子弟兵的人数，尽快充实军队人数，自己则坐镇于会稽郡的吴中，来监视江北情势的变化。

项羽在收编义军的工作中表现非常出色，他合并了8000多人的兵力，使得项梁的声势又壮大不少，使得项家军初步具备了北上作战的本钱。

当陈胜定国为张楚，并自称陈王时，项梁虽瞧不起陈胜的做法，但他只冷静评估，并不会在外界乱说话。因为他深知任何错误的言论，都会影响自己未来在义军中的声望，影响到项家军将来的命运。他对于侄儿嗜杀的性格也一再给予了批评，认为这种残暴的行为丧失民心，实非争霸所需。

在陈胜失败以后，楚国贵族景驹跳了出来，自封为楚王。项梁听说了以后十分反感："这小子，毫无来头，竟自称楚王？身为项燕的儿子，我才是最有资格称楚王的人！"但他也就是在心里想想，时机未到，他不会有什么实际行动。项梁这个人是很谨慎的。

这时，召平渡江跑过来投奔，他是陈胜的特使，自称为东陵侯，虽然陈胜已经死了，项梁仍决定好好利用这位最早起义的英雄在江北义军心中的声望，好让自己得以最快速度成为义军的新一代领袖。

召平其实也担心项梁不会把陈胜放在眼里，人家毕竟是名门之后，搞不好还会因此看轻了自己。但心思一扭，召平也想试试这位自称名将后裔的项梁，气量到底有几分？

他看到的是让自己相当满意的一幕：项梁十分恭谨地亲自来迎接他。召平心中很感动，当即决定为项梁出谋划策。见面以后，项梁也非常喜欢召平这个人斯文的作风和渊博的学识，因此认真听取他的建议。

在商讨中，召平也认为项梁不宜自封楚王，避免以后楚王后裔出现时的尴尬。他建议假借陈胜的命令，封项梁为上柱国（楚国的最高官职，相当于宰相）。这样一来，自己也可以师出有名地收编各地的义军去对抗秦军，项梁一听这办法不错，很高兴地接受了这个官职。

这个办法非常有效，不久，项梁的北征军团的人数便突破了十万人。他把自己的大本营设在了江北的下邳。

对于项梁势力的增加以及北上的行动，景驹和自己的后台支持者秦嘉感到了不安，这是直接的威胁。这两人马上在彭城附近集结军队，准备阻挡项梁军的北上。这时项梁获得了大部分楚国旧贵族的支持，声势已远在景驹之上。所以他决心除掉景驹，对楚军将领进行了一次很有效果的演讲：

"陈王（指陈胜）最早率领大家起义，但因为与秦军作战不利，不知是生是死，而秦嘉居然立景驹为楚王，背叛陈王，于情于理都不对，这是大逆不道的行为，我们应该一起讨伐他。"

此言一出，景驹的阵营就乱了套，军队众叛亲离。趁此良机，项梁发动了进攻，景驹和秦嘉的军队发生溃败，两人分别被杀，军队也被项梁全部整编。从此以后，楚军从此全归项梁管制，成为抗秦义军中最庞大也是最为强大的一股力量。

项梁虽然是一个稳重的人，可是有一个缺点，就是太好斗了。这就让他没有办法将全国的义军整合到一起，只有楚地的小股义军才听他的，外地的军队则对他充满警惕。这一点也表明了项梁此人与刘邦的差距，胸中的格局还是太小了，仍然跳不出楚地的范围，他做不到放眼全国。

这时候，章邯的军队有30余万人，已经牢牢地控制住了中原地区，并且陆续在合并降军，力量不断增加。相比之下，项梁的军队只有10万人左右。当楚军过了淮水后，两人就要面对面较量了。

这两个看上去很厉害的人在当时其实都缺乏实际带兵作战的经验。比如章邯，他虽然有丰富的军事常识，擅长谋略与计划，但在战场上拼个你死我活却是外行。用行话来说，他精于谋略，却短于战术。幸好他带的"骊山之众"大多属于原秦国的作战部队，独立作战能力强，经验丰富，加上章邯善于包装和宣传，将秦王朝的"企业价值观"在军中发挥到了极限，起到了增加凝聚力的作用。

在秦帝国荣誉感的感召下，这支秦军以一当十，势不可挡，在北方将义军队伍逐个击破，眼看就有挽帝国于将倒、实现帝国中兴的可能性。

项梁因为长期流浪，使他的组织企划能力获得了不少的提升。楚国的军队一向擅长独立作战，项梁只要作好布局，他们自会懂得如何击败敌人，根本不用项梁亲自指挥。

所以，严格来讲，项梁也只是运气较好，称不上是一位"大将"之材。站在粗暴好斗的楚军前，项梁经常有相当大的心理压力，所以他不愿亲临战场，实际领军作战的常是其侄儿项羽。

自从凶猛的英布和老谋深算的刘邦投入他的麾下之后，项梁多了两个不坏的活棋可下，他更乐得躲在幕后指挥。但也因为这样，他对前线的情报判断缺乏临场感，经常比较主观。这是他最大的缺点。

赵高的权欲——国衰必有奸臣乱政

再看秦帝国方面，任用章邯后的意外成功，使赵高这家伙又恢复了夺权的自信，他不但在朝政上说一不二，谁要是跟他有二心，他就排挤谁，并且杀了好几个不服从自己的大臣。

为了让自己的权利到达顶峰，赵高就对头脑不是很灵光的胡亥连哄带骗，让胡亥认为皇帝就不应该上朝。从此胡亥基本就待在禁宫不出门，很少再上朝廷主政，一切由赵高和侍中传达圣意，这也就导致天下大事都是赵高说了算。

章邯虽然击败了陈胜，但项梁大军渡河后，叛军的声势更大，诸侯一起造反，关东早就不属于秦王朝统辖了。在叛军声势浩大的同时，秦朝军团也必须增强力量，但由于劳役太多，兵源不易集中，于是左丞相李斯、右丞相冯去疾、将军冯劫共同向胡亥进谏，他们希望皇上能停止阿房宫工程，并减少四方边境戍卫以及运输中的劳役。

但是前面也提到了，胡亥这哥们当皇帝纯粹是为了个人享受，不管也没有能力处理国家大事儿。即使地球爆炸也不可能影响到他的"享乐水平"。

赵高呢？则巴不得趁这个机会夺回对大臣的生杀控制大权。

在赵高这个小人的蛊惑下，胡亥更加认为，咱当皇帝就应该是尊贵的，大臣们不能抵挡叛军却想剥夺属于我家的东西，根本就没有资格在位执政了。

于是胡亥将李斯、冯去疾、冯劫等人拘捕，摘了他们的乌纱帽，并命令狱吏治了他们的罪。冯去疾和冯劫见大势已去，不愿意受这等小人的侮辱，气得在监狱自杀了。

这样一来就只剩下李斯关在监狱里了。胡亥命令赵高审理这个案子。这是一个很坏的决定。赵高借口李由谋反，把李斯的宗族、宾客全都抓起来了。而且下令，对李斯进行严刑逼供，李斯受不了痛苦，就假装认罪。

实际上，李斯之所以忍辱偷生，是因为他自认为自己的辩论能力很好，而且又对朝廷立过大功，实在没有反叛之心。于是想给胡亥写封信表明他的一片忠心，希望皇帝能及时醒悟，免了他的罪行。

赵高知道后，命令狱吏把信丢了，不让李斯有上奏的机会，并且刻薄地指责李斯没有资格给皇上写信。这样一来，李斯的算盘就落了空。他在狱中悔恨得老泪横流，就差找一台时空穿梭机跑回沙丘："假如上天再给我一次机会，我一定揭穿赵高的阴谋，帮助扶苏登基……"

一般来说，只有即将失败的人才会想起"假如"这个词。

赵高唯恐夜长梦多，又派了几个人假扮成朝廷的御史、侍中以及皇帝的特使，轮流着去审问李斯，李斯心灰意冷，开始如实相告，但马上就遭到了严厉的刑罚，时间长了，就不敢再讲真话。这时，赵高开始鼓动胡亥真的派人去审讯李斯，李斯以为这次审讯跟以前一样，就不敢再讲真话，便稀里糊涂地认了罪，特使就把审讯的内容上报给胡亥定案。

傻皇帝胡亥看了以后很高兴地说："多亏了赵高，不然就被宰相出卖了。"

这时候，三川太守李由的军队被楚军攻破，李由被楚军杀掉，使者向胡亥禀报时，赵高脑瓜子一转，一口咬定李由向楚军投降了。胡亥顿时火冒三丈，马上判李斯处以五刑，腰斩于咸阳。

一代名臣李斯死得很惨。

李斯死后，赵高如愿地做了宰相。不管事大事小，都是他一个人说了算。

人在关键时刻，总需要点好运气

秦帝国的政治局面有如此大的改变，自然对前线的士气形成了一定的打击，特别是主将章邯一向对赵高没有信心。因此，当项梁大军北上时，章邯有一段时间好像无心抗敌，导致东河之战和定陶之役，秦军都以较多兵力输给了楚军。

由于秦军的节节败退，项梁对自己指挥能力更有信心了。

但项梁在前线的举止，章邯却掌握得非常全面，对楚军的骁勇善战，章邯深有体会，他一直不敢主动袭击项梁的外围军营。一方面，他向咸阳城要求更多的军援，另一方面，他集结军力，准备寻找机会突击项梁的大本营。他派出了间谍详细记录项梁行动，从而知道项梁经常微服巡视前线，以此来判断项梁的作战风格和下一步的行动。

这是章邯非常厉害的一点：谋略与布局。为了让项梁和其将领们更加大意，他在看清项梁的性格弱点后，有意隐藏兵力，同时暗中规划好了兵力的分配，自己率主力突击定陶的楚军大本营，另一组突击队则从后方切断了项梁微服出巡的归路。

在一个夜黑风高的晚上，章邯下令发动突然袭击。喜欢夜间巡视的项梁在归途中，遭到了秦军部队的突击，项梁和亲信被打了个措手不及，全部阵亡。

然后，章邯的主力部队全力袭击楚军大本营，这时的楚军已是群龙无首。仓皇中，楚军溃散，数十万主力一夜之间全部消失。

项羽和刘邦联军，这时正在攻打章邯主力左侧的外黄，但由于连月大雨，不利于军事行动，项羽便带领军队移往陈留。这时候，接到了项梁本人阵亡、项梁主力被击溃的噩耗。

叔叔死了？项羽不相信这从天而降的噩耗，但随后范增带领着残余部队前来投奔，让项羽不得不接受这残酷的现实。但项羽毕竟也是大将人才，悲愤中，项羽冷静地接受着范增的建议，主动编集溃散中的楚军部队，扛起了善后的工作。

项梁的突然逝世，使楚军上下大为震动，项羽主动安抚军中将士，得到了士兵的一致肯定，确立了自己作为继承人的地位和威信。

为了重新巩固楚军的防御战线，项羽命令在西线的将军吕臣马上带领兵力向东返回；为了缩小战线，他又将楚怀王从盱眙带入彭城，并且把彭城作为京都。之后在彭城东部署吕臣大军，把自己的主力部署在彭城西，准备迎击南下的秦军，而刘邦带领另外一支别动部队驻守在砀，与项羽的部队部署互为犄角。

不久，楚国重臣宋义也自齐国返回了彭城，为了架空"项家军"，他暗中劝楚怀王趁势夺回军队的主导权。

闰九月，在宋义的规划下，楚怀王正式合并了项羽和吕臣军团，自己出任老大。在范增的大力劝说下，项羽也隐忍脾气，以大局为重，交出了军权。楚怀王封项羽为长安侯，号为鲁公；封吕臣为司徒，他父亲吕青为令尹，企图从内部牵制项家军。同时他又将项家军的别动部队主将刘邦调了出来，驻守砀阳郡，封为了武安侯。

刘邦从亭长成了沛公，又得益于楚国的内斗，从沛公成为侯，真可谓是一步登天了。

项梁死后不到一个月，原为楚军主力的项家军团，在宋义的规划下已经缩小的连三分之一都不到了。由此也可见宋义在政治上的老辣，他深知如果项家势大，楚王势必只能成为傀儡，所以在他看来最紧要之事，莫过于限制项家的权力。

不过项羽在危机中的表现，让楚国的部落领袖们大为赞赏，加上宋义的刻意排斥，反而使得项羽在楚军中获得了不少支援和同情，声望大增，也算是因祸得福。这一切宋义都看在心里，不禁暗中着急，不得已下，于是就加强扶植从"项家军"独立出来的刘邦军团，用来达到牵制项羽的目的，使得刘邦在楚军中的地位急速窜升。

所以我们看，刘邦在这种关键时刻的运气，不是一般的好，怪不得人们都说他面相奇贵。

章邯在定陶之役再度发威，一举将项梁军团彻底击溃，项羽只好带领义军撤至彭城，重新部署防线。这次失败对楚军的士气造成了重大的打击，好在这段期间内其他地方的义军发展迅速，比如齐将田荣在东方的势力基本已经成形，张耳及陈余拥立的赵王等也壮大了声势，张良所拥立的韩王和西边的魏豹也建立了相对稳固的游击基地，形成了对秦帝国本土的合围。

这意味着此时在定陶驻营的章邯军队遇到了一个大麻烦，由于同咸阳间的战线拉得过长，他的军队几乎是孤立的，特别是粮食问题，因为粮食依赖大后方，而现在他只能想办法自给自足。幸运的是，有粮仓之称的荥阳郡仍然在秦军的掌握中，在短期内不至于缺粮。

现在对秦军来讲，四面八方都是敌人，下一波攻势方向的选择至关重要。

　　章邯进行了周密的分析规划。项羽军一向骁勇善战；刘邦军退守彭城后，防线迅速巩固，显然也不好惹。依据情报的分析，要彻底击败他们非常不容易。但是项梁主力的覆没，使楚军也无反击之力，而且内部也存在矛盾，短期内不太可能会有所作为。

　　而齐地向来复杂，是一个不易进攻的地方，何况田荣也是一个很有才华的人，想很快地解决他并不容易。另一方面，他发现田荣好像满足于固守齐地，并没有想参与到争霸的行列中去，所以不必急着与他摊牌。另一边的韩王呢？势力一向弱小，不成气候。想到这里，章邯发现威胁最大的是北方的赵国。而且张耳、陈余的声望一向都很高，一旦这两人羽翼丰满，就不好对付了。于是，他马上率军渡过黄河，直接攻打赵军营地。

　　在敌军四面环绕的情况下，孤注一掷虽然是相当冒险的行为，但章邯的判断完全正确，几个诸侯国几乎无人出面对赵国进行援助。张耳和陈余虽然擅长于谋略，但军事指挥能力一般，赵军没什么优秀的将才，无法发挥应有的战斗力，不但前线节节败退，就连首都邯郸也快保不住了。

　　怎么办？撤退！张耳护送赵王跑路，撤到了北方的军事重镇巨鹿。那时，巨鹿的城堡防御能力较为坚固，而且粮仓存粮充足，是一个可以长期坚守的地方。章邯紧追而至，派出大将王离把城团团围住，围得水泄不通。

　　此时，陈余在北方重新整编了赵国的残余兵力，大约还有几万人，驻守在巨鹿城北方的常山一带。而章邯这时率领着自己的主力驻军于巨鹿之南的棘原，随时准备对这股残余兵力发动总攻击，借此一举击溃赵军。

　　赵王赶紧派出了特使跑出巨鹿，向陈余求援，赶紧来救我吧！再不来我就完了！但陈余害怕秦军的威猛势力，不敢南下。于是特使便改为向楚国、魏国、齐国等紧急求救。

　　楚怀王很想派出援军，这可以显示楚国是当今天下义军的领袖。但到底让谁当这个大将呢？各个派系就起了争执，"项家军"自然希望这个人选是项羽，但楚怀王身边以宋义为首的另一派意见相反，他们不希望项家军再次强大起来。

对权力高手来说，这是一次机会。楚怀王看到了机会，他趁机召集各军团的将领及各部落长老召开会议。他用的什么办法呢？大家投票，公开推举。于是，宋义就在投票中成为此次领军的大将，并由宋义亲自说明他的作战计划。

由于宋义经验丰富，能说会道，处事老道，远在项羽之上。何况项羽尚且年轻，不过才二十四岁左右，要统筹安排管理庞大复杂的楚军，经验及声望的确不足。范增也只得在中间进行协调，让项家军团同意由宋义领导。

楚怀王于是封宋义为上将军，项羽为次将，范增为末将，率楚国军团，浩浩荡荡地北上援救赵国去了。

除了这支主力的部队，楚国其他的机动部队也都由宋义统一指挥了，为显示宋义的官职高于项羽和刘邦等人的"侯"的爵号，但又不超越项梁原有的"君"的爵号，于是楚怀王赐给他一个名号为"卿子冠军"。

这个称号可真够有个性的。

楚怀王之约：刘邦迎来重大机会

在项梁失败以后，楚军的士气曾经一度低落到了谷底。毕竟他们的主帅死了——古代的军队打仗对主帅的依赖还是非常大的。俗话说，擒贼先擒王，老大一死，群龙无首，手下就有作鸟兽散的倾向。因为古代军队没什么信仰的约束，纪律性也不强，士兵都比较"傻"，比较听话，主帅说怎么干咱就怎么干，干什么都眼巴巴看着主帅。现在主帅死了，军队的士气就面临崩溃的边缘。

军队没有士气就意味着战争已经失败了一半。于是楚国的各位老大们决定想个办法改变这个局面，他们召开了一次重要会议，会议决定：攻击秦王朝的大本营，也就是关中地区。

楚怀王之约就是在这个时候出炉的："谁先打进关中，谁就当关中王！"

当时，关中可以说是所有想逐鹿天下的野心家们最心仪的"梦中情人"了，得关中者得天下，此话一点不虚。

不过这位"美女"是不容易占有的，因为这位"美女"的四面八方都被险恶的丛山峻岭包围着，只有西南的武关、西方的函谷关、南方的散关可以冲进去。要不秦国怎么凭借这一险要地形，称霸关中几百年呢！

而且，章邯的声望这时正如日中天，就算宋义亲自出马也未必能胜算，所以这一条等同于正面进攻的路线，大家都不看好。不过，项羽与章邯有杀叔之仇，他急于报仇。所以他听从了范增的建议，甘愿退居次将的位置，就是为了取得实际率军攻打章邯的机会，所以他非常主动地争取这条路线。

要走这条战线，就必须会同章邯军团进行一场面对面的对决，只能用硬碰硬的策略，没有别的路可走。所以为了减轻正面战场的压力，还需要派出一支别动部队，通过攻击武关来威胁关中地区，以此分散秦军的防卫，达到减轻同章邯决战时的压力的目的。

宋义对于章邯的战术早就研究很久了，章邯这个人擅长快速集结军力打出漂亮闪击战的本领让他印象深刻，因此他认为西征军团的作战能力必须达到一定的水平才能与之对抗，重要的是能增加章邯集结主力的难度，为攻打函谷关的义军分担压力。

楚国的长老们商议后认为，楚军主力以前大多属于项梁领导，包括英布和蒲将军的游击部队，都有着明显的亲"项家军"倾向。而吕臣的军队又必须驻守保卫中央，其余的具有一定独立性的小军团又是宋义的属下，所以真正可以动用的具备独立战斗能力的义军很少。

老大们正在为此大伤脑筋的历史性时刻，突然有人灵机一动提到了刘邦。

在楚怀王周围的长老看来，刘邦投奔项梁后，接受编组成了副军。后来因为表现良好，经常奉命随同项羽去打先锋，在战场上的表现是十分合格的。同时，他又不是"项家军"的嫡系。而且老刘个性温和，本身立功又多，协调能力又强，在楚军中的声望还不错，因此拉拢他来对抗项羽，制衡"项家军"日益膨胀的实力，也是一个不错的好办法。

加上刘邦出身没有什么政治背景，在沛地那边是平民出身。所以就算是"养"大了，楚国贵族认为他也不会有太大的威胁。大家商量来商量去，左思右想，对刘邦越看越顺眼，越看越喜欢。

于是楚怀王正式下达命令，项羽随同宋义北上对抗章邯，以帮助赵国解除巨鹿之围。而刘邦则正式出任西征军总司令，向西收编项梁和陈胜失败后遗留在各地的小股军团，汇集力量，准备进攻关中。

在楚国集团的这件人事安排上，有些值得我们去关心的焦点。

从现有的资料来看，项羽对下属是非常礼貌的，加上本身条件好，绝对是当时部属的崇拜对象。美中不足的是年纪较轻，经验不足，但是有范增从旁协助。他除了喜欢杀俘屠城，对楚军一方来说，也没有什么太大的毛病。

对内部而言，项羽的工作效率高，领导魅力指数绝对无人能及，这样的将领的确在当时还找不到什么缺点。

作战方面，项羽英勇无比，而且冲锋时经常身先士卒，一马当先，因此由他领队，军队士气特别高昂，士兵也特别勇敢，战场上的效率几乎无人能比。

因此，他在打击敌人方面也特别有效率。他的震撼力虽强，但是在处理特殊事件时却不顾及楚军形象，比如屠城杀降，反而会使秦军的抵抗之心更加坚定，这便是楚国长老们所谓"剽悍滑贼，不可遣"的主要原因。

刘邦这个人刚好相反，他出身于农家，身上没那些"繁文缛节"，就像王陵日后对刘邦的评语："陛下慢而侮人，项羽仁而爱人"。故从"内部管理"上来讲，刘邦是个不容易令属下信服的领导，除了少数深知其"个性"而喜欢他的人以外，从"理性"的角度来评价刘邦的领导风范，确实不算特别突出。

不过正是这个特点，使得刘邦给属下的压力较小，发挥的空间就大。

他的这种"无为"的领导方式在实际操作中会让人们觉得他需要帮助，并由此产生一种让人喜欢和接近的独特的领导魅力。

毕竟，没有人会喜欢事事自己表现、其他人都一边玩去的强势领导。跟着那样的领导混没表现的机会，我还有什么前途呢？

对于敌人来讲，刘邦好像是一个温和又比较容易协调的对手，他总摆出一副"可以谈"的姿态，也没有太强的主见，也非常合乎兵法上讲的"无智名，无勇功"。这就是楚国长老们口中的"独沛公素宽大长者，可遣"的原因。

说白了，楚国那帮长老会成员很想特意地扶持他来牵制项羽。

但刘邦也绝不像一般人认为的那样软弱无力。他平常的表现都非常大胆，而且不害怕困难，并且在加入项梁阵营后的表现也都相当有"战绩"，这也是他被视为有"独立"作战力的将领的主要证据。只是他采取了和项羽完全不同的领导方式，却也因为这不同的方式，在别人心目中反而成了"旗鼓相当"的对手。

项羽斩帅夺权

这一事件的发生，终于让刘邦来到了他的反秦事业的转折点，在楚军中拥有了和项羽平起平坐的竞争地位，开始赢得了某些属于主角的镜头。而在此之前，他的一次关键选择，已经为他得到此次机遇铺下了一条坚实的道路，那就是当沛地被自己的手下雍齿占据并投魏以后，他找项梁借兵五千，从而正式踏入了楚军的阵营。

在这次重新整编的前后，项羽心中非常的矛盾，为给叔叔项梁报仇，他很想和章邯找机会拼一个你死我活。但楚怀王却封了心腹宋义为上将军，自己没有"领导权"，让项羽非常不服气，因此项羽有段时间也想争取西征军团的最高领导权，这样一来至少可以先攻入关中，也算是为叔叔项梁的失败雪耻了，只是这个希望最终也落空了。

一想到这事，项羽就非常火大，甚至想和楚怀王翻脸，幸亏有范增竭力劝阻，在各种可能的利害关系下，项羽勉强同意率领自己的直属军团，和宋义一同出发。

虽然项梁军团被打得溃散了，但楚国有一个优点，就是幅员广大，经济也很不错，兵员充足，所以很快又征募到了足够的兵力，筹集到了相应的粮草。这些兵力和资源都编制在了"卿子冠军"的旗帜下，由彭城北上，直接攻向巨鹿，来解救被困的赵国。

宋义的大军向西北行进到安阳镇时，他突然下令全军驻营停止前进，这一停便是四十六天。

当时粮食逐渐不够了，但宋义却天天参加宴会，也不带领士兵前进，引起了士兵的不满，项羽开始悄悄地鼓动士兵杀掉宋义。其实我们实事求是地说，宋义不是一个无能的人。他清楚地看到了章邯的意图，巨鹿是一个陷阱：章邯正磨刀霍霍，利用赵国作为诱饵，引诱其他义军尤其楚军主力上钩。

因此宋义此举的目的是，坐山观虎斗，以静制动，跟秦军拼消耗。先保存实力，脱离接触，静观其变。若秦军拿下了赵国，估计那时也有所损伤了，再出击也不迟；若秦军没有拿下赵国，楚军更可趁击上前拣个大便宜，何乐而不为？

可以说，宋义的这一套思路，是非常符合楚国利益的。但对项羽而言，却不怎么有利了，因为这样打下去，不但楚军大权握在宋义之手，楚军最后打赢了，也一定没有项羽的功劳。

他决定采取雷霆行动！

当天晚上，项羽在确定宋义参加完宴会回营区后，也立刻就离开了集会地。干什么去了？他策划了一场暗杀，目标就是宋义。他只带了几名自己的亲信，毕竟这种事不光彩，参与的人越少越好。这个暗杀小组连夜赶到城中，直接进入宋义的房间，项羽见到宋义，二话不说，拔出短刀就把他杀了。

宋义脑子是好使，心眼也多，但显然在身手方面，差了项羽不止一个数量级。根本来不及反应，他便已经身首异处，魂归西天了。

主将丧命，而群龙不可一日无首。于是所有的军团将领迅速集合，共同商议应变策略。会议中，项羽被大家推举为假上将军，代替宋义统率北征军团。

对项羽来说，这是一场成功的军事政变和夺权行为。拿到军权的他，立刻下令大军向北出发，把大本营设在了项梁遇难的定陶城，同时派遣当阳君英布和蒲将军（宋义的一名别将，此人身份一直成谜），带领先锋部队二万余人先过河，探寻黄河北岸秦军的真实情况，准备执行他与秦军决战的思路。

范增在这时也随之调任过来，担任项羽的军师。他在军中的任务是帮助项羽拟定作战策略。随后，一场在中国历史上堪称空前绝后的大战，将要隆重上演了。

巨鹿：对手的顶级表现

巨鹿城的位置很特殊，处于华北平原的正中央，在赵国的都城邯郸的东北方向，自古以来便是粮食的重要集散地。这座城的方圆是平原，城的规模也相当大，城墙高，防卫能力强，非常利于进行大规模的会战。

章邯开始发兵进攻赵国时，张耳就保护着赵王歇从邯郸跑路，躲进巨鹿城，在这个地方做好了长期抗战的准备。

当巨鹿的守军就要顶不住的时候，一个天大的好消息传了过来，项羽率领之前滞留在安阳的楚军主力正急速北上，先锋部队甚至已经渡过黄河，马上就要抵达巨鹿战场了！

同样在秦军主将章邯的心中，巨鹿也会是一个大会战的主战场。对这一天，他已经等待许久了。

章邯虽然拥有30万大军，但因为所有的粮草全是自给自足，关中不可能作任何补给，这对于30万大军来讲也是相当麻烦的。尤其进入寒冬后，从关中通往赵境的运输也困难起来，因此章邯也认为想要解除秦军的危机，唯有速战速决——这正是宋义准备跟他打持久战的原因所在，可惜宋义刚想实施，脑袋就被项羽割了。

这位少府出身的名将，准备在巨鹿设置一个巨大的陷井，吸引反秦诸侯军集结于此，然后一战灭之，永绝后患！

这一计策，既是一个好办法，又是一次冒险。因为一旦秦军失败，那就等于帝国再也没有能够剿灭义军的军事力量。章邯的这一设计，是实实在在地赌上了秦帝国的命运。

由于补给困难，秦军必须保证任何粮草都不得失散，要高效率地利用帝国的每一点资源，毕竟这个帝国已风雨飘摇，从任何方面来看，都到了回光返照的时刻。于是，章邯在棘原到巨鹿间建立了一条甬道，直接通往黄河附近，用于大军粮草的供给。

严格来讲，秦军的组织严密，纪律性极强。尽管他们的单兵作战力较弱，但团队作战能力却十分高效。虽然这时距离颠峰时期的始皇时代的那支战无不胜的强悍军队已有了不少的差距，但仍然属于当时的"黄金"阵容。尤其主将章邯善于调派集结军力，足智多谋，这就使秦军的力量对诸侯军拥有压倒性的优势。

在这场对战上，楚军的力量明显是居于劣势的，从南方各地来的援军也不多，而且大多是人数几千的小角色，称得上乌合之众。再说巨鹿城内的赵军，虽然号称有五六万的人马，但其真正的作战部队不到3万，其他的人员充其量是后勤、马夫等辅助兵。又加上因为长期被围困，士气十分低落，装病避战之徒到处都是。所以，这仅有的作战部队能否打一场像样的硬战都是很让人怀疑的。

这么看下来，惟一能用的就只有项羽自己的主力部队了，人数大约有7万多，要是能成功地发动内外夹击的话，或许可以勉强打得过王离军团。但是别忘了章邯，他在南部的棘原有二十万秦军，随时可能发起支援，这是一个万分凶险的局面。

因此，项羽惟一的胜算就是让章邯来不及支援。他只有闪电突击王离及苏角军团，才能顺利地解开巨鹿之围。但是想要和章邯率领的秦军长期对阵并战而胜之，项羽是没有任何把握的。对此，范增的心中也是非常清楚的：楚军要赢，必须发动闪电战。

距离黄河越来越近，北岸秦军活动的情报也越来越多，这就让楚军谋士范增的心中感到越来越着急。相比之下，倒是项羽十分放得开，为了鼓舞全军士气，他不让自己的队伍完全知道秦军真实的情报，整天显得自信满满的。而且他还把思考性工作完全交付给了范增，自己则整天尽情唱着行军歌鼓舞士气，浩浩荡荡地率领军团向北行进。

每到深夜，范增才到项羽营中共商大计，范增非常谨慎地说："大王，我们惟一的机会是快速地突击！"

"那就这么做吧，不用考虑别的。"项羽的话听起来很轻松，就像在讨论一件平常之事，好像很不在乎似的。这也是项羽身上的优点之一：即使面临非常不乐观的局面，这个人还是很自信和勇猛的。

"真不知轻重啊。"范增担忧地提到了章邯在巨鹿附近建立的运粮甬道，这种方式使秦军后勤供应的效率很高，要是秦军的前线不缺粮，楚军突击成功的机会就不多，且王离也不是好惹的，军事水平也很高，军队部署很有章法。

讨论到这里，项羽便决定攻击秦军的甬道。

为了试探秦军接受突击的反应能力，做到知己知彼，项羽特别派盗贼出身的当阳君英布和蒲将军率领两万先锋部队先行渡河，乘机攻击苏角部署在黄河北岸的军队。

英布的突袭获得了成功，他成功地骚扰了秦军的粮道，吸引了秦军的注意力。接到英布获得小胜的情报，楚军欢欣鼓舞，士气大受振奋，这是项梁被击溃后楚军对秦军的第一次重大胜利。

这时，项羽立刻决定全军火速渡河。他的心里非常清楚，这是一场非胜即亡的战争，所以他才表现得十分洒脱，因为想得再多也没什么用。

决战的时候到了，他必须给全军一个"非胜必死"的决心。从这一点来说，项羽是一个非常出色的战术家，是一个在中国历史上非常罕见的战役指挥天才。其果断勇猛的作风，极为适合承担某个项目的带头工作，他可以在短时间内将自己的团队成员的战斗勇气激发到极致。

可一旦涉及持久战和全局层面的操盘与战略谋划，他的弱点就暴露出来了。

吃过晚饭后，项羽将军队集合在河边，他做了一次战前演讲：

"我们马上就要渡过黄河，救援赵国击退秦国，大家一定要有非胜必死的决心。渡河后，我们要将所有船只凿破沉入河底中，而且煮饭的锅碗也一律要铲破砸毁。我们每个人只能带三天的干粮和饮水，三天之内，我们将会打败秦军，不仅要夺取他们的装备和粮食，而且还会受到巨鹿城中赵王的丰盛招待，怎么样？兄弟们，把生命暂时交给我吧！"

虽然大家无法完全听到项羽的声音，但负责传令的将领们，不断向外重复和背诵着项羽的指令。

楚军高昂的斗志被这种激昂的气氛激发了。士兵们很激动，他们大声地欢呼，没有一个人犹豫。楚军毁掉了一切武器以外的东西，最后连自己的营房也烧毁了。这意味着，数万的楚军在这一时刻全部变成了亡命之徒。

在项羽的领导下，楚军彻夜紧急渡河。

一场大战开始了。项羽身先士卒，冲在了最前面，楚军的先锋骑兵也紧随其后，全军保持极高的速度冲向秦军，好像不是去拼命，而是参加一场注定要赢的屠杀。王离的军队没见过这等阵势，丝毫不能抵挡。大家那一瞬间都惊呆了，以至于许多士兵忘了自己的任务，变成了一个看客：纯粹是为了欣赏项羽军队的英姿。

所以，项羽的军队瞬间便连破了王离军的九层方阵，抵达巨鹿城边。城上的守军和四周的其他援军也目瞪口呆，人们尚未反应过来，围城的秦军就已被冲散，有些士兵甚至纷纷投降。

楚军大获全胜，生擒秦军三万余人。

章邯带领的十几万秦军，之前剿灭了很多的反秦义军，可在巨鹿城下，不到一天便输给了项羽的军队。那些诸侯联军看到楚军的英勇和项羽的作战天才，也不禁为自己的胆小无能感到羞愧，以至于进入辕门时都一直低着头向前走，不敢抬头与项羽对视。

经过巨鹿这一战，项羽顺理成章地成为中原北方诸侯军的最高领袖。

第八章

人心：如果实力不如对手，就要在名声上下功夫

西征：以和为贵

就在项羽血战巨鹿时，刘邦的西征军团直接指向关中，正努力为了拿到"怀王之约"的彩头而搏命。不过，在声势上，刘邦比项羽的北征军团还差得很远。

由于楚国兵员不足，除了少数原直属部队及楚怀王配属少许楚国正规军外，其余的兵力，只能沿途收编陈胜及项梁溃亡后流散在各地的残军。所以，即便是刘邦顺利组成了西征军团，也是个十足的杂牌部队。

虽然刘邦的作战天赋远不及项羽，但他交朋友的技巧可是第一流的。

刘邦的外表比较体面，做人又不修边幅，很随和，做这种杂牌军的领袖自然是很吃得开的，和大家很快就混熟了。也就是说，他逐渐增大的声势不是用"战"得来的，而是用"和"的手段在军中和民间聚拢而来的。

我们说做生意做管理要讲和气，刘邦就具备这方面的本领。他虽然言语粗俗，但是从来不随便批评人，加上他有抑恶扬善的好习惯，因此很多得到他给予的好处的人，就会到处替他讲好话，刘邦的声望就靠这样相互捧出来了。比如那时的民间流传着"沛公是长者"的传说，因为他这种深入民心的好形象，才让他有机会代替项羽成为西征军的总司令。

从彭城出发后，刘邦的军队一路到达了砀县，在成阳和杠里附近，有不少流散的反叛义军闻风而来，刘邦非常热情地接待了他们，于是西征军的声势大增。

这些地区的守卫秦军属于章邯军团后备队的二军，他们相当轻视这些原本的"手下败将"，他们人数虽不多，但傲气十足，因此主动向刘邦挑战。刘邦的目标是咸阳，根本不把这些"小卒"放在眼内，于是刘邦马上就下令进攻，秦军寡不敌众，很快被击溃。

收到北征军停滞在安阳的情报，让刘邦非常得意，心里觉得还是自己先有"成绩"，刘邦一高兴，就想趁这个机会扩大战果，于是他打算对"二军"进行讨伐和征剿工作。

在这种心态的作祟下，刘邦竟"鸡婆"地把西征军团带向了北方，企图收编更多的兵马，扩大战果。幸好他还算是幸运的，在成武击败了秦国东那都尉的戍卫部队，为自己的战果洋洋得意了一番后，借由军队必须补充足够的粮食和兵力，带领部队更深入到了北方的战场。

然后，刘邦乘机收编那些小型的独立军团，号称刚武侯陈武的四千余人的队伍便是在这段期间纳入西征军的，接着他又和武满、魏国遗将皇欣的军团合作，攻击驻守这地方的小型秦军部队，每次都可以小有收获。

游击战专家彭越

就在这段期间，项羽以让人目瞪口呆的突击战术大破巨鹿的秦国围城军团，并凭借优秀的战绩成为诸侯军的领袖。

这个消息传来，刘邦可有点心急了，心想，项羽怎么都跑到我前头去了？我可要努力追赶啊！

但是瞧一瞧现实，如今天寒地冻，刘邦的杂牌军最缺乏的就是粮草，因此，他决定往北去攻打章邯军团在这里建立的粮仓昌邑。

不过，章邯亲自安排的守卫部队的作战力相当强，昌邑可不是好惹的，刘邦虽然在人数上有绝对优势，但仍占不到任何便宜。

战事虽然不利，但刘邦此时却碰到了一位他创业生涯中的重要伙伴——大盗彭越。

彭越的年纪比刘邦大，出身渔民，是昌邑本地人。由于他排行老二，年轻时被人称为彭仲。但彭仲这个人相当的不安分，胆量很大，由于他精通水性，对沼泽区大部分地形都能够掌握，竟然在其间干起杀人越货的勾当，故世人称呼他为"彭越"。

在秦国最强盛时，他便成了盗贼。陈胜和项梁起义时，彭越都已经算是一个半大老头了。昌邑不少青年看到各地豪杰都叛秦独立，也想乘机起义，他们去找彭越说道："彭仲老哥若想起义，我们都愿意跟着你干。"

彭越知道这些年轻人缺乏决心，只是说说罢了，于是说："反叛军才刚开始有个苗头，具体情况怎么样还不知道呢，等等再说，别着急！"

又过了一年多，彭越也没有开始反叛的表示，沼泽旁的年轻人等不下去了，于是就聚集了一百余人，一起到彭越的大本营请他当领导者。

少年们一再要求，彭越只好答应，并相互约定第二天早上集合，正式成为反叛军。彭越还特别约定，既然是军队，就要严格执行军队纪律，迟到的人一律斩杀。

但天亮时，却只到了十几个人，其他的人在中午前后才慢腾腾地过来报道。彭越非常不高兴地说："我老了，大家还是选健壮者为领袖吧！我们虽然立过约定，迟到的人太多了，总不能全部杀了吧，我们重行约定，斩杀最后一个到的，以合乎军法！"并命令监示官准备将迟到的押到刑场杀掉。

青年人都以为彭越在开玩笑，都无所谓地表示："哎呀大哥，咱这是何必如此呢！以后不迟到就是了嘛！"

但彭越坚持军中无戏言，下令斩杀最后一名迟到者，并且摆设了祭坛，让大家齐发誓，绝对不再违背军中的法令。青年们这时大惊失色，低头不敢仰视，对彭越的手段和凶残深为敬畏。彭越这才正式宣布："大家已经有了决心，我宣布起义军正式成立。"

接着彭越就率领着这支百余人军队，到处征粮招募兵员，没多久便集结有千余人，在昌邑附近还是非常具有知名度的。这个人能打，而且十分狡猾。

彭越的这种作风和刘邦可以说一拍即合，刘邦对这种"山头老大"的打仗方法一向较为倾心，双方相处愉快，彭越对于刘邦的外表和带人的手腕也表示非常的惊异。

他隐约觉得：这个人一定能成大事！

郦食其：你需要一个高明的说客

彭越雪中送炭地为刘邦提供了不少粮草，让刘邦得以顺利地西进，而彭越则继续率领他那一小股军队围在昌邑城附近打游击。

这次刘邦的行动极快，目标仍然是秦帝国的谷仓荥阳。

路途中，经过小镇高阳，运气一向很好的刘邦，又碰上一个大大帮助其日后建功立业的贵人、同时也是一个可以一块喝酒吹牛的老哥们——狂生郦食其。

郦食其是高阳城人，好读书，在里中为监门，虽家贫落魄，他却自命不凡，行为放荡而无礼，从不把高官富人放入眼中，城里人对他一点办法也没有，只有以"狂生"称呼之。

这时候，郦食其已经有六十余岁了，但他身高八尺，显得老当益壮。他的外表与他不学武艺、不操农事、只好读书讲道理的个性，看起来一点也不搭配。

刘邦麾下有一名骑士，是高阳人，和郦食其很熟。郦食其就特地找到他商量："我在高阳城守门，见过不少通过这里的将领，但大多好讲气派好苛礼，自认了不起，度量又狭小，绝对听不下去有眼光的远大建议。但是我听说沛公不修边幅，有眼光，气度大，又容易和人亲近，这种人才值得我为他效劳，请帮我引见吧！"

同乡人先泼了一盆冷水："这可能很难哦！沛公一向不喜欢儒生，平常和人说话时，只要讲到儒者，他也都不屑地破口大骂，这种个性，是很难接受您这种老书生的游说的！"

言下之意：你这种老书生，去了可能被一脚踹出来。

郦食其仍然自信满满地表示："没关系，你只要跟沛公转达一下，说'我们里中有位读书人郦生，六十多岁了，身高八尺多，大家都叫他狂生，但他自己却不这样认为，只是觉得自己只是机会未到罢了！'"

同乡的骑士便照这种说法向刘邦报告，刘邦一听，嘿，这人挺有趣，果然对他表现出了浓厚的兴趣。到达高阳传舍后，就派人去召见郦食其。

刘邦由于旅途疲累，心想反正郦食其也不是什么大人物，就叫两位女子帮他洗脚按摩，他坐在床边，准备接见这位狂生。

郦食其进门后，见到这种情形，便不作一般儒生的拜见礼节，只站立着打招呼。

刘邦反觉得更加有趣了，盯着他使劲地看。

郦食其大声问刘邦："你是想帮助秦国攻打天下诸侯，还是想率领诸侯击灭秦国呢？"

刘邦听了哭笑不得，这个问题真是太没常识，于是破口大骂："真是腐朽不堪的竖儒，这也算是问题吗！？天下百姓长久苦于秦国暴政，所以诸侯团结起来一起攻灭秦国，我怎么会去助秦国攻击诸侯呢？"

郦食其不甘示弱，也大声地吼起来："要攻击无道的秦国，必须靠义理以集结众人力量，站在这种立场的领袖，怎么可以用这种倨傲无礼的姿态接见我这种长者呢？"

刘邦觉得很有道理，立刻停止了洗脚，穿上了正式的衣服；并且派人请郦食其上客座，同时他也为自己的失礼当面向郦食其道歉。

郦食其便和刘邦谈起六国合纵抗秦的故事，刘邦听了非常高兴，其中有不少故事很具有启示的价值。他摆起酒宴，和郦食其长谈。吃饭的过程中，刘邦问起攻秦的策略。郦食其说："你的军队几乎都是收并各地的杂牌军，这种士兵不讲理想，只重温饱，如果粮食不够，兵员不足，就无法发挥战斗力，要是以这样的阵容强行攻入关中，这个行为就太不理智了，无异于虎口拔牙啊！"

刘邦觉得有道理，就很诚恳地向郦食其请教应该怎么办。

郦食其建议刘邦掌握陈留，他解释说："陈留是天下的要冲，四通八达，交通方便，而且城中有不少粮食。我和陈留的县令关系很好，如果你愿意相信我，就请派我为特使，我将劝服他服从你的领导，如果他不听，你可以马上带领军队进攻，我愿为你做内应。"

刘邦立刻拜郦食其为特使先行去说服他们，而刘邦亲自率领大军跟着郦食其后面来显示自己的威胁力，郦食其果然轻易地取得了陈留城，这使刘邦的军团终于有了一个比较稳当与合适的大本营。

这次事件，郦食其立了大功，而且刘邦也发现郦食其的辩才和策划能力没有问题，是他原本阵营中最缺乏的，便进封他为广野君。

郦食其还推荐了他的弟弟郦商前来为刘邦效力。郦商也是个人才，这时已经集聚了有数千人的小部队，就在附近活动，与秦军进行过小规模的交战。刘邦不仅接纳了他，并且还封他为将军，将陈留的部分军团划归郦商指挥，负责陈留城的守卫。郦食其本人则留在刘邦营中帮忙规划，并充当联系诸侯使者的角色，以便于游说各诸侯配合刘邦的军事行动。

对得力干将无条件信任

安排好陈留的防务及后勤事宜后，刘邦见时间已不多，便率领自己的军团继续西进。

三月，刘邦率军攻打开封，但是开封的防守非常坚固，一直不能攻下，于是舍弃了开封，采取绕行策略，继续往西进军。

四月，进入初夏季节，刘邦在补给和兵力上取得了一定的成绩，因此决心急速向西推进。但鉴于敖仓、荥阳一带的防务非常稳固，刘邦就把军队带向了稍南方的颍川一带，并占领了颍川的郡治所在地翟阳。

到此为止，刘邦的西进军事行动仍然显得漫无章法，毫无规划。虽然有郦食其的协助，但到底只是限于外交上。在军事的整体规划上，刘邦一直缺少一位真正的将才。

但刘邦总是比较幸运的，这次也不例外。就在这紧要关头，最重要的人才张良归队了。

颖川附近正是以前韩国的大本营。离开项梁和刘邦后，张良一直在这里打游击，为的就是重建韩国，这是他一直以来的梦想。

张良从《太公阴符》中领悟出了很多策划的道理，加上他的情报能力很强，让他打出了不少以寡击众的战绩；但大致来讲，能想、能讲的不一定能做得到，张良在韩地的经略并不算成功。他对自己在执行上的"放不开"非常地不满，但他要完全释放自己的能力似乎又没那么容易。

张良归队以后，了解了一下现在的情况。他不否认沛公在带兵上的确有自己的一套。不过，张良也很快发现，刘邦在进军关中这样庞大的军事行动上缺乏一个明晰的整体规划。

"为什么不集中全力，向关中挺进呢？这里跑一跑，那里摸一摸，就算是为了粮草，也不能如此浪费时间啊！如果让项羽抢先进入关中，日后沛公将只能成为项羽麾下的一个小卒而已，那样才真是不值得呢！"

这个时候，正好有一位叫作司马卬的将军率领着另外一旅的赵国军团也前来攻打颖川地区，并打算在此渡过黄河北岸攻打关中。刘邦的反应很让人无奈，他居然主动和司马卬合作，负责攻击洛阳东边的地区，并在洛阳城的平野和前来迎战的秦军会战。刘邦他们取胜不了，于是就往南撤退到了辗辕关上。

张良实在无法忍受刘邦这种漫无目的的战略，就把游击队的工作交接给韩王和韩国将领们，只身前往刘邦营地。

刘邦见到张良，真是高兴极了，尤其是听了张良对全盘战略的观点，更让他茅塞顿开。他这时心里就想，我可以把全盘规划全委托给张良，自己只要按照他的计划行动就行了。

虽然刘邦的出身一般，但他现在也是叛军集团的两大领袖之一，其地位已经和项羽接近平行了。因此能够这样毫不尴尬地承认自己的无能，的确让身为智囊的张良感触良多。

对于刘邦的信任以及对自己过分热情的表现，外表冷静的张良，内心其实是非常感动的。他暗下决心，要一辈子为刘邦的知遇之恩奉献自己的心力。

张良劝告刘邦，将攻打颖川地区的工作交给司马印就可以了，不必在颖川逗留。刘邦的主力部队应该急速向西，攻打主要目标关中。他建议刘邦先行南进，因为南方的诸小城守备弱，比较容易攻陷，可以通过这些来增加自己的声势。

二世皇帝三年的夏六月，刘邦的主力部队南下，和南阳守将齮的部队在犨东打起来了，结果刘邦军大获全胜，秦将退入宛城，准备坚守。

刘邦想起上次在开封时白白浪费了不少时间，因此这次他也准备放弃宛城，急速西行。

在后方幕僚营区的张良，听到这个消息马上赶来阻止刘邦的这一举措："沛公，我们虽急着入关，但目前挡在前面的秦军还有很多，而且都是据险而守，如果这样轻易地跳过宛城，前方万一发生苦战，宛城的秦军就有可能从后面截断我们的后勤路线，甚而夹击我们，这时我们前面还有强大的秦军，这将使我们陷入空前的危机之中。"

刘邦于是命全军暂时驻营，到了晚上又命令全军把战旗收起来，偷偷地回到宛城旁边布好战局。到了破晓时分，刘邦军队已将宛城团团围住了。

由于宛城原属于韩国的领土，城中有很多人都与张良关系很铁，所以大多数人都不赞同南阳郡守要死战的决定。郡太守舍人陈恢便劝告郡守应先谋求以谈判来解决此危机，不要急着求死。

陈恢通过张良介绍，晋见刘邦表示："我听说您和楚怀王曾经约定过，先入咸阳者为关中王。宛都的城墙连绵数十里，要完全攻陷是非常不容易的，而如今您却想尽全力来攻打宛城。因此我站在您的立场作规划，不如先设法让宛城的太守投降，然后再封他为侯，使他能站到已具优势的楚军阵营上，反而能替足下留守住宛城，保持后援路线的畅通。

刘邦最喜欢这种有效、又不必太辛苦的策略，因此非常同意陈恢的看法。

于是，他晋封南阳太守（齮）为殷侯，让他可以成为楚国阵营的一员大将，不但保住了他的权势、地位和生命，并且不用调动职位，继续留守宛城。使者陈恢也因为促和有功，赏封给他千户之邑。

这就好比收购吞并另一家公司，如果你要取消他们现有的职位和收入，让他们觉得前程不明、甚至有失业的危险，那么你收购的过程就会遭到该公司这些中层干部和下属员工强烈的反对，但如果你能做到让他们安守其职、甚至还增涨现有的薪水，一切都在平稳有序中进行，那么你在收购和其后的整合管理中，就会出奇地顺利，他们都会配合你做好消化工作。

所以这样好的条件，自然让一路上的秦国守将都不再和刘邦敌对了。当大军到达丹水时，秦国的襄侯王陵、高武侯鳃也主动投降，王陵日后更成为刘邦阵营的嫡系大将领之一。紧接着，郦城、析城、胡阳城均不战而降，刘邦也下令部属不得掠劫秦国城池，因此西征军团一路上得到了秦国军民的欢迎。

这么容易便可以攻陷关中，连刘邦都对自己的策略运用的高效率，及运气之好有点不敢相信。其实，秦军的迅速崩溃，除了正确地运用了招降策略之外，最主要是因为咸阳城的秦王室的内部已产生了剧烈的变乱。

指鹿为马——秦廷的内乱

李斯被处死以后，赵高晋升为丞相，称为中丞相，同时在朝廷和禁中掌握生杀大权。因为扶胡亥登基有功，加上胡亥从小就是他带大的，是有私人感情的，所以二世皇帝对他极为信任，所有的大权都让他掌握在了手中。

从小便被阉割入宫，以服侍和讨好别人为工作，赵高的心理上长期没有了自我价值，所以非常的不平衡及不安。掌权以后，他的内心里永远无法相信百官真的会心服于他。由于年轻时他精通于刑名，是干刑狱工作的，很了解秦法，因此，他希望能通过自己职位上的权利，利用恐吓的手段来要求群臣畏惧和服从于他。

他希望群臣都知道，法律必须是赵高认同的才算数，赵高便是法律。现在的保身之道不是不触犯法律，而是要讨好、奉承赵高。只要赵高同意，即使犯法也没关系，反之，就算依法行事，得罪了赵高照样是犯法。

他苦心积虑，通过各种暗示方法，让群臣了解他的期待和希望，但他依旧不放心，仍然无法确定朝廷上的百官是不是全部害怕、完全听从他。

因此，他想要进行一项测试。终于，他想到了一个非常疯狂的方法。

胡亥很少上朝，但为证实一下自己的测试，赵高特别告诉胡亥有人要送他一匹千里马，胡亥自然很高兴地接受这个献礼。

但皇帝万万想不到的是，出现在朝廷上的却是一头鹿。胡亥以为赵高在跟他开玩笑，便笑着说道："丞相，这明明是鹿呀！你在开什么玩笑嘛！"

赵高故意摇头不吱声。

胡亥于是就询问左右："告诉朕，你们看到的是鹿还是马？"

有的人不敢回答。

有的人不想回答。

有的人则在观察。

那些平常奉承赵高的，都开始起哄，表示这就是一匹马。

当然，也有一些较为正直的或没有危机意识的官员，非常气愤地表示，这是一只鹿，怎么可能是马呢？

事后，赵高将这些指证是鹿的臣属统统绳之以法，让群臣今后无论对错，都再也不敢和他有不同意见。

表面上，赵高赢得了这回合测试。但当这些消息传到外围守将的耳朵中时，却引起了守将广泛的不安和愤怒。秦军各级将领，本就由于赵高怂恿二世皇帝杀了蒙氏兄弟而倍感寒心，现在则对朝廷更加怀有二心了。毕竟，一个人无论再怎么忠君爱国，也还是要为自己的前途着想的；一旦朝廷昏庸到了这种地步，再想得到军队的忠心就很难了。刘邦西征路线上的秦国守将之所以迅速瓦解，很大程度上是受这个事件的影响。

要命的是，连秦国的最后希望——章邯军团也受到了影响。

当章邯所向披靡、连战皆捷时，朝廷为了奖励他，特意派遣了都尉董翳和长史司马欣前来帮助。司马欣曾经帮助项梁躲避牢狱之灾，这人思虑周密，是章邯非常好的助手。

章邯对赵高的夺权一向抱着不理不睬的态度，因为他认为军人应保持中立且以战事为重。但司马欣则不同，强烈的正义感，忧患意识，使他对朝廷也抱持强烈关心的态度，同时也对赵高深恶痛绝。

司马欣擅长搜集情报，进行作战分析，对章邯的战术策略拟定带来了很大的帮助，因此章邯相当地倚重司马欣。当然，反过来，司马欣对咸阳城内的情报也很有兴趣，于是他也布置了不少眼线，来专门调查赵高的行为，并经常主动把赵高的行为透露给章邯。

章邯对这种逾矩的作风虽然非常不赞成，但司马欣有正义感又负责任，章邯也不便表示严厉制止。

不过，当章邯听到指鹿为马的事件时，也忍不住心惊胆战，为了不打击将士们的士气，他告诫司马欣绝不可将这种消息透露给前线将士。

不久，便发生了巨鹿大败的事件。

章邯几乎不敢相信楚军会这么快就攻打了过来，因为所有情报都显示楚国的宋义不敢挥军渡河，并且貌似在期待齐国出兵协助。而对于项羽，章邯只知道他年龄三十岁不到，是项梁的侄儿，是个猛将，但绝非统帅之才，所以从未把他当敌手看待。

因此，当战果报来时，章邯无法相信自己看到的一切：智将王离被捕，猛将苏角和老将涉闲或被杀，或战败自杀。

但他也相信，司马欣的情报绝不会错误。于是，章邯马上冷静了下来，他告诉司马欣一定得立刻补充兵力。

"我们的人马太少了，如果不能迅速补充兵员，就没有办法击败项羽。"

司马欣表示赞同，章邯于是指示他赶向咸阳请求增援，董翳则立刻前往巨鹿附近收编溃败的残军。

由于事态紧急，司马欣率领小队人马火速奔向咸阳城。

回到家中，司马欣换过朝服，就立刻准备上殿晋见胡亥。但侍卫却说，必须先转报赵高，司马欣心中大叫不好，但由于任务太重要，只得传报。

他在皇宫外的司马门等了三天，见不到赵高，担心事情有变，便立刻回府探听情报。

咸阳城的眼线告诉他，赵高已经向胡亥参奏章邯等人剿贼不利，准备对他们治以重罪。

司马欣大吃一惊，立刻只身返回前线大本营。他害怕赵高派人追捕，不敢走原来路线。赵高果然派人追杀，由于找不到司马欣踪影，只好放弃了。

他回营后，立刻向章邯报告："赵高现在已经完全掌握住了朝廷和禁宫，文武大臣谁也见不到皇上，只好全部逢迎他。而如今在前线的将士们，即使战胜，也不会有什么功劳可言，万一战败，只有死路一条。将军一向对政治中立，但这次请将军您一定要三思呀！"

章邯对于司马欣所言自然也是完全相信的，看在眼中，痛在心中。他陷入了沉思，在如此不堪的情况下，再为秦国效死忠，对自己和军团将士们到底有没有好处呢？又值得吗？

这时候，他接到了赵国大将陈余的招降书。

陈余自从和"好兄弟"张耳闹翻后，努力全没了结果，成了"跑单帮"，因此他有意投奔项羽。但他和项羽全无交情，而且在楚阵营中也没什么朋友。幸好他长年作说客，对当前的情势还有一定的了解，因此他主动求见项羽，并提出了向章邯劝降的计划。

其实项羽对与章邯和谈之事兴趣也不大，也不喜欢像陈余这种光说不练的说客，他倒宁愿在战场上和章邯决一死战。

这就是项羽的作风，他喜欢靠战争解决一切问题，"为什么要劝降？我把他打败不就完了吗？"刘邦的思维则是："为什么要打仗？我们坐下来先谈谈不行吗？谈不拢再打嘛！"

但章邯坚守在棘原的战术，却使得项羽毫无办法。再加上收编降军和其他诸侯军后，项羽的军团已经超过了四十余万，对粮草的消耗量是非常惊人的。负责补给的范增也为此头痛不已，一再向项羽提出警告，要不想让军队陷入危机，必须速战速决。

刘邦的西征军团已接近武关的消息，也让项羽非常心焦，而自己离函谷关还有段不小的距离呢。项羽不得不考虑到，一旦刘邦先行入关会引发的后果。

范增安插在咸阳城的间谍，这时传回了赵高已经和司马欣闹翻的消息。

"章邯现在一定陷入进退两难的情势，这时候招降他，比较容易产生效果！"

范增也提出招降的建议。不过，项羽仍不太愿意。于是范增提出用陈余的名义去招降，然后见机行事。

招降书很快就送到了章邯面前，章邯其实也很讨厌陈余这种说客，但却很难对其提出反驳。司马欣则一再要求章邯三思，而且考虑到自己和项家有些渊源，说不定能在中间帮上一些忙。

"将军，我可以派人代为联系。"

但章邯表示如果项羽有心招降，就应该自己写信，而陈余能不能代表项羽都不一定呢，何况自己和陈余素不相识，这封招降书的价值和真实性都不得不令人怀疑。

于是司马欣建议，由自己暗中派遣私人代表过去同项羽商定和谈之时间。但项羽以无章邯委派的理由不同意约谈，并且立刻派蒲将军攻击漳南的章邯前线守军。守军敌不过，只有撤退。项羽更乘机发动主力在汙水上游攻击秦军卫戍军团，再度将秦军打败。

章邯因为秦军已经丧失战斗意志，也不愿再有无谓伤亡，于是主动向项羽表示约定和谈。

项羽召开了楚军将领的阵前会议，会议一致同意接受章邯的投降。于是项羽便正式派使者和章邯约于洹水南岸。

和盟之时，项羽因为非常欣赏章邯的英勇和谋略，所以并不把他当战败的将军看，反而用同盟军的礼仪对待他，这让章邯非常的感动，当场就忍不住流下了眼泪，并说自己是为赵高所逼迫，不得不投降。

项羽听了频频点头叹息，表示同意章邯的看法，并且马上封章邯为雍王，留在楚营中一起商量军中大事。

因为项羽一向对勇猛负责的人特别尊重，所以他对章邯的特殊礼遇，应出自于他的真性情。这是他同"轻慢辱人"、待人喜欢随随便便的刘邦比起来的一个很大的优点。然而他也害怕章邯在秦军中的声望，为了让强大的秦军群龙无首，留章邯在楚营之中，使秦军不致于对楚军再产生威胁。

然后，项羽命令司马欣为上将军，统率秦国军队同时配合领导楚国的先锋军，疾奔函谷关。

章邯举军投降，项羽军团声势大振，项羽也不再有任何阻碍，率军火速直逼函谷关。

最后推墙的人才是赢家

但就在这时，刘邦已经先行了一步。他的西征军团在八月攻进了武关，使咸阳城受到了最为直接的威胁。大秦建国六百年间，从没有过如此的耻辱和危机，秦王朝官员、军民大为震惊，商人举家逃跑，平民日夜难安，整个秦国的中心地带陷入了一片末日的恐慌之中。

最无法忍受此事的是赵高。好不容易才掌有的大权，却面临这种致命的困境，赵高的心里非常不平衡。过去他一直向胡亥保证说："关东的盗贼没有什么大作为。"可如今，就连作为最后希望的章邯军团也已经彻底崩溃了，项羽的楚军即将攻打函谷关，更要命的是刘邦带领的军队已经攻入了关中盆地，帝国的灭亡近在眼前。

赵高不知道应该怎么办，但又害怕胡亥怪罪下来，使自己遭到杀身之祸。他只好以生病为由，请假不上朝。

由于赵高不在，危急的情况自然直接通报于胡亥。胡亥马上吓得六神无主了，以前每天听到的都是好消息，突然把一个血淋淋的现实摆在他面前，确实很难接受。而且他从来就没有处理过紧急情况，现在更不知应该怎么办。

慌忙中，他急着要找到赵高，想问清楚事情的来龙去脉。

这下赵高更吓坏了，为了保住性命，他决定先杀胡亥，然后再决定下一步怎么办！

他指示郎中令作为内应，以有贼躲在禁宫中为借口，令阎乐率领军队进入深宫抓贼，准备乘机杀害胡亥。赵高的计划成功了。事已至此，胡亥深知大势已去，不愿再次受辱，只好含恨自杀而死。

胡亥死了以后，赵高立刻上殿，紧急召集朝廷大臣及秦皇室的各位公子，宣布了皇帝的死讯，并且拥护始皇孙辈中声望最高的子婴为秦王。胡亥被以百姓的身份草草地葬于宜春苑中。

从这里可以看出，赵高仍然想作最后的挣扎，以保有关中地区，再称秦王，并且企图与其他诸侯谈判，恢复统一前的政局。

九月，赵高要求子婴斋戒，并且要在太庙接受玉玺，继任为秦王。

子婴自然知道情况的危急，但他仍然有心保住祖先基业，想作出最后的努力，因此对赵高的误国和擅权非常不满。

五日斋成以后，子婴秘密召见了他的两位儿子，商议说道："赵高在望夷宫杀掉了二世皇帝，他是为了不让群臣诛杀他，才假装以义理拥护我为秦王的。我听说赵高已有意和楚军和谈，共分关中为王，因此我们绝不可中其计。现在他要我斋戒，而且要上太庙宣誓，其实是想在太庙中把我杀掉，同时诛杀王室的其他公子。我如果称病不上太庙，赵高一定会前来催我，我们就可以趁这个机会杀了他。"

继位典礼当天，子婴慌称自己病了不想出去，赵高果然多次派人催促。子婴仍然坚持说病得很严重，没法走动。赵高非常不高兴，于是准备亲自进入内室，大声地责备子婴。

聪明一世的赵高，这时却糊涂一时了。他轻视了子婴，觉得这个毛头小子没什么根基，岂敢不听从自己的控制？可刚入内室，他就发现情况不对劲。子婴病了吗？为何看起来挺健康的样子，而且眼中闪着一股复仇的光芒？赵高转身就要跑，结果门关上了。

这时，子婴提前安排好的刺客一拥而上。赵高大惊失色，发狂般地怒吼，不甘心就这么束手待毙，但为时已晚，他被子婴一剑砍杀。

杀了赵高后，子婴宣布继任为秦王，并诛杀赵高三族，铲除朝中赵高的势力，然后令大将率领军队前往武关之西的通道口崤关，重新部署防卫咸阳的阵地。

刘邦进入武关后，下令全力向崤关进攻。张良阻止道：

"已到生死关头的秦军，决心以死相抗使他们士气大增，不能硬拼，不然就会造成不必要的伤亡。我们完全可以在山上大张旗帜，以显示我方军士兵多将广，让他以为是疑兵，再派郦食其及陆贾两个人用利害关系来游说秦国将领，尽可能多地答应他们所有的条件，这样来松弛他们的必死决心，那么他们的士气自然就衰弱了。"

秦将在相当让人心动的条件下，果然答应了和谈，而此时刘邦也表示要接受。张良却说："不能接受。我们的目的是松懈他们的斗志而已，就算秦国将士们想投降，秦国的军民们也不见得同意，一不小心的话，反而会遭受其迫害，不如趁现在他们松懈的时候，全力攻击，也能摧毁咸阳军民的士气。"

刘邦于是就率领主力，绕过了崤关，越过了黄山，由蓝田关往下进行攻击，在蓝田关之南大破秦军的防卫主力，并一直追过蓝田关口，将秦军最后的防卫部队在关北再次彻底击溃了。

秦二世三年，汉高祖元年，也就是公元前的206年，刘邦进军到了灞上。大军一到，秦王子婴很识相，主动向刘邦投降了。咸阳城此时已完全丧失了防卫力，秦王子婴也只能坐着白色车子，用白马拖着，身穿白色丧衣，绑着白幡，将玉玺封好，带着皇帝用的符节，在咸阳城内的路道旁边，向刘邦进入咸阳的大军跪着表示投降。

至此，秦朝的皇室正式亡国，从在西戎建国以来，秦国一共维持了六百多年，时间还是很长的。

这个局面其实是出乎刘邦预料的，他想不到秦王子婴会不战而降。意外的惊喜反而使他不知接下来该怎么办，这真应了那句俗话：天上掉陷饼，反倒不敢吃。说刘邦这人运气好，那是必须的，打个比方说吧，刘邦他怎么也想不到秦王子婴会不战而降啊，但这样天大的好事儿，就偏偏让刘邦遇上了。

不少将领这时主张，干脆杀了秦王，抢光秦宫的东西，再一把火烧了秦都。刘邦这个人一向主意不多，他喜欢多问，而不是自己去想。这种突如其来的幸运，让他一时之间反应不过来，他的头脑经常会慢半拍。不过，这个看起来很笨的习惯，却也保证了他不会乐昏了头，做出极端错误的决定。

何况，刘邦这个人一向不嗜杀，不喜欢多杀人，尤其不喜欢屠城。一直以来不很顺畅的创业生涯和多年以来艰难跑路的日子也使他懂得了一个很有效的管理法则：

一件事情在没有把握的时候，最好暂时丢到一边，不去解决。

于是，他说："当初怀王派我作西征军主将，不就是因为我一向比较宽容吗？何况人家既已主动来投降，杀之不祥，我看，还是暂时饶了他吧！"

秦王子婴的命暂时保住了。刘邦将子婴交给了负责管理降俘的部吏去安排。处理好了受降的事宜，刘邦立刻整军西入，进入了咸阳城。

约法三章——以信取天下

我们有理由相信，正式进城的这一天，对刘邦而言是具有很特殊的意义的。刘邦骑在马上，看着咸阳巨大的城门，威武的气势，想象着这座承载了秦帝国几代雄主梦想的都城，心中一定颇有感慨。

或许他会长叹一声："大丈夫当如此也，我的梦想即将实现了！"

不过，事情接下来的发展远远出乎他的意料。他很快就发现，要处理的棘手问题实在是太多了，而且一场巨大的危机马上就会到来。

根据战国时代的习惯，只要攻陷城池，掠夺和屠杀便是对于胜利军队的犒赏。军队入城，首先会抢东西，杀男留女，甚至奸淫妇女。这种习惯一直到了三国时代还仍然存在，甚至于太平天国时期，曾国荃为了鼓舞军队的士气，还经常纵容士兵在破城之后烧杀抢掠三天。几千年来，除了几位治军严谨的名将能够制止军队的抢掠以外，洗劫敌人之降城一般是不违反军纪的，领导见了往往是睁一只眼闭一只眼。

这种情况也不可避免地发生在了刘邦的军队身上。更何况，刘邦在接受楚怀王的封赐和指挥后的西征军团，大多数是合并而来的杂牌军，鱼目混杂，什么人都有，并非全部由他的嫡系部队组成。即使想要严加管理，约束军纪，其他军团的将领也不见得对他服气。所以，一进入咸阳城，刘邦连厕所都没来得及上，军队就有些乱套了，各军的将领纷纷指挥其部属全力出动，抢夺秦宫和国库，甚至官员家中及民间的金帛财物也不放过，一派就地分赃的混乱场景。

萧何这时就表现出了自己的与众不同，也不愧是长期从事人力资源和后勤保障工作的。他根本就不在乎谁在抢财物，谁在抱女人。他的目光就一直盯着秦皇室收藏的图籍资料。

在沛县的时候，萧何是刘邦的人力资源总监，也是他们中间最有文化的人，所以他老早就知道这些资料是非常重要的。尤其是造反以来，他就一直做后勤，因此凡是有关各地区之人力资源的资料，他全部都需要。不过话又说回来，自从跟随刘邦造反以来，整体而言他们的运气还不错，原本不见经传的小集团，才一年多便成为西进咸阳的两大强力集团之一，这下，也让萧何认为刘邦集团也是有一定实力的。

这些资料在以后为刘邦打天下提供了全中国的人口密度、自然要塞、地形及物产资源的详细情形，让刘邦集团总是有足够的资讯作为战略规划的依据。所以在战术上不如项羽的刘邦能硬撑四年，最后之所以能够反败为胜，优异的战略指导思想应是主要因素之一。

这些宝贵的资料在后来汉王朝建立行政规划和政治制度时，也帮了刘邦集团很大的忙。

萧何的这一念之间，就决定了刘邦同志一生的命运。所以说，刘邦出名以后，说萧何功居第一，这个决定其实还是很有道理的。

此外，也只有从沛县开始起兵就跟随着他的老班底似乎还能自制，在一片抢掠之风的混乱中，虽然也不乏好色贪才之徒去骚扰良民，但大多都能维持军秩，约束下属。

有的人还跑去找刘邦："主公，您一定要管管他们啊，此事非常重大，绝不能纵容士兵的恶行！"

刘邦此时在干什么呢？他不是不想管，而是心思全在另外一件事情上：当他一进入堂皇雄伟的大秦王朝的咸阳宫时，几乎整个人都被迷住了。他从没见过如此雄伟的宫殿，也没看见过这么多的宝贝！

如果我们有幸能见一见当时的情景，首先发现的一定是刘邦那流到地上的口水和闪闪发光的眼睛——他的眼珠子都快掉下来了。

对于后宫里那些专给皇帝享受的帷帐、狗马、重宝、妇女，刘邦更是爱得不得了，心中欢喜得不行。只是鉴于大家的众目共睹，一群人围在身边，他暂时也不敢太过于放肆，只好剑走偏锋，提了一个绕弯子的想法：

"诸位，我有意把我军的指挥部放在这座宫殿中。"

弦外之音：我要在这里大大地享受一番，你们同意吗？

众人有的一片欢呼："好，坚决支持主公！"但也有人沉默不语。很显然，刘邦的这个决定不但意味着堕落，还相当危险。因为一进驻皇宫，即代表他有积极企图，想代替秦王朝之政权。这是一个极具象征性的行动，说明他要称王称帝了。

尽管楚怀王早就有言在先："先入关中者为王（关中王）。"但这种话就是哄小孩的，在诸侯并起、天下大势并未稳定前，这种过早暴露的企图心，反而会让自己成为众矢之的，被以项羽为首的各军事集团群起而攻之，成为下一个陈胜吴广。

大多数人不敢劝说，但是刘邦最亲密的战友、同时也是在沛县一起混江湖的首席跟班樊哙却不怕，他在刘邦面前向来是有话直说的。

"大哥，你的志向是想角逐天下，还是想当一个富家翁呢？这些奢华的东西都是让秦室灭亡的主要原因，谁沾上了它们，谁就会为自己带来灭亡之祸！大哥您好好想想，这些东西是您需要的吗？"

刘邦赶紧摇一摇头："当然不是，你可不要疑虑，我一点没有贪图享受的意思。我只是……多看两眼，马上就走。"可他嘴上说着，脚下却实在舍不得离开，站在那里犹豫不决，心里做开了思想斗争。

张良也知道问题的严重性，主动过来晋见刘邦，努力说服他。张良认真地阐释了他的看法：

"主公，正因为秦室无道，只顾享受而不知天下的疾苦，沛公您才有机会来到这里，率军替天下除害，为天下人讨个公道。因此，您更应该建立一种简朴清廉的形象，这也就是吊民伐罪，替民做主啊。

"现在，主公您刚进了秦王宫，便急着去享受这些奢侈的物件，俨然以统治者自居，这岂不是'助桀为虐'、像秦王一样吗？正所谓忠言逆耳利于行，良药苦口却利于病，希望沛公您能够听从樊哙的劝告，他说的是至理，也是公义，对您只有好处没有坏处！"

连张良都出马了，刘邦心想我确实差点犯下大错，立刻宣布，军队退出咸阳，还军灞上。

由这事件，我们也可以看出，刘邦的班底现在已日趋成熟。刘邦尽管出身不高，他的军队也非正规军，但他的这些直属部队却比西征的其他军队成熟多了，不仅军纪严明，人才也更为雄厚，执行力也更强，在此时就已显示出了很明显的优势。

起兵以来，经过了两年多的奋斗，这些随他在沛县起义的原班人马，逐渐有了角逐天下的宏大志向，形成了一个强大的出色的团队。他们不再只是跟着起哄的反叛军，而是自认有安定社会秩序的责任，有统一天下开创一个新局面的使命。所以，刘邦集团不但在军纪上比其他的造反势力要好很多，而且他们也看不惯那些到处抢劫金银财货的其他造反军队。

尽管刘邦的军队撤出了咸阳，但是其他派系的军队仍然私自入城，抢劫之事时有发生。如何彻底根治，就成了一个很重要的问题。在萧何等人的规划下，刘邦决定要想一个办法出来，维持咸阳城和关中地区的秩序。

什么办法呢？刘邦决定制定一些法令让大家遵守。

过去，秦王朝用来维持治安的法令又多又严，所以一般人不敢随便违法。如今，秦王朝已经亡国，新的政权又尚未建立，麻烦就来了。因为领头破坏秩序的正好是这个胜利者，那么以前旧朝的法制和法令，是根本不可能让他们老老实实遵守的。

但如果再拟定一大堆法制，也不可能马上引起众人的注意。所以，必须制定一些简单但又极具效果、很容易普及和引起反响的法令，为自己树立一个崭新的形象。

这其实也是萧何的建议。萧何出身在楚境，老庄思想对他的影响是很大的。他认为法律越简单，众人就越容易认同，也就越能在最短的时间内，达到最好的效果。

十一月份，各军团逐渐集结到了咸阳城外的灞上，在附近驻营完成后，刘邦就在咸阳宫召见了各军团的领袖，以及关中诸县的长老、豪杰，开会，向大家宣布他的决定。

刘邦说："关中父老对秦王朝的严刑苛法，相信身受其苦已很久了，我和全体义军的诸侯有共同约定，先进入关中者为王，因此我是公认为最有资格成为关中王的人，说话当然也最有份量了。

"所以，今天我就以关中王的身份和父老们约定，订立三个最基本的维持治安的法律：从现在起，没有任何理由，杀人者判处死刑，伤人和抢夺盗窃的也依情况轻重处以应得之罪。至于其余的秦法，应该全部废除，所有的官吏及民众的职位、工作和以前的生活习俗，一切如常。

"我今天到这里来，是为父老们除去生活的疾苦，铲除秦室的暴政，而非前来欺负和抢夺，因此大家不用恐惧惊慌。我也已经下令所有的军队撤军到灞上，并且等待其他的诸侯军队到来，到时再重新规定统治管理的办法！"

说完这些话，大家一片掌声，因为都听懂了，三条规则，通俗易懂，既有法理，又兼具人情，众人十分满意。于是，刘邦就派遣使者带着秦国原任的官吏，到各郡县乡邑张贴公告，表示对这三条约定彻底执行的决心。

这就是历史上非常著名的"约法三章"。其他的非刘邦嫡系的将领士兵看了，也不得不服，从而约束了自己的行为，使得关中地区很快恢复了秩序。

当然，烦恼还是有的，不过是一些"幸福的烦恼"。"约法三章"一经公布，顿时引起了轰动效应，咸阳城的官吏、百姓和关中各乡邑的大佬村民们对此反应强烈，人们想不到亡国后仍然能获得如此保障，无不大喜，争先恐后地持了牛、羊、酒到军中劳饷。

当时的场景是可以想象的，一定充满了各种香味：酒香、肉香，我估计还有女人香……总之这是一个极具诱惑力的场面，十分考验刘邦控制情绪的能力。那些经不起诱惑、爱慕虚荣的领袖，很容易会倒在这种扑面而来的赞誉和掌声之中。

萧何这时扮演了一个告诫者的角色，他劝刘邦不要接受，以充分表示爱民和不扰民的决心。他认为，秦朝的百姓会因此更加感激他的恩德，都希望刘邦来当秦王。老子说的"将欲夺之，必固与之"的道理，的确被刘邦集团发挥得淋漓尽致啊。

"主公，既然要塑造形象，就要做到底，否则前功尽弃。"

刘邦点头说："这是自然！"

于是，他抚慰前来劳军的关中地区的秦人代表说："我们军队的精粮是很多的，若不缺乏，绝不劳民，你们还是自己好好保存起来吧！"

秦民这下更加确信，沛公真是一位言行统一的大人物！因而更感其恩德，唯恐刘邦不为秦王，盼他别走。

如此一来，刘邦大捞民心，初步在关中确立了一个很不错的形象。同时，也这给项羽挖了一个大坑：将来你来了，治理得好，是刘邦的功劳；治理得不好，是你项羽无能！反而让秦民更加怀念刘邦了。

用价值观去压制对手

管理者要懂得为自己塑造形象，简单地说就是要制定一种可以为自己的人格魅力加分的有效策略，要让自己的企业有"文化"。说白了，你必须有一套价值观拿出来，让人们共同遵守由你主导制定的游戏规则，并且还因此感念你的这种价值观，对你形成一种榜样崇拜。

我们可以掰着手指头数数，这样的领袖级人物你知道多少呢？

如果你能像刘邦这样，先做一个形象包装高手，再定规矩和标准，建立你的企业价值观，那么一定时期以后，以鲜明的价值观为核心的强势的企业文化就形成了。在这种鲜明价值观和企业文化的有效指引下，你的手下才能按照你的意志行动，遵守你的规则，并且沿着你的方向自我激励，形成团队的凝聚力，形成一个整齐划一的有效的指挥机制。

而且，这种基于管理者形象和企业价值观激励的效果是长久和积极的，胜过任何其他方式。它就像空气一样存在于团队和组织之中，效果远强于那些枯燥而低效的激励工具。因为在管理者的个人带动下，容易产生强有力的榜样力量，可以进而形成一种文化的力量，从而使你的对手畏服，起到不战而胜的效果。

所以，参照刘邦的这段经历，我们就应该知道，规范化地管理企业是一个艰巨的、长期的工作，身为管理者需要不断地改进和反思。10个人的管理靠魅力；100人的管理靠制度；10000人的管理则要靠文化，靠你个人的形象，以及企业的价值观了。

从现在开始，在做事和做人方面，你就要懂得为自己塑造一个成功的自我形象。

我们保持一个良好的形象，既是为了征服别人，打动更多的人来承认自己的价值。但更重要的是为了自己，这可以使自己处于最佳的状态，占据一个比较高的位置。

用一种潜意识领域的概念来讲：我们其实正是心中的"自我"。如果你给自己设定的形象，让你觉得自己低人一等，那么你就真的会低人一等；你的形象定位让你觉得很渺小，那么你就真的会变得渺小。

所以如果一个人为自己定位了很好的形象，并且已经取得了初步的效果，那么他接下来的思想和行动都会受到良好的影响，会变得越来越好，进入一个良性的循环。

这就是刘邦的团队形象塑造之路，区别于他发家之前的个人形象的塑造，在团队的形象定位方面，他是走向了一个更高的层次。从他个人的管理风格来看，他的不斤斤计较，不图眼前的小利，都是着眼于将来的大利益的宏大策略的体现。

第九章

鸿门宴：隐忍的力量

杀降：项羽大失人心

公元前206年十月，刘邦首先进入了关中，拿下了秦帝国的故地。

除了与关中父老约法三章、捞取民心外，他还干了许多其他的事。比如，他派兵看管函谷关，遏止项羽和其他诸侯入关，筹办官吏，准备就职关中王。想必刘邦在咸阳城的繁华宫殿中就已经远远地闻到关外传来一阵阵浓烈的醋味。

虽然依照事实情理来讲，刘邦的这个作法并没有错，因为先入关中者王之，这是楚怀王与诸侯的约定，当时他和项羽都在场。刘邦心想：既然是我刘邦先于项羽进入函谷关，自然要当这个关中王了。

但是，在争夺天下的战场上，甚至于在任何时期的政治舞台上，这种承诺或公约本质上都不过是一张废纸，对于强者毫无约束力。

所以，刘邦的大麻烦终于来了。

项羽在巨鹿之战中打败了秦军主力，并作为诸侯联军的总领袖，率领着四十万雄师开始西进，他也要入关了。

项羽在接受章邯的投降后，封章邯为雍王，并把他留在自己身边以方便监视他的举动。然后把秦军二十万投降的官兵，交给了与他的叔父项梁颇有交情的上将军司马欣率领。

在解除了这支秦国最可怕的武装部队的牵制后，项羽便放心地向关中火速推进。

殊不知，这时候发生了一件很严重的悲剧。

章邯不在军中，司马欣虽然也挺能干，但因为他策动秦军投降于楚国，属下们都已经对他失去了信心。加上项羽根本就不相信秦军能够服从自己的领导，就派了不少楚军的中低层将尉和小领队加入到了秦军中，以牵制秦军的力量。

在这以前，秦军一向瞧不起诸侯军，所以一般双方相遇时，诸侯军经常是被侮辱。现如今诸侯军反奴为主，肯定也不会好好地对待秦降军，这些所谓的楚军下派干部，不仅经常欺凌他们，而且经常找理由攻击他们，甚至在大庭广众之下取笑、侮辱他们。

司马欣的个性温和，习惯了委屈求全，面对这种事件，当然也不敢公然向项羽抗议；只有抚慰秦军，告诉他们要学会隐忍，不要生事。因此在总司令部的章邯并不知道自己的士兵正在受着无端的欺辱。

这样一来，秦朝降军对于楚军的怨恨越来越深，已经到了忍无可忍的地步，但是又有没有人可以为他们主持正义，于是他们就开始相互私下讨论："楚军欺人太甚，我们该怎么办？"时间一长，秦的降军部队呈现出了极端不稳的状态。

很多楚军的小领导也传闻秦降卒可能再次叛变，于是就紧急向总司令部报告。而项羽对于秦军一直都没有什么好感，听闻手下源源不断的报告，便下决心要用最极端的手段彻底解决此问题。

有多极端？杀降。

其实早就让项羽心中不平衡的是粮食问题。二十万降卒每天会耗费相当多的粮食，虽说秦军有他们自己的粮食，但这个时候两军的粮食都不多了。因此能少些人吃粮，就可以为指挥官减小不少的压力。

于是项羽决定：哎呀不管了，杀！杀！杀！全部杀掉！

项羽要杀秦军，但是又不能让秦军的前领导们知道，于是就先邀请司马欣、董翳到指挥中心，说有要事商量，并让英布暂时代替司马欣统率秦降卒的军队。

两人丝毫没有怀疑这里面有什么问题，还美滋滋地想着可以到总司令部见章邯了，说不定还能反应一下秦军被欺负的事儿呢，于是就乐呵呵地去了。没想到的是，项羽玩了一招调虎离山。

去了以后，三个人当天晚上就被楚军灌醉了，躺在楚军中不醒人事。

英布这时候把二十万秦军驻扎在新安城南的台地上。蒲将军则带领着先埋伏好的楚军，趁秦军睡觉后发动了攻击。面对突然的袭击，二十万秦国降卒陷入到了极度的恐惧中，这时领导们都不在，秦军相互乱成一团，踩死了很多人。天还没亮，二十万秦军就全被项羽杀害了。

在历史上，项羽虽然是一位失败者，但他的英雄气魄却也为自己赢得了很多人的同情。可惜的是，项羽的英雄气魄大多表现在了杀人上。战场上的杀人是逼不得已的，但对于降卒的坑杀行为则属集体性的谋杀。项羽在这件事上所表现的残酷无情，比"杀人机器"白起是有过之而无不及。

而白起自杀前夕，仍然对坑杀赵军事件耿耿于怀。相比之下，项羽则显得无所谓。可能是因为项羽比较忙，还有更重要的仗要打，使他无法顾及这屠杀事件造成的心理负担；也可能是他真的丝毫都不在乎，生命对他来讲根本无足轻重。

但这件事情已经让项羽没有资格成为政治上的高级领导者，因为在历史上，坑杀降卒是令谁也不敢轻易忘却的恶行，没有哪一个有志于争夺天下的统帅，会傻到做出杀降的命令——这是极其伤害天下民心的丧心病狂的行为。所以，项羽虽然自身条件要比刘邦强出很多，最后却败在了刘邦的手下，无法顺利地成为当时大一统的领导者，追究起来，也是有他在这方面"自作孽"的原因。

然而，以"多智"见称的范增在处理此事上也显得那么的无能，没有给予有效的制止。其实要解决秦军叛变的事情非常简单，只要彻底解除武装，或杀掉几个领导分子就可以了。如果是因为缺粮，那么更好办，留下精锐的秦军补充到楚军中，增加楚军的战斗力，将余下的大多数秦军士兵遣散即可。

为什么要坑杀呢？

我们知道，后世许多项羽的崇拜者在谈到这件事时，总是不停地列举项羽的各种苦衷、当时的各种无奈来为其残暴的行为开脱，甚至有人还会质问："换成你，你会怎么办？"

然而，作为楚军的最高统帅，一个要争夺天下的人，面对这么一件小小的难题，就产生了种种的"苦衷""无奈"，难道不是一种无能的表现吗？

所以，同刘邦和他的班底在关中的出色表现相比，项羽和范增的确没有成为庞大又复杂的天下之经营者的资格。

这事件的另一名受害者是章邯，他酒醒后知道了和自己驰骋疆场的伙伴已经遭到了残忍的"谋杀"。历史上没有记载这位名将对这件事具体有什么样的反应，也许他也被吓坏了，不知道该怎么办。

不过章邯、司马欣、董翳三人都苟且偷生地活了下来，后来还接受了项羽的分封，各自统领关中的一部分。但这三人却从此一蹶不振，没有了身为名将应有的风范。也许这便是坑杀降卒事件带给他们的最直接的打击：这二十万冤魂的上司，从此以后心死了。

通过这件事情，刘邦同志在形象上已拥有绝对优势，这也是为什么在长期对抗下，对刘邦能越来越有利。

后来刘邦由汉中打进关中时，章邯很快就被韩信所擒杀，和早年那个黑衫军的常胜将领完全是天壤之别，可见这件事情对他造成的伤害不是一般的大。

事情不到最后，无法下定论

当然，刘邦虽然在战略布局上具有优势，但也不是十全十美的，这不，这时候的刘邦就也犯了一个重大的错误。

重新把军队驻扎在灞上，原本是为了表示自己对关中没有野心，等到各国的诸侯老大们来了共同处理。相信刘邦也应该知道，这种"天下为公"的政治形象，是张良和萧何等对刘邦的包装。

但是刘邦的心理却是相当的不平衡，好不容易一夜暴富了，钱却一点儿都捞不着，他能甘心吗，所以他接受了参谋辕生的建议，派了一支小部队去守住函谷关。在未经他的允许下，任何军队都不得进入关中。这又是一个错误。

从这件事上我们也可以看出，刘邦集团虽然已经成熟，但在一些细节上，其指挥体系还是漫无章法的，组织也是比较松散的，远不能同一年后由韩信作为军事统帅带领的出关作战的汉军相比。

而增兵函谷关的事情，不但客居的主参谋张良不知道，就连萧何也被瞒住了，甚至于主要将领樊哙、周勃、曹参等都不知道有这回事。

刘邦这时候的确显得当局者迷了。

项羽在干什么呢？这时他正把自己的主力军队火速地开往关中。

但当他在公元前206年的十二月走到函谷关外面时，本以为那个不知好歹的刘泼皮会敲锣打鼓地来跪迎，来向自己这位拜过码头的结义兄弟双手奉上打下来的关中，万没想到遇到的却是刘邦军队的武力拒绝。

"开关，我要进去！"

"不行，这里是我家沛公的地盘！"

"报出名号闪了你们的狗眼！我是项羽！"

"天王老子也没用，滚开！"

守军极其硬气，丝毫不把这位楚国贵族后裔、刚打胜巨鹿之战、坑杀二十万秦军的诸侯联军最高统帅放在眼里。

项羽快气疯了。

此时，他才惊讶地发现了一个他根本不想面对的事实：刘邦已经比他早两个月进入了函谷关，还摆平了关中父老，俨然以关中王自居了。对项羽这时的表现，司马迁在《史记》中说："闻沛公已破咸阳，项羽震怒。"

这是项羽入关之时的第一次"震怒"。

项羽为什么震怒是很好理解的，此时的这位霸王已经是天下反秦义军的总盟主，其他诸侯见了他，甚至要膝行而前，不敢仰视，就是说要跪在地上，用膝盖当脚往前跪行，还得把头低下，不能直视。

一方面，说明他战功卓著，无人可比。

另一方面，也充分说明项羽这人很霸道，气场很强，让人害怕。

总而言之，这时项羽的政治地位，已经是高居诸侯上将军的位置了，楚怀王也惧他七分，每天都怕被他废了之后另立新王，就像三国时的曹操一样，项羽现在有挟怀王以令天下的本钱。地位这么高的一个人，当然早已习惯了把本身当作是秦末大起事中的最牛的一位大佬，也习惯了天下诸侯对于他的尊崇和敬畏。可是，他没有料到刘邦竟然争先一步，先行入关，一点面子都不给他。

项羽必定是难以咽下这口恶气。

项羽对刘邦心怀芥蒂，还有另一些原因，具体有三个缘故：

第一，刘邦对项羽的态度与各地诸侯对项羽的态度反差太大。

诸侯们在巨鹿之战后见到项羽，是"无不膝行而前，莫敢仰视"，对于项羽充满了敬畏之情，别说碍他的事了，就是哪怕一丁点不敬的表情，也是丝毫不敢有的。刘邦却敢把住了函谷关，不让项羽进去。此举简直是摆明了给他难堪，跟他对着干，充满了敌意。

所以刘邦的这个行为，项羽是绝不能容许的，血立刻冲上了头，差点气疯了。

第二，项羽认为，刘邦这家伙在灭秦战争中出力是不多的，光占便宜了，没立多少功劳。

项羽认为，老子我才是扳倒秦军主力、对灭秦付出最大的人！你刘邦算什么？是在老子吸引了秦军主力与之血战之时才轻松进入函谷关的，等于拣了一个大便宜。因此，项羽打心眼里觉得，即使刘邦先入了关，也因为他的功劳不够，也不能做关中王。

"他根本没有资格嘛！"这是他的心里话。

项羽是这么想的：你可以先入关，但要把吃进嘴里的肉给我吐出来，捧在手心里，在地上爬着给我送过来！

只有如此，才能消项羽的心头之恨。

第三，刘邦的关中王是楚怀王许下的承诺，根本不是项羽的本意。

楚汉战争中的楚怀王，也许是这个世界上最没有威望的王了，其权威名望和对属下将士的号召力，恐怕还不如汉末的汉献帝，是当之无愧的一个傀儡之王，过着朝不保夕的生活。项羽对他早有不满，若不是因为他是自己的亲叔叔项梁立下的一位君主，早就用自己那杆大铁钗把给他劈死了。

当"怀王之约"发布天下后，项羽更是极为愤慨，一团怒火压在心里。那么，他岂愿意遵守"怀王之约"？肯定不想遵守。

刘邦非但不隆重迎接，反而以武力拒绝项羽入关，这对于项羽的自尊和虚荣来讲是一个极大的伤害。因此，当项羽大军赶到关中时，刘邦起家过程中的这场最大的危机就骤然到来了，其凶险程度，远远超过了他的想象。

这就验证了一个道理，得意时莫忘形，眼下取得的好成绩，未必就是最后的结果。有时候，当你忙着庆功时，其实真正的竞争才刚刚开始！

经常看球的人都知道：一场球，９０分钟，第１分钟就下结论，谁赢谁输，显然不妥。一个赛季，八九个月，刚赛一轮就下结论，谁行谁不行，更为不妥。有时候就算一场球踢到了加时赛，不到最后那１分钟，谁也无法断定输赢。无论是人生还是商场，不到最后，千万不要轻易摆出胜利的姿态。

首先，要沉得住气，耐得下心，不要为暂时的胜利扬扬得意。

其次，承诺不作数，吃到嘴里的肥肉也会飞走。

最后，置之死地才能后生。

要有强烈的厚黑精神，游戏注重的本来就是结果，没人在乎过程。不要轻易放弃，在没有分出胜负之前每个战士都会负隅顽抗，走到最后方知去留。越看不到希望的时候，越要主动去创造希望。

现在，有很多著名的商战案例，他们的成功都是置之死地而后生的。开始的时候可能比较被动，但他们不放弃，坚持到最后，在最关键的环节获得了胜利，从而扭转了大局。有些人虽然在初始阶段一帆风顺，好像已经可以宣布获胜了，但在随之而来的真正考验中，他们却没有通过，于是乐极生悲，被对手挑落马下，从看似一片大好的局面中被淘汰掉。

"好朋友"项伯

刘邦先占了咸阳，项羽随后也到了，两强相争，就迸出了中国历史上最出彩的一出宴席：鸿门宴。

这场"厚黑"之宴，决定了楚汉双方的最终命运，也是一次双方谋士集团的斗智斗勇。在公元前的206年，双方于秦朝都城咸阳郊外的鸿门（今陕西省西安市临潼区新丰镇鸿门堡村）摆酒上菜，进行谈判，参与者包括当时两支抗秦军的领袖项羽及刘邦，以及他们的谋士。

说到鸿门宴的影响，我们怎么形容都是不过分的。它对秦末农民战争及楚汉战争皆起到了重要的作用，普遍认为它达成的一系列协议，间接促成了项羽的败亡，以及帮助刘邦成功地建立了汉朝。

后人也经常用"鸿门宴"一词来比喻那些不怀好意的宴会。

我们暂时回到函谷关，项羽的军队在这里遇阻，加上他又得知刘邦已经攻陷关中，大怒之下，下令攻陷关隘，并推进至戏水之西，准备武力解决刘邦。此时双方的军力对比是四比一，项羽总兵力多达四十万，刘邦只有十万来号人，还是杂牌军，一半多都是墙头草。

刘邦这会正驻军在灞上，还没能和项羽相见，对关外的情况还不怎么清楚。他的左司马曹无伤先生早早地探知了情况，开始两头下注了。曹无伤是典型的骑墙派，他认为项羽实力太强，刘邦肯定打不过，覆灭是早晚的事，就起了投向项羽的心思。

于是，他派人去跟项羽说："大王，刘邦想要在关中称王，让子婴做丞相，把关中的珍宝土地全都据为己有。"

瞧见没有，什么是小人？这就是。我们的生活中、职场中这种人有不少，他们没有忠诚的概念，只论利益，看风向，谁强了就投谁，说不定哪天就出卖了你。一个老板如果用了这种人，就等着被他出卖吧。

项羽听了立刻大怒，这个反应非常符合他的性格。他说："明天犒劳士兵，我要把刘邦的军队通通化为灰烬！"如果我们找一个词来形容项羽这时对刘邦的恨意，那就是"秒灭之！"恨不能把刘邦撕碎了煮着吃。

这时候，项羽的四十万军队驻扎在新丰鸿门，刘邦的十万军队则驻在灞上，对峙态势很明显，一场秋风扫落叶的大屠杀可谓一触即发。

范增是一个对机会很敏感的老狐狸，就过来给项羽添把火："我的主公啊，刘邦当年在崤山之东时，对钱财货物极为贪恋，喜爱美女，是一个彻头彻尾的泼皮无赖，这是人所众知的事情。可现在他进了关，一不掠取财物，二不迷恋女色，这说明他的志向不在小处啊。"

项羽一听，眼睛瞪得老圆："亚父，您的意思是？"

范增说："我这几天算了一卦，叫人观望他那里的云气，都是龙虎的形状，呈现五彩的颜色，结果很不妙，因为这代表天子之气。所以主公，赶快发兵攻打，不要失去机会。"

意思是说，趁其不备，立刻灭之，不要跟他废话。

但项羽这时又开始犯错了。他眼睛转了转，又想了想，主意就又变了。因为他实在搞不懂刘邦这样的作为有什么伟大之处，也想不明白范增这老家伙到底在担心什么。

在项梁的教导下，项羽知道怎么样让自己被士卒尊敬，如何成为他们的领袖，他也心甘情愿地对自己的部属好，部属病了，他可以亲自喂他们吃药——虽然在赏赐实物和爵位时表现得极为吝啬，已经刻好的官印都不舍得送出去，但他实在无法了解为什么要对一般百姓——尤其是敌军示好。他认为，赢家就理所当然的应该对失败者使用暴力。

由此看来，一个好老师的确会影响人的一生啊！

刘邦虽也有领导者的盲点，但是好在他没有太强烈的主见，只要对方的意见听起来有点道理，他大部分都会接受。也许就是因为这样，让刘邦能避开自己的盲点，表现出顺应自然的柔弱面。

虽然从表面上看，刘邦的力量比项羽差的远，但在作为领导人物的气势上，两人的胜负其实已经相当明显了。

刘邦这时是项羽的敌人吗？需要残暴对待吗？项羽要这么认为，那事情就好办了。如果项羽听从了范增的建议，后来的历史就要被改写了。可惜项羽没有机会产生这种想法。因为越是这种关键时刻，就越容易出现一些搅局的角色，这个角色就是项伯，此人为楚国的左尹，同时他还是项羽的叔父。

作为项羽的叔父，楚国的重臣，项伯和曹无伤一样，也是一个两头下注的家伙。也可以说他有点天真，他不希望两家打仗，而是盼着和好，和和气气多好！他每天都这样想。当然这也是有原因的，因为他一向同留侯张良的关系很不错，在楚汉两个集团内部，他都有人脉。

张良这时正跟着刘邦混，所以项伯一听说项羽可能发兵灭了刘邦，就连夜骑马跑到了刘邦的军营。他私下见到了张良，然后详细地说了这件事。

"子房，快随我走，保命要紧！"

这说明项伯很讲义气，但他实在不了解张良。他把张良当哥们，无奈张良不把他当知己。

张良知道，等于刘邦也知道了。所以，项伯此时的背主，注定会在将来害死自己的侄子。

"我不能走，您稍等。"

张良听到这个消息，二话没说，就把项伯晾在自己的帐中，一溜烟跑进了刘邦的大帐。

刘邦听说后，大惊失色："为之奈何？"

"我该怎么办？"这是刘邦一辈子说得最多的一句话了。

张良就问："是谁给大王出了守住关口不让项羽进来的这条愚蠢的计策？"

刘邦叹口气说："是一个见识短浅的家伙，他劝我说：'守住函谷关，不要放诸侯进来，秦国的土地可以全部占领而称王了。'所以，哎，我一时糊涂，就听了他的话。"

其实这个主意虽然是别人出的，但也正符合他真实的想法。

"哦，那么大王，您觉得自己的军队足以抵挡项羽吗？"

这个答案很简单，根本不需要思考就能得出结论。

刘邦沉默了好大一会儿，又来了句："为之奈何？"

我肯定打不过，你还是快告诉我怎么办吧！

张良就出了一个特别贼的主意。这个计划的重点，就在项伯的身上。早在秦朝时，他就和项伯交往。当年项伯杀了人，还是张良救了他的命。所以，好好利用这个关系，这事还大有可为。

项伯被请进来见到了刘邦。刘邦此时表现得十分亲热，先是捧上一杯酒向项伯敬酒，然后又和项伯约定，互相结为儿女亲家。

刘邦恭敬地说："我进入关中，一点东西都不敢据为己有，登记了官吏、百姓，封闭了仓库，等待将军到来。我派遣将领把守函谷关的原因，是为了防备其他盗贼进来和意外的变故。我日夜盼望将军到来，怎么敢反叛他呢？希望您全部告诉项王实情，我是不敢背叛他的恩德的。"

项伯被感动了。他顿时觉得，眼前这个四十多岁的中年人是多么的仁慈友善、忠厚善良啊！哪里像一个要当皇帝的野心家呢？何况，他还是我的儿女亲家！我不能让他受到一点伤害！

"沛公请放心，此事包在我身上了，希望刘项两家永远和好，我愿做两家的和平使者！"

于是项伯又连夜离去，回到了军营里，把刘邦的话报告了项羽，趁机说好话："侄儿啊，这事你得这么想——沛公不先攻破了关中，您如果进关，是不是得付出一些代价呢？现在人家有了大功，我们却要攻打他，这是不讲信义。可以说他不但无过，反而有功啊，我们应该好好对待他。"

其实，项羽一点也感觉不出刘邦有什么"危险性"，他生气纯粹是因为刘邦对他不够尊重。他要的是尊重和服从，有这两样就够了。当然，对于政治的考量，项羽也并非全然无知，由于怀王之约的存在，他对于诛杀刘邦之举也隐约觉得并不可行。所以听了项伯的说法，他反而开始同情刘邦，就不那么坚持明天的袭击战了。

而且，他答应了项伯的求情，不过提了一个要求："明天让他过来见我，当面道歉。"

鸿门宴就要开始了。

鸿门宴：实力弱时，把尾巴夹紧

刘邦从成功的喜悦，陷入了一种濒临灭亡的边缘，他就像一个真正的大丈夫，宁可牺牲自己，也不能给自己的军团带来毁灭的灾难，于是他完全豁了出去，顺便赌一下自己一向不错的鸿运。其实，刘邦还是挺爷们儿的。

这时候，刘邦深深地体会到，在真正的强者面前表现得越柔弱，自己就越有活下去的可能性。

因此，一大早他就带领一百来人去见项羽，因为他知道，再多人也没有用。人少点儿，反而能表现出自己的柔弱，为自己争取更多的同情，把善意做到极致，来感化项羽。而且必要时，逃走也比较不起眼。

在这几个随从中，就有两位超级勇士跟随着他。

一位是张良，这位敢谋刺秦始皇的伟大企划家一向胆大心细。

而另一位就是力大无比、忠诚无二的樊哙，这位虽然没什么头脑、但有着非凡勇气的伙伴，开始书写他个人在历史上最著名的奋斗事迹。

在新丰鸿门的大本营里，一向觉得自己有点儿小聪明的范增却陷入了苦战。他不停地告诉项羽，今天你一定要杀了刘邦，只有让刘邦从这个世界上消失，才能保住你的天下。

但是军事天才项羽实在看不出刘邦会给自己带来什么危险，因此只好带着一副不解的眼神，有些不耐烦又很无奈地听着范增的滔滔雄辩。

为了结束和范增的争论，他就敷衍范增说，在宴会中若要杀刘邦，自己会做出一个暗示的手势来，到时候，那些事先埋伏好的刺客就可以在他的指挥下随便取走刘邦的性命。

其实，这时候的项羽根本就没有一点儿想要杀害刘邦的意思。他只想对范增说："亚父，如果能让您闭上那张唠唠叨叨的嘴巴，我可以先勉强答应！"

到了鸿门，刘邦一看，好家伙，宴席已经摆好了，刀枪如林，杀气腾腾，就等我来了。

刘邦弓下身子，忐忑不安地进去。一进大帐，他马上低头向项羽谢罪，就差趴在地上了。他的态度极其诚恳："我和将军合力攻打秦国，将军在黄河以北作战，我在黄河以南作战，但是我自己也没有料到能先进入关中，灭掉秦朝，能够在这里又见到将军。这全靠将军您的天威啊！现在有了小人的谗言，才使您和我发生误会。"

项羽在这时又开始犯了糊涂，他在政治上的幼稚表露无遗，一张嘴就把向自己打报告的人卖了。他很理亏地对刘邦说："哎，这是沛公的左司马曹无伤说的，如果不是这样，我怎么会这么生气？"

他这话的意思，不但要放过刘邦，还把向自己告密的曹无伤给架到了火上。

项羽当天就留下了刘邦，让他陪自己喝酒。

鸿门宴的座席是这么安排的：

项羽和项伯朝东坐，范增朝南坐。刘邦朝北坐，张良则朝西陪侍。

酒宴开始不久，范增就不停地对项羽发信号，准备刺杀刘邦。但是项羽却光顾着说笑，就跟没看到范增一样。

范增在这时急得不行，心想项羽这是眼拙还是咋的，就故意把自己身上的玉佩举得高高的，心想这会儿你能看到了吧。他不停地暗示项羽做出暗号，让埋伏的刺客立即动手杀了刘邦。

但是项羽仍然装作没有看到，不给范增任何回应，他只是不断地向刘邦劝酒，并说些在河北奋战的英雄事迹，刘邦则不停地表示出对项羽的崇拜。

范老头子被气得够呛，实在坐不住了，就找理由走到了营帐的外面，找到预伏的刺客领队，也就是项羽的堂弟项庄，让他以祝贺为借口，在宴中舞剑做为祝礼，其间找机会接近刘邦并杀了他。

想来那位项庄兄弟也是一血性青年，经不住范老头子的教唆，马上就进入了宴会，先是祝贺两人误会冰释并且顺利击灭了秦国，然后要求舞剑让大家娱乐一下。

项羽虽然瞅着不对劲，但也不知道用什么理由来阻止，只好同意了。

项庄拔剑起舞，并有意无意地接近刘邦，时不时地把剑从他的脸旁掠过，距离是越来越近，好几次都差点削到他鼻尖；刘邦不傻呀，也觉得不对劲了，但饮宴现场又不能发作，只好向后挪挪屁股，暗自警惕，表面上还得装作什么都不知道一样。

张良看到这等凶险的场面，赶紧向项伯连使眼色，项伯马上明白啥意思了，于是就拔剑配合项庄的舞剑表演，同时故意用身子挡在刘邦前面，不给项庄接近刘邦的机会。

项羽看在眼里，心里那个气啊，心想这是怎么一回事儿啊，整个就是一场闹剧。因为宴会的礼节，项羽也不能发作，只好眼睁睁地看着这场闹剧继续下去。在这场设定好的阴谋戏码中，本该是当仁不让的主宰者项羽却成了一名看客，真正是对他低下的政治智慧的讽刺。

但项伯的年纪较大，武艺也赶不上项庄，同时还要有意保护着刘邦，一会儿就显得有点吃力了。

张良一看A方案顶不住了，立即决定启动B方案。他马上找个理由离开，在军门外找到了等候的樊哙，告诉他宴会里面发生的事情。

樊哙早就做好牺牲的准备了，于是带剑拥盾，直冲军门。

守卫的士兵一看，这哪儿能让你进去啊，于是一拥而上，把樊哙团团围住，樊哙是什么人，他力大无穷，身经数十战，他的武力值在那个时代也就仅次于项羽。他用盾牌三冲两撞，士兵们就纷纷不支，倒在了地上。

樊哙就趁这个机会以迅雷不及掩耳之势冲进了宴会的场地中。事出意外，大家都吓了一跳，而樊哙怒视着项羽，一副凶残搏命的模样。

看到一个怒发冲冠的巨汉闯了进来，项羽警觉地按住长剑沉声问道："这位客人是谁？"

"他是沛公的参乘官樊哙。"在后面追赶过来的张良立刻补充道。

项羽这下心里有数了，心想正好可以趁这个机会结束这场闹局，于是就让左右侍从人员赐给他一斗卮酒。樊哙也不客气，心想你给我就喝，长跪拜谢，便再站起来一口喝尽。

项羽又让左右拿给樊哙一块生的猪前脚。樊哙把盾放在地上，再把猪前脚放在盾上，用剑切着，把肉一块一块放在口中，所有动作都显得自然稳重，全无慌乱状。

项羽这回是惊叹了："真是壮士啊！请问你还能喝酒吗？"

樊哙冷笑道："我死都不怕，一杯酒有什么可推辞的？秦王有虎狼一样的心肠，杀人惟恐不能杀尽，惩罚人惟恐不能用尽酷刑，所以天下人都背叛他。怀王曾和诸将约定：'先打败秦军进入咸阳的人封作王。'现在沛公先打败秦军进了咸阳，一点儿东西都不敢动用，封闭了宫室，军队退回到灞上，等待大王到来。特意派遣将领把守函谷关的原因，是为了防备其他盗贼的出入和意外的变故。这样劳苦功高，大王非但没有封侯赐赏，反而听信小人的谗言，想杀有功的人，这只是继续秦朝的老路罢了。我以为，大王不应该采取这种做法。"

项羽羞愧不已，说不出话来，只好叹道："坐。"

这时，其实结局已定：刘邦赢，项羽输。

樊哙挨着张良坐下，范增老脸越来越难看，项羽的脸色却逐渐和缓，心思全放在了饮酒上。

刘邦觉得是时候撤了，就起身装作上厕所，趁机把樊哙也叫了出来。刘邦出去许久，项羽就派都尉陈平去叫刘邦。刘邦说："现在出来了，还没有告辞，这该怎么办？"樊哙冷笑道："大哥，我们做大事的，不必顾及小节，讲大礼不必计较小的谦让。现在人家正好比是菜刀和砧板，我们则好比是鱼和肉，还告辞干什么呢？赶紧走人吧！"

于是，大家议定了，抓紧逃跑是正事。刘邦就让张良留下来道歉。张良问："大王来时带了什么东西？"刘邦说："我带了一对玉璧，想献给项王；一双玉斗，想送给范增。现在我估计他们心情一般，我看，还是你去替我把它们献上吧。"

张良心想：这种当替死鬼的事，果然得我这样的谋士来干啊。当然，他义不容辞，留下来殿后。

刘邦只留下了车辆和随从人马，独自骑马脱身。他自己不管不顾地先窜了，跑在了最前面。在这种危险时刻，保身才是第一要务，刘邦很懂这个道理，行动迅速，心思坚决，这是他不要面子要实惠的行事原则的又一次有力的体现！

刘邦从小道开溜了，樊哙、夏侯婴、靳强、纪信等四人则承担吸引追兵的使命，因为他们是拿着剑和盾牌徒步逃跑。没错，是步行！他们从郦山脚下出发，取道芷阳，也抄小路走，绕一个大圈子再回灞上。

刘邦离去后，张良估算着时间，觉得主公应该快到家了，他才入帐道歉，说："我家主公禁受不起酒力，不能当面告辞。让我奉上白璧一双，拜两拜敬献给大王；玉斗一双，拜两拜献给大将军。"

项羽就问："哦，沛公现在在哪里啊？"

张良说："听说大王有意要责备他，脱身独自离开，已经回到军营了。"

项羽很惭愧地说："哪里哪里，我岂会责备他呢？"他接受了玉璧，把它放在座位上，展示给自己的将士看。意思是说，你们看，刘邦对我很尊敬吧？！

只有范增失望不已，他拿过玉斗，放在地上，拔出剑来敲碎了它，叹说："唉！你啊，我看将来夺取项王天下的人一定是刘邦。这么下去，我们都要被他俘虏了！"

刘邦顺利地回到军中，然后做的第一件事，就是立刻杀掉了曹无伤。

示之以强，不如示之以弱

鸿门宴会前夕，刘邦从先入关中的优势，急转直下，成为项羽要袭击的对象。这种爬得高又掉得快的变化，很多人经常都会大慌大乱，无法适应，因此常会硬碰硬地全力一拼，最终全面崩溃。

幸好刘邦听从了樊哙和张良的劝告，撤出了咸阳而在灞上驻营，压抑了自己的欲望，才使自己在最后获得了一线生机。

我们假想一下，如果当时他在咸阳，项伯就没有办法通知张良，而项羽也就解不开心中的疙瘩，自然会全力攻打咸阳，是不会对刘邦善罢甘休的。

鸿门宴中，刘邦、张良、樊哙的表现都令人赞不绝口。由于他们在面临危难的时候，能够大胆地将自己的生死置之度外，从而最终脱离了危险，重新获得生机。

经过鸿门宴，项羽和刘邦谈判讲和，不过讲和的条件相当苛刻，刘邦将咸阳及关中移交项羽，投降刘邦的秦王子婴、秦朝的官吏和军队，也全部交由项羽处理。刘邦只领本部人马，暂驻于灞上，随同联军各部一样，统一听从项羽的指挥。

刘邦没有选择，他理性而毫无抱怨地接受了这样的条件，相当于完全地归顺和臣服。在这种形势下，对于当时的联军统帅项羽来说，事情也是很难办的，他这时已经没有杀掉刘邦的名目和理由。从这个角度说，项羽的决断也算是一个合理的结果，因为如果他无端杀掉刘邦，不仅要背上在楚军内部自相残杀的罪名，也将会引起诸侯各国联军的不满和恐慌，这种得不偿失的政治风险，他是不愿意冒的。

所以，鸿门宴后，项羽和平解决了刘邦的问题，掌握了所有军队的指挥权，由戏水鸿门进入了秦都咸阳。

表面上看，刘邦吐出了自己的战利品，立下的战功都让人给夺了，遭到了奇耻大辱。但实际上，他当时的屈服非常明智。因为他现在与项羽的力量悬殊过大，而且刘邦的"称霸关中"的想法和行动毫无疑问地犯了众怒。在用军事手段解决了章邯的部队以后，项羽统率的诸侯联军已将关中视为囊中之物。刘邦先取关中对于联军的这种良好自我感觉无疑是一场毁灭性打击。如果刘邦不肯将关中之地拱手相让，联军上下将同仇敌忾，必先灭刘而后快。

本质而言，这其实就是鸿门宴之前的联军心态以及刘邦本人的处境。屈服，能活；不屈服，必死。

楚怀王新的号令天下皆知，刘邦入主咸阳后，又将怀王之令告布秦人，以安民心。不仅如此，刘邦当时还产生了一个想法，想独占关中。所以他派出军队扼守函谷关，阻止诸侯军队进入，然后又开始从当地招兵，大量招募秦人从军，他的军队迅速扩张，从攻破武关前的数万人，短时间内增加到了十万人，企图以武力抗击诸侯。到了项羽击破函谷关，兵临城下欲以武力解决时，刘邦才发现自己犯了大错，他不得不收敛起了独霸关中的梦想，先自保再说。

这表明，楚怀王的许诺及秦关的险阻都保不住已到手的果实，甚至生命都大有可虞，只有暂时屈服才能保存实力，以图后变。因此，在实力弱时，夹起尾巴先求生存，刘邦的决策无疑是相当正确的。

我们现在也一样，在你遇到一个很强的竞争对手时，如果一时不能抵挡，你怎么面对这么强大的对手呢？

你一定要示弱。什么叫示弱？你的任何想法，任何技术，任何创意都不要过早暴露，而是要忍受对方的控制。如果你及早地向对手叫板，这就意味着他们会吞了你，让你变得一无所有。

对于创业者而言，公司规模小的时候，你在强大的对手面前一定要示弱。

对职场人士来说，在你没有能力没有资历时，你也一定要示弱，以求生存。

蜥蜴是恐龙的同类，我们知道恐龙灭亡了，蜥蜴却存活下来。其中一个重要的原因是，恐龙体积过于庞大，不便保护自己。蜥蜴小巧灵活，虽然纤弱，却便于隐藏自己，从而得以生存。

在日常生活中，我们也常用"毫不示弱"来形容一个勇敢的人，但时时处处不示弱的人能得一时之利，他们却难成为最终的成功者。倒是有些人，凡事忍让，不逞能，不占先，心境平和宽容，能抛除私心杂念，不受外人干扰，做事持之以恒。他们即使遇到打击，也不会万念俱灰，因为心境平和，所以能处之泰然。这种人跑得不快，但能坚持到终点。

所以，示弱其实不是真弱，而是一种高明的生存之术。在强手面前，避其锋芒，养精蓄锐，蓄势待发。这叫做韬光养晦。

现实中，向人示威是人人都会的，向人示弱却是少数人才会的。因为这更需要智慧和勇气。只有学会了低头，才能在陷入泥潭时，知道及时爬起来，远远地离开那个泥潭，站到安全的地方去。也只有懂得了示弱，才能在危险来临时，巧妙地躲开刀锋，避开强者的打击，为自己争取到一个发展壮大的机会。

雷墨曾经说过："低头是需要勇气的。"抬头很容易，可抬头不一定能得到什么；低头很难，可低头往往能带来意想不到的收获，帮你渡过难关。刘邦就拥有这种敢于向现实低头的勇气，所以他在预见到可能会输时，从不会执迷不悟地去当一个赌徒。因此他才能赢得天下，最终战胜项羽。

小不忍则乱大谋。一个人只有忍得了一时之气，懂得收敛和控制自己的情绪，才能够在渡过危机之后取得更大的成就。

一个在工作中善于示弱的人，他同时也就是懂得为自己积蓄力量的人。如果一个人不懂得示弱，只懂得毫无顾忌地显示自己的强大，就是在为自己的将来埋下可怕的地雷。

如果你不停地为自己埋地雷，还要在上边走，树大招风，不懂妥协和隐忍，就难免因树敌过多而遭到强手打击，也就是触雷受伤，为自己的无知和鲁莽付出惨痛的代价了。

火烧咸阳：项羽再犯错

我们知道，在楚汉相争的过程中，项羽在某些方面的表现是不敢让人恭维的，比如他的残暴和缺乏远见。除了坑杀降兵，还有整军进入咸阳城后的作为。他不但屠城，纵容士兵抢掠，杀了秦王子婴，还一把火烧掉了阿房宫。

　　当然，也许从历史的背景来深入分析，项羽的残暴并不完全是因为他人性中的暴虐所至，而是在发泄天下黎民百姓的苦怨之气。但就其现实意义而言，却对他一统天下的征战计划造成了巨大的负面影响。

　　刘邦在关中的仁慈，项羽在关中的残暴，天下人尤其关中百姓都看在眼里，记在心里。将来面临决定性战争、关键性的选择时，百姓会选择谁呢？

　　这就是人心的经营。前面已经有一个暴秦了，在秦王朝灭亡后，老百姓绝不会再想出现另一个"暴楚"。

　　项羽搞定刘邦后，在鸿门小住了几天，就挥师咸阳，大军进入秦都。现在的咸阳在子婴的管理下，已经有了点小小的起色，市井也开始变得热闹起来，也有了一些人在经商做买卖了。

　　就在人们对和平的期盼中，项羽的四十万军队开了进来。当然，虞姬也跟随在他的身边。

　　显然，项羽打心眼里就觉得关中的人们并不怎么欢迎他。他处处都能发现刘邦留下的影子，人们都在歌颂刘邦的善政，对他的楚军则十分恐惧。

　　项羽生气了。霸王一怒，不但流血千里，还会火光冲天。

　　当天的傍晚，咸阳城中就起了大火，喊杀声四起。他的四十万军队在咸阳的城中大肆地抢劫和烧杀。先秦王子婴也被项羽的士卒杀死在他的官邸。这时，项羽就站在子婴官邸的门口。

　　显然，是他授意他的士兵这样做的。

　　不但如此，项羽一手举着一支熊熊燃烧的火把，走在他的这支烧杀大军的前列。楚军朝秦王宫走去。他们的身后跟随了一大列的骡马车辆，还有的车是士兵用手推的，兵士们兴奋至极，因为他们即将开始一场有史以来战果最丰厚的抢劫。

　　随后，秦王宫里面是人哭马叫，闹声嘈杂。其间还夹杂着妇女的尖叫声和男人淫虐而放荡的笑声，兵器刺中或是砍开肉体的声音，人中刀枪后悲惨的咆哮，以及临死前微弱的呻吟。

不一会儿，这些声音就在快速升腾的烈焰中湮没了，消失了。那些巨大的金丝楠木在橘红的火焰包裹中变成了一缕缕青烟，化做了一堆堆木炭，而经过无数能工巧匠雕刻的数不尽的玉石的雕梁画栋全都在烈焰中碎裂、残破，成为一滩滩粉末。那些无数的奇花异草也变成了士兵脚下的污泥。

整个秦王宫在历经了近五百年的喧嚣后变得沉寂和萧条，成为一片烟土。

项羽仿佛还不解气，他又带着自己的四十万虎狼之师，连夜开拔到了骊山，目标是阿房宫。

那些花费了上百年努力的成果，巨大的花岗石的雕像，那些珍奇的飞禽走兽，那些勾心斗角的画舫、回廊、楼亭，那些费尽了无数工匠心血的假山、湖泊……在项羽军队的铁蹄过后全都成为瓦砾、成为废墟。那些赵姬燕娥、秦女蜀娘、吴佳越丽……统统在项羽的军队过后变成孤魂或是被践踏的对象。

这场大火，在阿房宫和骊山上空一直燃烧了整整六个月，才慢慢地熄灭了。

无数的关中百姓，他们很多是已经经受了不止一次妻离子散、家破人亡的悲剧的，现在他们又要重复一次这样的过程。那些在心中还默默地祈祷，希望项羽有沛公一半或是一丁点仁义的人，现在是完全彻底地死心了。

不过，项羽觉得自己做得还不够，他还要烧掉秦国的宗庙，刨开秦国的历代国王、皇帝的祖坟，要把他们同过去楚国平王被鞭尸一样，他也要鞭打这些曾经鞭打六国的所谓强秦之主的尸体。他要把他们在地下的宝藏全都挖出来，如果他们有魂灵的话，也不再让他们享受帝王的待遇，而是沦为阴间的乞丐。

秦人老泪横飞，史官如实地记录下了项羽这一连串残暴无比的行为。没有谁可以在犯下这些罪孽之后还能堂而皇之地不受一点指责。

火烧咸阳对中国文化造成了严重的破坏，这是他最糟糕的影响。很多珍贵的典籍被项羽粗野地一把火烧光了，导致秦以前华夏文明数千年的记录几乎全完了。

从这里来看，项羽和范增仍然将自己的思路局限于楚国式的联盟国家体制。他们似乎根本就没有统一中国、或用一种新的制度来规划天下的野心。

从文化史的立场来看，秦始皇、李斯、项羽、范增这几个当时所谓的名人真是中国历史上的大罪人。

这场火不仅让项羽失去了民心，而且也使军心开始动摇。这时，项羽集团里稍有头脑和主见的部属都因为这场火对项羽彻底失去了信心，他们开始纷纷投奔在当时看起来比较失势的刘邦阵营。

像韩信和陈平这两个对刘邦争霸贡献非常大的功臣，就是在这个时候动摇了他们对于项羽集团的信心。这两人，一个是天才的军事家，一个是天才的阴谋家，开始迈出了抛弃项羽、投向刘邦的脚步。

火烧咸阳后，项羽仍然把大本营设在鸿门。

因为对项羽来说，这里只是他临时待的地方，项羽不想当秦皇室的继承人，也没有重新统一天下的意识。他的思考型态仍旧属于春秋战国式的，他只想着要重建楚国，再以楚国作为天下诸侯的霸王。

所以关中对他来讲，再好也只不过是敌人的大本营，不但不值得珍惜，还要大力破坏毁灭之。

作为刘邦眼中最强大的对手，项羽在得意忘形之时，犯下了如此重大的一个错误。他没能在关键时刻压制自己的情绪，而是让愤怒控制了自己。

无论是出于复仇的动力，还是发泄的欲望，愤怒都像是在喝酒，一旦你喝了第一杯，就会一杯接着一杯地喝下去，越喝越醉。愤怒就像酒瘾一样，让易怒的人控制不得，一旦陷入愤怒的情绪里就无法自拔。

所以，虽然我们不知道项羽在做出屠城烧宫的命令时在想些什么，但我们至少清楚，这时的项羽是愤怒和冲动的。他的脑海中涌起了一股最具有破坏性的情绪，从而做出了一个会让他追悔莫及的决策。

它给项楚集团带来的负面影响，远远要大于这一夜他能从报复行动中体验到的快感。

要成大事，必须控制你的愤怒

我们需要从项羽的身上汲取教训。那些凡是使自己生气的事，一般都是触动了自己的尊严或切身利益，很难一下子冷静下来，所以当你察觉到自己的情绪非常激动，眼看控制不住时，可以利用及时转移注意力等方法自我放松，鼓励自己克制冲动的情绪。

那么，怎样才能使你的火气平息呢？

有一种理论认为，把火气发泄一通，将会使你的感觉好受一些。但是，心理学家们认为，这是一种最糟糕的做法，而且根本就行不通。他们为此向人们提出了一种名为"重新判断"的方法，即自觉地从一种比较积极的角度去看待他人对你的"冒犯"。

比如说，当你遇到有人超车时，如果你能对自己说："这个人大概有什么急事吧。"或者说："也许我的车开得的确太慢了。"那么，你就不至于会发火了。心理学家们在经过调查后发现，"重新判断"的确是一种极为有效的控制不良情绪的方法。

美国有一家石油公司的一名高级主管作出了一个错误决策，使该公司一下子损失200多万美元。当时掌管这家公司的正是大名鼎鼎的洛克菲勒。坏消息传出后，公司主管人员都设法避开洛克菲勒先生，唯恐他将怒气发泄到自己头上。

有一天，这家石油公司的合伙人爱德华·贝德福德走进洛克菲勒办公室时，发现这位石油帝国老板正伏在桌子上，用铅笔在一张纸上写着什么。

　　"哦，是你？贝德福德先生。"洛克菲勒说，"我想你已经知道我们的损失了。我考虑了很多，"洛克菲勒说，"但在叫那个人来讨论这件事之前，我做了一些笔记。"

　　原来，在那张纸的最上面写着："对某先生有利的因素"。下面列了一长串这人的优点，其中提到他曾三次帮助公司做出正确的决定。为公司赢得的利润比这次的损失要多得多。

　　为此贝德福德感叹道："我永远忘不了洛克菲勒面对棘手问题时的冷静。以后这些年，每当我克制不住自己，想要对某人发火时，就强迫自己坐下来，拿出纸和笔，写出某人的好处。每当我完成这个清单时，自己的火气也就消了，就能理智地看待问题了。后来这种做法逐渐成了我工作中的习惯。记不清多少次了，它制止了我去做愚蠢的事情——发火，那会导致生意场上付出惨重代价。"

　　我们必须像刘邦那样管理好自己的情绪，冷静当然非常重要，但仅仅冷静是不够的，有时候我们还需要一份乐观的心态。不管遇到了什么样的境况，都要对明天感到乐观，而不是拘泥于当下的遭遇。

　　比如，当我们对别人的言论和行为感到愤怒、怒火中烧的时候，要控制自己不跟着自己的情绪走，也不跟着对方的情绪走，心平气和地解决问题。与自己沟通，与别人沟通。必要的时候暂时离开，冷静后往往会对问题有新的看法。

　　很多时候，当你的内心产生矛盾的时候，情绪阻止了理智；当受到委屈的时候，本能的反应是哭泣；当听到别人的责骂的时候，首先想到的是反击。尽管我们此时的情绪会有波动，但它却是可以管理的。如果我们能调整、管理好自己的情绪，就不至于把一些事情弄得很糟。

　　某一天，当你早上出门时间较晚，上班快迟到了，偏偏一路上又遇到红灯时，越急心情越不好。可如果你能换一种心情去对待处境，结果也许会不相同，比如你发现其实一直以来你都难得有此机会利用红灯时欣赏路旁街景，心情也就随之改变。

当然，每个人都有权利愤怒。就像项羽那样，愤怒也是一种自我肯定的表示。他觉得自己有复仇的权力，"我是战胜者，我是亡秦的楚国后人，我有权利在这块土地上做任何事情！"一个人从来不敢愤怒，就会失去表达自己想法和需要的勇气。最后"不在沉默中爆发，就在沉默中灭亡"。对平常人来说，这个权利是值得捍卫的。但项羽却不同，他是一个军事政治集团的领袖，他需要顾全大局，而不是为一己私利做冲动性地发泄。

顾全大局是什么？首先，顾全大局是一种责任，因为一切真正远大的目标都必须是建立在大局发展的基础之上。其次，顾全大局还是一种谋略，在必要时必须做出一定的牺牲、控制自己的冲动来争取人心，为下一步的计划铺平道路。

可惜的是，上述这两点，项羽都不具备。

一个要成就大事的人，他一定要有远见，必须效仿刘邦而不能学习项羽。否则，为了眼前的蝇头小利而赔了夫人又折兵真是一点都不值得。只有深谋远虑的人，才能够真正地帮助自己的企业基业长青，使自己处于不败之地。

建设性思维与破坏性思维

前面我们已经看到了，在鸿门宴后，项羽算是撒开了蹄子干自己想干的事。他引兵咸阳，烧杀抢掠，样样都做。虽然刘邦刚进城的时候，这种坏事或多或少也干过，但可没他这么招摇，也没他这么彻底和疯狂。何况刘邦很快就约束了自己和手下的军队，项羽则是毫无自律精神，坏事既然做了，他就一做到底。

他杀死了秦王子婴；

他纵兵屠戮了秦故国的宗室大臣；

他让将士去抢个痛快，把咸阳城里的如山金银、如云美女抢个精光，多抢多得，想怎么样就怎么样。

用一句话来说：这家伙纵容部下四处抢掠。

范增无数次地着急上火，面对此情此景，这个老头子没少劝谏："主公啊，你怎么能这么干！民心！民心你还要吗？！"

"行了，亚父啊，我说你烦不烦？总是跟我讲这些扫兴之语。我就是要杀，就是要抢，我高兴。"

这一定是项羽的心里话，此时的西楚霸王，在夺得秦都后已经完全变异了。当然，从历史的记载看，这时也是他雄心壮志到顶点的人生时刻。但我们更相信的是，从他在鸿门宴犯下那个错误的开始，就注定了他会犯下更多致命的失误。

据《史记》记载，项羽军队在关中大地进行的暴虐行为，导致阿房宫的大火三月不熄。杀也杀了，抢也抢了，烧也烧了，也该消停消停了。项羽开始考虑正事。结果，他第一时间想到了楚怀王。

项羽希望怀王之约取消，于是就给他写信。半月之后，项羽的使者一瘸一拐地回来了，只给项羽带回了怀王御批的两个字：如约。

怀王坚决不同意，而且还命人把使者揍了一顿。

于是，项羽做出了一个更加毒辣的决定。他以古之帝者必居上游为由，将他已尊为义帝的怀王发配到郴县，强令起身，不得延误。怀王无奈，寄住他人屋檐下，此时真是感受到了人身的不自由。在前往郴县的途中，项羽又令英布、吴芮等人截杀，把怀王干掉，抛尸于长江之中。

我们完全可以想象一下这副场景，当英布的大刀挥来，即将丧命之前，可怜的楚怀王回顾自己短暂的一生，大概只会得出这一句感慨："当王，还不如一辈子放羊的好。"

既然怀王死不改约，项羽也不可能"如约"了，他的规划就是自己要当一个霸王：天下任何之事，都必须我说了算。

这就是秦灭之后项羽大搞的分封。早在章邯投降的时候，项羽就封章邯为雍王了，让他王关中。可见项羽是有盘算的。由此来看，项羽自己是不会做关中王的，因为他的大本营在楚地，在彭城，但是刘邦也休想。

这就可以从一个侧面理解为什么项羽在咸阳又杀又烧又抢了，反正老子又不会在这长住，还不许我复个仇，发泄发泄吗？我就是要把这里搞得寸草不生。

项羽的行事作风，体现出的是一种"破坏性思维"，而不是刘邦的"建设性思维"。

对于自己的未来，项羽早已经规划好了一番美丽蓝图。他认为，天下早晚要打完仗的，老子一定会平定天下，但是等仗一打完，我就要回美丽的彭城，那里才是我的老家，一草一木，我都会觉得温馨。

对此，项羽有一句名言为证："富贵不还乡，如锦衣夜行，其谁知之？"

为了证明这才是自己的理想，他还烹杀过一个谋士，就因为此人向自己献计，让他定都关中。当时两个人有过一番争论，互不让步。

"主公啊，您看，关中的条件这么好，您何不定都关中呢？"

"因为有比这更好的。"

"哪儿？"

"彭城。"

"彭城能比这好？我不信，还是关中好。"

"彭城好。"

"关中好。"

两人你来我往，唾沫乱飞，互相吐一脸。

项羽很快就感到不耐烦了："你再说关中好，我就烹死你。"

当然，这位谋士就不说了，甩袖而出。但他没有闭嘴，而是四处宣扬这次谈话，他说自己好心给项羽献了一条妙计，可是项羽那个人啊，太蠢太傻，偏不采纳。这家伙越说越带劲儿，一不小心还创造了个成语：沐猴而冠。

他的意思是，项羽不过是一只没进化成人的猴子，只是头上戴了顶帽子装得像人而已。

瞧这话说的，这简直就是在找死了。项羽听说以后，"遂烹之。"就是把他扔到锅里煮了。在杀人这方面，项羽向来是很干脆，也很暴力的。

戏亭分封：得到根据地

经过一个多月的规划，直到二月间，项羽决定天下势力重新划分的蓝图终于出炉了。

项羽根本就不想代替秦皇成为皇帝，他对"皇帝"这个称呼丝毫不感兴趣，所以，他宣布封楚怀王为义帝。他最想做的仍然是当上楚王，然后回到故乡，让父老乡亲们看看他到底有多能干，好为他感到骄傲。

他不但要当王，还要当霸王。因此他自立为西楚霸王，建都于彭城，统治着过去魏国及楚国最为精华的九个郡。从交通的角度来看，彭城是南北往来的重镇，若是在和平时期，彭城是个不错的地方。但由于它地处平原，四边无防守的要塞，项羽在乱世就把首都建在这里，实在不能算是很好的选择。

何况项羽的规划仍属战国时代的格局。从这里也再一次看出范增在经营上的确是不够内行的。

经历了坑杀降兵和火烧咸阳两个事件，秦国父老因为对章邯等人的表现相当不满，所以秦国父老恨透了章邯这三个人。因此项羽决定由这三人来统辖关中。而且项羽自己认为这三人为了保全自己，一定会实施彻底的强硬作风，以严格的军事统治来维持治安。

于是他把章邯封为雍王，统辖咸阳以西的关中，建都于废丘；封董翳为翟王，统辖上郡地区，建都于高奴；司马欣则为塞王，统辖咸阳以东到黄河的地方，建都于栎阳。

然后将魏王豹改封为西魏王，建都于平阳；封瑕丘人申阳为河南王，建都洛阳；韩王韩成仍为韩王，都阳翟；封赵将司马卬为殷王，统辖河内地区，建都朝歌；将原来的赵王赵歇迁徙于代地，仍号为赵王；封张耳为常山王，统辖赵国原有国境，建都襄国；封当阳君英布为九江王，建都于六城；封吴芮为衡山王，建都邾；封义帝的柱国（宰相）共敖，为临江王，建都江陵；迁徙燕王韩广为辽东王，建都无终；燕将臧荼封于燕国，建都于蓟；迁徙齐王田市为胶东王，建都即墨；齐将田都封为齐王，建都临淄；齐国贵族田安封为济北王，都博阳。

项羽一气儿封王若干，这些都是平时项羽看着比较顺眼的，当然，有顺眼的就会有不顺眼的，这不，就像齐地首席军事强人田荣，曾经多次跟项羽意见不一致，又不肯和楚军联盟，故不封；成安君陈余，虽然说他劝导章邯投降有功，但他曾经不救赵王，也没有和军团一起入关，所以项羽也不封他为王。

但人家陈余怎么说大小也是一名人啊，这个时候就有不少人为陈余打抱不平了，项羽迫于舆论压力，就把陈余所在地南皮附近的三个县划分给他去统辖。

这时，项羽俨然成了八百年前的周公旦。但是，项羽在管理上究竟是远远比不上周公旦的。人家周公旦在分封诸侯时把封建制度和宗法作为客观依据，而一向非常自我的项羽可就差远了，他完全凭自己的喜好来处理这个敏感又复杂的问题，最终也不会得到好的结果。

其实这时候的项羽如果能够勇敢地自称皇帝，肩负起保定天下的责任，再有根据地谨慎分配各诸侯的势力范围，反而得到大家的认同的可能性还大些，也就有可能统一天下。

但项羽似乎从未想过要成为皇帝。一方面也许是秦皇帝给他幼小的心灵带来了严重的伤害，使他不想一个人拥有天下；另一方面是因为他出身楚国贵族，习惯于联盟式的组织，根本就不能体会到追求和平必须建立强有力的政权组织这个道理。

但他又希望拥有较多的实力来控制天下诸侯的力量，所以除了楚国最好的地段外，还想拥有中原精华区的梁地。在他这种心理的驱使下，就会以自己的立场来作标准，分配天下的基准也就完全以自己的喜恶来作判断，这是非常不公平的。

魏豹被迁徙到河东，摆明了就是不承认旧的势力范围，只有弱小的韩国暂时得到了保留，像赵国、齐国、燕国这几个强国的势力全被打破了，并依照项羽个人的喜恶标准来重新分配。既有的势力者肯定会起来反抗，而新势力者的力量也不足以维持安定，这种政治基础能维持多久实在令人怀疑。

事实上，项羽也没有实力与天下诸侯同时作对，他应该拉拢些对他比较心仪或尊重的诸侯一起来统治天下，待平抚了那些对自己不满的势力后，再稳定自己的政权。

要是项羽真的这么做了，也许他能成为实权的皇帝并统有天下也不可能。

但项羽的矛盾之处就是，他把自己也降到了和诸侯一样的地位，进而却又去做天子的工作，而且没有任何的合法性，自然更容易让别人不服气了。这反映了他在战略层面的平庸。

项羽分封，其他人都好说，分到哪儿都是小事一桩。但是刘邦比较棘手。第一，这人不能不封，他毕竟是兄弟部队，何况确有灭秦大功，拿下了关中，还拱手送出，表现得十分恭顺，如果不封刘邦，天下英雄寒心啊！第二，虽然要封刘邦，但不能"如约"，决不可按怀王之约来兑现承诺，否则关中之地就成了刘邦的，那是天下之患。

因此，为了安排刘邦，项羽和范增挑灯夜战，不休不眠，反复研究地图，没少费功夫，最后终于认定：巴、蜀二郡是好地方，鸟不生蛋，可以封予此人。

为什么这里合适呢？范增认为，第一，路远道险，易出安全事故，说不定刘邦在去巴蜀的路上，就出事故死了，即便到了那儿，染上点瘴气，也有没命的可能；第二，那儿流犯集中，自古就是受罪的地方，刘邦一去，也等于是被流放了。

所以一想到这个安排，两人就在心里直笑。但实际上，项羽集团这次又犯了一个巨大的错误。巴、蜀之地正因为远，所以没有战乱，虽属于经济落后区，但也算物阜民丰，潜力巨大，且远离中原地区，易守难攻，一旦有变，刘邦有充足的时间来布置，且能从容地坐山观虎斗。

后来，当刘邦定三秦时，巴、蜀正是他坚实的后方，充分表明了这块地方优越的战略位置。一千多年后，当蒙元灭南宋时，也是先拿下巴、蜀，才在地理位置上形成了对南宋的战略优势，可见此地区的重要性。

但是，当项羽的分封命令公布时，刘邦还是很失望的。起初他认为，没有比巴蜀更差的地方了。他的心情随之跌落到了失望的谷底。相比刘邦，项羽可是一点儿没有亏待自己，他管辖梁、楚九郡，自号"西楚霸王"。

这个名号他极是喜欢，觉得听起来比皇帝可牛多了。

刘邦回至军营，众人都极为愤慨，恨不得整顿兵马，立刻就找项羽拼命。幸亏萧何左劝右劝，他慢慢地平静了下来，恢复了理智。

他决心继续忍。

取出地图，刘邦反复地看上面的巴、蜀二郡。

看了半天，还是一样的感觉："太小了。"他说，"要是大一点就好了。"当他发现与巴、蜀二郡相连的汉中郡时，一个令他处于半兴奋状态的念头占据了他的头脑。

也许……没错，关中我拿不到，但能不能把汉中搞到手呢？有了汉中，一切就好办多了！

他决意试试，因为他找到了一种可能实现的途径：项伯这个两面派。

通过张良，刘邦给了项伯一大笔钱，委托他去操办此事，果然说成了。项羽答应了这个请求。就这样，刘邦多了一个汉中郡，算是"满意"而归了。

在起程赶往巴蜀之前，刘邦又收到一个坏消息：只能带兵三万。"老子还是忍了！"刘邦没有任何表示，仍旧对项羽异常恭顺。他从十万西征军里挑了三万精锐——也可以说这些都是他的子弟兵和嫡系部队，正式起程。

不久，又出事了，但却是好事，因为关中的许多百姓要跟着他前往汉中和巴蜀，足有几万人。

刘邦的队伍在到达褒中这个地方的时候，张良献出了历史上非常著名的一计：火烧褒斜栈道。

为什么要把栈道烧掉？因为它是汉中与关中相连的惟一通道。这是做给项羽看的，以表示汉王打算老死汉中，这辈子绝不出山了。同时在军事上，断了栈道，也可以防止项羽或其他诸侯的突然攻击，可谓一举两得。

献完这一计，张良就准备回韩国了，因为他尚有一个梦想，回去振兴韩国。从这时起，两人暂时分开，刘邦接下来面对的，就是很长一段时间的隐忍。

对我们的人生而言，可能最难面对的就是一个"忍"字了。如果自己处于弱势，机不在我，则不得不隐忍，避锋芒，求积累，再伺机出击，化被动为主动。

像三国时期的司马懿与诸葛亮的交锋中，前者就非常擅长隐忍之道。诸葛亮六出祁山时，驻兵在五丈原，司马懿深知自己的谋略不如诸葛亮，所以就采取拖延战术，久不出兵。无论蜀兵在外面如何辱骂自己，他都不为所动。

诸葛亮派人向司马懿送去了一套女人服装，意欲激怒之。司马懿的左右看后，都非常气愤，纷纷请战。但司马懿却呵呵一笑，接过妇女衣物放到了一边，心平气和地问蜀使："诸葛公起居如何，食可几米？"蜀使回答说："三四升"，接着他又问及诸葛亮公务，蜀使依然照实回答："二十罚以上皆自省览。"

老谋深算的司马懿听到了这些后，判定诸葛亮离死不远了，但现在时机仍然未到，于是更加固守不出，以极大的耐心等待机会。三个多月后，诸葛亮果然病死于五丈原的军中。司马懿未伤一兵一将，不战而胜。

我们也知道另一个故事，就是韩信钻裤裆之事。韩信当然是不想钻裤裆的，对男人来说这是奇耻大辱。但当时的情形，韩信是不得不钻的。如果不钻，只有两个结果，一是他被那屠夫杀掉，从此没有了韩信；二是他把屠夫杀掉，他赢得了暂时的胜利，但从此也没有了韩信，因为他杀人了，杀人者必偿命，他定会受到秦朝律法的制裁。

以上的任何一种结果，都会导致历史上都不会有韩信这个人。但韩信选择了忍，就像刘邦在分封到巴蜀后同样选择了隐忍一样，所以才最后成就了大业。隐忍并不丢人，也并不值得羞耻。但重要的是，一个人在忍辱负重时，他的眼睛一定要看着未来，心中一定要有远大的目标，并为之悄悄蓄力。

如此，他所付出的忍耐才是有价值的！

第十章

用人：把对你最重要的人才留住

关键人物——韩信

我们先大体说一下韩信这个人。首先人们都知道韩信是非常富有才华的，其次他当时择主而伺，起先投靠项羽，不被重视，便又跑到了刘邦阵营，经过萧何推荐，大放异彩，最终成为灭掉项羽的决定性人物。

韩信出生于约公元前231年，死于公元前196年。他是淮阴（今江苏的淮安）人，西汉王朝的开国功臣，"汉初三杰"之一，也是中国历史上极为杰出的军事家。

韩信为汉朝的建立立下了不世之功，说他立下了头功一点也不为过。曾先后为齐王、楚王，后来贬为淮阴侯。但他一直遭到刘邦的猜忌——也可以说他和刘邦这个老板始终没有磨合好，于是吕后经过一段时间的策划，将其安上谋反的罪名给处死了。

在打仗方面，韩信无疑是当时首屈一指的人物，他也是中国军事思想"谋战"派代表人物，被后人奉为"兵仙""战神"。"王侯将相"韩信一人全任。"国士无双""功高无二，略不世出"就是楚汉之时人们对其发自内心的评价。

在军事方面，韩信熟谙兵法，自言用兵多多益善，就是说我率军作战，士兵越多越好，不管多少人我都能指挥。在大兵团作战方面，毫无疑问他是那个时代最为出色的军事统帅。

同时，抛开战略方面，作为战术家的韩信也为后世留下了大量的战术典故，丝毫不亚于同为战术天才的项羽。比如"明修栈道，暗渡陈仓""临晋设疑""夏阳偷渡""木罂渡军""背水为营""拔帜易帜""传檄而定""沈沙决水""半渡而击""四面楚歌""十面埋伏"等。

总的来说，其用兵之道，为历代兵家所推崇。

作为军事家，韩信是继孙武、白起之后，最为卓越的将领，其最大的特点就是灵活用兵，是中国战争史上最善于灵活用兵的将领，其指挥的井陉之战、潍水之战都是战争史上的杰作。

对刘邦集团来说，作为战略家，他在拜将时的言论，也成为楚汉战争胜利的根本方略。作为统帅，他一人之下，万人之上，协助汉王刘邦率军出陈仓、定三秦，京索之战大败楚军，随后分兵北伐，擒魏、破代、灭赵、降燕、伐齐，直至垓下全歼楚军，无一败绩，天下莫敢与之相争。

作为一位军事理论家，在出书立传方面，他也是一位大红人。比如他与张良共整兵书，并著有兵法三篇传世。

但是作为一个政治家，他却十分失败，在取得一系列军事大捷的同时，却在朝堂之上被刘邦和吕后玩弄于股掌之间，落得一个过河拆桥的结局。

韩信在还为平民的时候，性格就比较放纵，而不拘礼节。就是说这家伙在人们的眼中，是一个比较狂妄、不遵守规矩的人。可想而知，这种人在生活中是不怎么能融入世俗的，属于离经叛道之徒。

他未被推选为官吏，当不了官；又无经商谋生之道，也做不了生意。那怎么办呢？就只能常常依靠别人施舍来糊口度日，因此许多人都讨厌他，觉得这小子太离谱，不正经。说起来这一点就和刘邦一样。

有一次，麻烦就来了。一群恶少当众羞辱韩信，说他是个无能之辈。这群人中有一个屠夫，站出来对韩信说："你虽然长得又高又大，喜欢带着刀和剑，其实你胆子小得很！有本事的话，你敢用你的佩剑来刺我吗？如果不敢，就从我的裤裆下钻过去。"

对一个男人来说，这是莫大的侮辱！

围观者不停地给他嘘声，意思是你敢不敢宰了这个屠夫？敢的话，大家给你掌声。

韩信怎么办？

他做出了一个惊人的决定：趴下去，当着许多围观人的面，从那个屠夫的裤裆下钻了过去，然后站起来，拍干净身上的土，默默地离开了。

众人目瞪口呆。

在史书上，这个段子被称为"胯下之辱"。但其实我们知道，韩信并不是胆怯，而是拥有可以看清大局的睿智。以韩信的剑术，他完全有能力一剑杀了这个屠夫，不费吹灰之力。但他没有这么做。因为他知道，杀人容易，杀完人的善后工作，对他来说就难于上青天了。他在官府没有关系，自己又穷得叮当响。所以杀人对他就意味着偿命。

我这时候不能死，我这条命不该死在这种事情上！所以韩信忍了。

有传说韩信还是一个很大度的人。据说他富贵之后，找到那个屠夫，要和他聊一聊。屠夫当然是害怕极了，以为韩信要杀他报仇，没想到韩信却善待于他，并封他为护军卫这么一个官职。

韩信是这么说的："兄弟，没有你当年给我的'胯下之辱'，就没有今天的韩信哪！说句真心话，我谢谢你。"

韩信的母亲去世后，他家穷得没有钱来办丧事，但是他却寻找到了一个又高又宽敞的坟地，要让那坟地的四周可以安顿得下一万家。这什么意思呢？虽说我现在没有本事，但我母亲的墓，将来是要改造的，她的坟地会有一万户为她守墓。

当时下乡南昌亭长见韩信非凡夫俗子，邀为门客，但不为其妻所容，就是亭子的老婆不喜欢他，整天找他麻烦。史载"食时信往，不为具食"。韩信这么不要面子的人，也忍受不了了，最后愤然离去，"钓于城下"，跑到城外河边钓鱼吃。但是，"所获不能果腹。"显然，想在河边钓鱼填饱肚子，难度实在太大了。

在河边，有位中年妇女经常来洗衣服，见韩信饥饿，便把自己带来的饭分给他吃。一连数十日，算是救了他一命。韩信十分感激地说："吾必有以重报母"。妇女听了却非常生气，说："大丈夫不能自食，吾哀王孙而进食，岂望报乎！"

就你这样，我岂能指望你回报我？

韩信深感惭愧，羞红了脸，说不出话来。

韩信的脸皮在有意识的锻炼下，那绝对是相当的厚了。

天生的组织能力，加上强烈的成功欲望，使韩信充分发挥了兵法家的冷峻眼光，也相信自己绝对有能言善辩的能力。

动乱再起，韩信的机会终于来了。但韩信并未加入陈胜、吴广的起义队伍，因为他和范增一样早看出组织薄弱的陈胜是很难成功的。项梁渡过淮河北上时，韩信才觉得这是一个好机会。

太平盛世没办法养活自己，只能依靠乱世了。

于是，他带着宝剑投奔了项梁，留在了部队中，但是却默默无闻，不受重用。

项梁战死后，他又归属了项羽。通过军中好友钟离昧的几次介绍和帮助，项羽好歹看了他几眼，便给了他朗中这么一个官职。韩信多次给项羽献计，可人家总是不予采纳。

韩信对项羽失望了，他本想力助这位西楚帅哥成就一番大事业，但无奈这位老板不赏识自己。

怎么办？跳槽！

刘邦进入咸阳后的表现让韩信非常看好，他猜想这位表面上胆小温顺的军事将领，很有可能是个真正可敬又可怕的大野心家。

而且刘邦出身平民，没有后门，却成了天下第二，这不正是自己心中的偶像吗？！

像韩信这种个人认知能力强的人，深知选老板要比选公司重要得多。于是在项羽拨给刘邦三万兵马后，韩信便加入到了这个队伍中。

进入汉中后，逃亡的人越来越多，连樊哙等老将都感到束手无策，刘邦班底对刘邦军团的前途非常悲观。

而韩信却不那么悲观，他认为让吃不了苦、没有信心的人离去，反而可以起到一个过滤的作用，对刘邦集团的强化更有帮助。

刘邦入蜀后，韩信就走上了离楚归汉的道路。起初，他在汉军中只是做一个管理仓库的小官，依然不被人所知。韩信这次更失望，但他决定再等几天看看，不急着下结论。因为现在天下就两个看上去还顺眼的老板，一个是项羽，另一个就是刘邦了。如果这两个老板都不行，那他还能去投靠谁？中原那些诸侯们？怎么可能，他们不过是酒囊饭袋，根本不是可以成大事的材料。

所以，他决定先吃饱肚子，慢慢找机会接近刘邦。

机会终于来了，却是一次倒霉的机会。韩信因为坐法当斩，被拉上了刑场。同案的十三人都已处斩，就要轮到韩信了，韩信举目仰视，看到了滕公夏侯婴，就说："上不欲就天下乎？何为斩壮士！"

咱们老板不是要打天下的吗，怎么竟然要杀了我这样的人才？

意思是，杀了我，老板还想得到天下吗？

夏侯婴一听，这个人说话不同凡响，普通人怎能有这等气魄？再看他的相貌，长得也堂堂正正，就放了他，然后和他交流。两个人越聊越开心，十分投机。他很欣赏韩信，于是跑去进言汉王，说这是一个大大的人才啊，主公您千万别错过。

刘邦一听，你说话了那好办，就封了韩信一个管理粮饷的官职。但是韩信没有什么表现的机会，所以刘邦开始并没有发现他有什么与众不同的地方。

登台拜将

在汉军中，韩信同萧何有很多次的交谈，萧何对他也十分地赏识，两个人经常夜谈。但是看到自己始终得不到重用，加上在刘邦被项羽封为汉王（实为排挤到汉中）后，从咸阳到南郑的这段路上，就已经有数十位将领逃亡了，韩信估计自己可能也无法受到重用了，于是在一天夜里，也借口去追赶跑路的兵士，一溜烟，他也逃了。

　　萧何听说韩信逃走了，急得直上火，这样的人才如果不能为我们所用，还打什么天下？所以来不及向刘邦报告，便骑了一匹马去追赶韩信。

　　军中有人向汉王报告："丞相跑了！"

　　"什么？！"刘邦大怒，好像自己的身体掉了一半，差点一屁股坐到地上。

　　但是过了一两天，萧何就回来了，一回大营，立刻进见。刘邦且怒且喜，骂他为何逃跑，一边骂一边又让人赶紧烤两个鸡腿过来让丞相吃。

　　萧何说，主公啊，我可不敢逃跑，我只是去追逃亡的韩信罢了。

　　刘邦又气又笑，说："诸将亡者以十数，公无所追；追信，诈也。"咱们的中层干部跑了几十个了，你一个不去追，偏偏去追这个叫韩信的无名小辈，骗谁啊？我不信！快说，你打什么鬼主意？！

　　萧何说什么呢？他很郑重地讲："诸将易得耳。至如信者，国士无双。王必欲长王汉中，无所事信；必欲争天下，非信无所与计事者。顾王策安所决耳。"那些跑掉的干部，加起来也不如韩信中用。韩信是国士，想争天下，就得用这种人。

　　刘邦一听，很惊讶，赶紧表示自己也想向东发展，绝非甘居汉中，定要取得天下。萧何又继续说："王计必欲东，能用信，信即留；不能用，信终亡耳。"还是继续推荐韩信。

　　看到丞相这么认真，刘邦也终于认真了起来。这是他很大的优点，首先对错先不讲，对手下重臣的建议，他能认真对待，不会应付了事。所以，看在萧何的情面上，刘邦终于同意让韩信为将。

　　但是，萧何还不满足，他坚持要再加以重用，必须拜为大将。而且，要找一个良辰吉日，隆重地拜将。

　　他是这么说的："王素慢无礼，今拜大将如呼小儿耳，此乃信所以去也。王必欲拜之，择良日，斋戒，设坛场，具礼，乃可耳。"

　　这是一个很大胆、很出格的要求，但是刘邦又同意了。

　　汉营中的干部们听说要拜大将了，都很高兴，人人都觉得自己有机会。但是结果让人们大吃一惊，竟然是韩信。史载，全军都感到很震惊，跑来找刘邦说理的将官不在少数。

只有萧何从头到尾微笑着参与这个仪式，夏侯婴也不时拍手叫好。

但现在最高兴的人却是刘邦，因为这几个月他过的有点儿沉闷，而且内心也经受了不少的挫折，现在终于有点热闹事可以做了。既然大家都说韩信厉害、有本事，恰好刘邦也最喜欢跟这种人在一起，说不定这个人还可以提供一些有用的意见，来解决他心里的沉闷和挫折感。

刘邦一直以来就没什么主见，他非常愿意接受别人的想法，只要是听人家讲得有道理，他很快就可以吸收成为他自己的看法，现在看来，刘邦的学习能力还是很强的。所以，他觉得有见地的同事就是好同事，而这也是张良、郦食其会成为他的心腹的主要原因。

韩信给刘邦详细分析了刘邦和项羽各自的优劣，果然令刘邦茅塞顿开，并针对刘邦军队的现状，提了一些建议和意见。

韩信的建言，刘邦自然也完全信服。他当场表示这事都怪自己，让自己这么晚才认识韩信，自己也活该平白承受了好几个月的痛苦，韩信的一席谈话使他恍然大悟。于是他完全委派韩信去规划东进的计划，而且军队也完全归韩信去部署指挥。

士为知己者死，从未有过如此权力、从未被人如此看重的韩信，一颗心立刻就被刘邦的慷慨给系住了，他感动得几乎当场洒下了英雄泪。

而韩信刘邦的这一番会谈，也揭开了长达四年的楚汉相争的序幕。

留住你的优秀人才

韩信、萧何、张良，这三位人杰就是刘邦的胜出之道。这时起，他们三个人就在刘邦的帐下聚齐了，准备发起对项楚集团的致命一击。

刘邦自称运筹帷幄，决胜千里不如张良；镇服国家，安抚百姓不如萧何；统兵百万，南征北战不如韩信。刘邦之所以能战胜项羽，统一天下，与他很善于"将将"是分不开的。在创业方面，在管理方面，从深谙管理之道的刘邦身上，我们可以学到一些东西。

我们知道，刘邦个人的才华与能力比不上萧何也比不上韩信，跟项羽一比在指挥作战方面好像也差了不少，可是他偏偏能当皇帝，为什么？首先他用正确方法用了萧何这个后勤总管，萧何就好像是企业老总的得力助理，刘邦对他拥有充分的信任，这也是为什么仅凭借萧何的一面之词他就重用了韩信。

刘邦最大的优势在于，他总能将最重要的人才留在自己的身边，而不是送给对手。项羽恰恰反了过来。

都说当今的商场如战场，一个企业要有一个出色的老总，可是做光杆司令也不行，还要拥有一批得力战将，在刘邦手下韩信就是这样一个得力战将，从拜将台的建立我们可以看出，刘邦在用人时是"不拘一格降人才"，拜将台既是刘邦这种用人之道的体现，同时也表现了萧何具有"伯乐"精神，正是刘邦和萧何的这种广阔胸襟和不凡的气度，才成就了汉王朝四百多年的辉煌。

这里涉及一个留住人才的问题，当初韩信跑的飞快，萧何也追的飞快，在韩信面前，萧何是磨破了嘴加上后来赶到的夏侯婴，两个人一起才苦苦把韩信给劝回去，这说明了什么？说明了"求才的诚意"是非常重要的。

如果一个应聘者来你这里应聘，却压根不能体会到你们招聘的诚意，试问他会有什么想法？很简单，这个企业根本就不是个好企业，那么去不去都无所谓了，就算被聘上了，他也会待不久，因为企业给他的初始印象已经根深蒂固，终有一天他会离开。

那这样的话，他的离开对企业来讲就是一种损失了。因为在这里他学到了很多东西，可是最后他并没有用在这里学到的东西为你服务。

我们再来分析一下刘邦的态度，他肯用韩信，一方面是出于对萧何的信任，另一方面也出于对韩信能力的肯定和对韩信这个人的信任。这里体现了企业的很多管理者都没有悟透的道理，那就是"疑人不用，用人不疑"。既然给了你的员工权利和任务，那么就不该去过分干涉他们的做事方法和过程——管理者只需要盯着结果就行了。

实际上，员工通常会把老总对自己的信任当成是一种荣耀，这种荣耀往往激励着他们用心、积极和更加负责地做好每一份工作。所以对员工表达诚意和信任是一种极为有效的加强团队向心力的方法！

那么，我们怎样做才能留住优秀人才呢？

当然首先我们要招聘到优秀的人才，再创造适合的条件，吸引人才，使人才愿意留下，舍不得走，引导人才用自己的才华为企业服务，而不是用制度去限制优秀人才，那样就算留住了人，也留不住心，当然才华就不能发挥它应有的积极作用，相反还会带来负面效果，不利于公司的发展。

亚伯拉罕·马斯洛曾经提出了一套需求层次理论，他认为人类的需求是以层次的形式出现的，由低级的需求开始逐级向上发展到高级的需求。他断定，当一组需求得到满足时，这组需求就不再成为主要矛盾因素了。

他将人的需求分为：

1、生理的需求，即是个人生存的基本需求，如：吃、喝、住等，通常在公司表现为工资；

2、安全需求，包括心理上和物质上的安全保障，如：不受盗窃的威胁、预防危险事故、职业有保障、有社会保险和退休基金等，在公司表现为福利；

3、社交需求，因为人是社会的一员，需要友谊和群体归宿感，人际交往需要彼此同情、互助和赞许，在公司表现为奖励；

4、尊重需求，包括要求受别人的尊重和自己具有内在的自尊心，在公司表现为发展；

5、自我实现需求，指通过自己的努力，实现自己对生活的期望，从而感到生活和工作很有意义，在公司表现为荣誉。

一个好的老板，一家好的公司，就必须分析这些优秀人才的具体需求，来制定相应的措施，满足优秀人才的合理要求。同时尊重人才，创造好的用人环境和文化氛围，这就需要遵守一些原则，才可以吸引优秀人才自愿留下，人尽其才，心甘情愿。

原则一：任人唯贤原则。

作为一个老板，如果以个人好恶、个人恩怨为标准，只选自己的老部下、老同事和老熟人，而排斥那些敢于坚持真理的优秀人才，那么公司就不可能有发展，员工的积极性也得不到提高。所以，管理人员在任用人才时，只要下属有本事，有能力，就要放心地委以重任，让人才充分发挥自己的特长，为公司做贡献，切不可"英雄无用武之地"，让优秀人才"黯然而涕去"。

原则二：扬长避短原则。

金无足赤，人无完人，各有所长，也各有所短。人的优点多半是同人的缺点相联系，才干越高的人，其缺点也是越显著。有高峰必有深谷，谁也不可能"十项全能"。因此对优秀人才不可求全责备，不能过多挑剔，否则，人才就会受到压抑，其创新精神也会窒息而死。所以要善于发现优秀人才的优点，并充分运用，这样才能发挥人才的作用，为公司作出重大的贡献。切不可用其短处，或只看到缺点而弃之不用。

原则三：量人用人原则。

量才适用，是指我们要根据人才的才能、特长来安排适当工作，使职务和能力统一起来，若大才小用，则能力过剩，就是浪费人才。像刘邦对手下的任用就非常注重"量才"，萧何擅长搞后勤工作，张良长于出谋划策，韩信是带兵天才，郦食其则是优秀的说客。

优才劣用，高才低用，专才别用等，都是对人才的压抑和浪费。在这方面，项羽就是很典型的反而例子。

原则四：尊重信任原则。

优秀的人才往往都具有很强的自尊感和荣誉感，当人的自尊心受到公司和员工的保护时，就会产生一种向心力和合作感；当人的自尊心受到公司和员工侵犯时，就会本能地产生一种离心力和强烈的情绪冲动，过度的刺激和过度的情绪作用，都会对公司和个人产生极为不良的后果。因此，只有尊重人才的人格、尊重人才的劳动成果才能团结人才，从而和睦友好相处，齐心协力完成公司的目标。

优秀的人才也都有很强的自信心和成就感，都抱有通过自己的努力去做事情的心情和愿望，所以公司领导在授权之后，还应该充分信任人才，放手让人才大胆地开展工作。俗话说，"用人不疑，疑人不用"，给以信任，可以给人以巨大的精神鼓舞和无形的推动力量。

原则五：关爱保护原则。

这就要求一个管理者必须做到主动地和真心实意地去关心优秀人才，包括工作、生活、家庭、身体、心情等，想办法解决人才的烦恼，让人才心情愉快地工作，身心健康地为公司服务，让他与你休戚与共。

并且，我们还要正确客观地评价人才的功过是非，更不能嫉贤妒能，压制人才，打击人才，才可集思广益，打造一个强大的人才团队。

明修栈道，暗渡陈仓

韩信成为汉军的统帅之后，便开始着手策划刘邦的东征计划。

堵塞刘邦东征的第一道关口，便是旧秦的名将雍王章邯。章邯对刘邦没有什么印象，也没有正面交手过。况且，他一向瞧不起这种半路出家的将领，因此没有对刘邦作很多的防卫准备。另一个原因则是，在坑杀降卒事件发生后，章邯已经丧失了锐气，如今被封于关中，他也只是苟活于世罢了，心早就死了。那个率领二十万囚徒劳工便能横扫各路义军、让造反诸侯闻风丧胆的秦军统帅，已经一去不复返了。

在进入关中时，为了让项羽阵营疏于防备，张良曾劝刘邦烧毁栈道。于是，为了出关，韩信下令修建栈道。由于工程相当庞大，即使行动再秘密，也会走漏风声，所以韩信干脆就放出话来，说要修好栈道攻打关中。

章邯听到这个消息，只更加不屑一顾地说："修栈道？那么离他们打过来还早得很呢！"

的确，要重建烧毁的栈道，没有那么简单。但章邯如果知道真相，一定就笑不出来了，因为韩信从来没有想过要从栈道进攻关中。韩信真正想的是出其不意、攻其不备的方法。

在章邯的雍王京城废丘的西边，有一个叫做宝鸡的地方，是黄土高原中少见的丛林区。

渭水由陇西流往宝鸡，自然就形成了一个天然通道。而渭水的下游就是咸阳，为了方便运输，秦皇室就这里建了一个官仓，用来储藏粮食，称为陈仓。秦军为保护陈仓粮食的安全，就在这里建立了一个小关卡。

由于这个关卡的地方很小，而且山路崎岖，军队也无法驻扎，所以这里只有少数兵力，这点对于进攻的一方极为有利。

而且在秦岭山脉中，只有这条渭河形成的天然管道才能容下较大军团的经过，加上此处地势比较隐蔽，大军团暗渡时也不容易被发现。

韩信选择的便是这条道路。汉军要东进，就需要从陈仓这个位置进入关中。在当时，只有韩信能想出这个连章邯也看不破的办法，所以他是天才。

按照韩信的计策，刘邦派出自己最信任的将军，让樊哙带领了一万人去修建长达五百里的栈道，并颁下了军令，限期一个月内修好。当然，这样浩大的工程即使三年也不可能完成。正是这一点，完全迷惑麻痹了陈仓的守将。

雍王章邯万万没想到的是，刘邦的精锐部队悄悄地从另一个方向出发，从一条无人知晓的小道翻山越岭，突然偷袭了陈仓。通过"明修栈道，暗度陈仓"的计谋，汉军顺利地挺进到了关中，站稳了脚跟，从此拉开了刘邦开创汉王朝事业的大幕。

在这次进军中，韩信将汉军分成四大组，每组军团大约四、五千人不等，为了避免被对方发现，出发的时候他们的行程相隔大约两天。为了防止章邯察觉发生在陈仓的军事行动，韩信自己暂时留在了栈道工程的现场。并约定在攻陷陈仓后，韩信便迅速地赶往前线。

果然，当樊哙的前军攻陷陈仓时，章邯才发现自己中计了。他勉强地集结了手中现有的军队，赶往陈仓支援。但民心向背，秦地百姓心向汉王。章邯手下的楚军也军心不齐，根本无法有效阻止汉军的攻势。

陈仓沦陷后，章邯见自己已经没有了任何的地利优势，于是就向东退至好畤，布阵准备抵挡刘邦大军，并派人向司马欣、董翳二人求救。

就在这时，刘邦已经进入了陈仓，指挥着樊哙、周勃、灌婴三大军团实现会师，而且他也派使节向司马欣、董翳游说。他们二人考虑到民心已无法掌握，现在连自保都有问题，更别提支援章邯了，于是决定坚守不出。

章邯见没人援助他，也不敢恋战，就带领军队退入废丘准备坚守。

刘邦军队轻易地占有了雍地，并攻入咸阳；周勃、灌婴则分别向司马欣、董翳施加压力；樊哙继而全力攻打废丘。

不久，司马欣、董翳投降，关中除了章邯军队固守的废丘，已经全部在汉军的掌控之中了。

后来，韩信用计策击败了固守在废丘的章邯军队，章邯也随后自杀身亡。

废丘残军于是向樊哙投降，关中完全拿下了。萧何把关中地区规划为渭南、河上、上郡三个郡，归入了汉的管辖之中。

因为"约法三章"的效应，秦国父老都非常地尊敬刘邦，可以称得上日夜思盼。这也是汉军虽然不多，但却很快能够占领庞大的关中平原的重要原因。

刘邦终于得偿凤愿，成为关中王。此时离他被迫带军进入汉中，只有四个多月的时间。

一个"明修"，一个"暗度"，张良和韩信携手，珠联璧合，成为历史上的一段脍炙人口的佳话。

项羽听说刘邦突然出兵平定了三秦，十分愤怒，他决定率兵反击，进攻刘邦。但是张良早已经料到了这一点，他给项羽写了一封信灌迷魂药，声称："汉王名不符实，欲得关中；如约既止，不敢再东进。"就是说我家主公觉得有了关中才配得上汉王的称号，现在得到了，也就满意了，决不敢再东进的。同时，张良还把齐王田荣谋叛之事转告项羽，说是"齐国欲与赵联兵灭楚，大敌当前，灭顶之灾，不可不防啊。"意在将楚军注意力引向东部。

此计一出，项羽果然信了，他改变主意，不再西顾，而是挥军北击三齐诸地的那群诸侯。张良的信从侧面加强了"明修栈道"的效果，把项羽的注意力引向东方，从而放松了对关中的防范，为刘邦赢得了宝贵的休养生息和消化占领区的时间。

没过多久，项羽在彭城杀死了韩王成，使得张良相韩的幻梦彻底破灭。同年的冬天，张良就想办法逃出了彭城，躲过了楚军的追查，终于回到刘邦的身边，被封为成信侯，成了刘邦身边最重要的一位谋臣。

对此，明代的李贽曾评论道：项羽此举，"为汉驱一好军师。"的确，项羽杀了韩王成客观上帮了刘邦的大忙，断了张良的后顾，使这位善出奇谋的大才又回到了自己的身边。

再后来，"明修栈道，暗度陈仓"就成了一个很著名的成语，它在军事上的含义就是：从正面迷惑敌人，用来掩盖自己的攻击路线，而从侧翼进行突然袭击。实行这一计策的前提，就是"明修栈道"，即我们要公开地展示一个让敌人觉得愚蠢或者无害的战略行动，让对手感到没有危险，从而松懈大意。在企业的管理领域，这种战术的应用也很广泛。

彭城之战：扩张和冒进的失败

刘邦东进的这一年，是汉二年。趁项羽大军正在东边平定齐国之乱，后方空虚，他出兵定了三秦，趁项羽用兵齐地之机，就开始东向伐楚，一路上所向披靡，兵锋直指项羽的都城彭城。这就是史上著名的"彭城之战"。

刘邦向各地发出檄文，以为义帝复仇做为主题，想联合天下诸侯的力量共同对抗残杀义帝的楚霸王项羽。借着这种口号，汉军出关中以来，除了陈余的赵国残部，中原各诸侯一个接一个地归顺，刘邦表面上已经统有了三分之一的天下。

东方的齐国现在已经是无政府状态，项羽的主力楚军都陷于齐国民众组织的游击战中，虽然项羽勇猛善战，但面对齐国的游击队，他仍无法在短期内恢复这个地方的秩序。

黄河以南的楚国势力，表面上仍在项羽的管辖下，但实际上楚地各诸侯对项羽的忠诚度并不特别高，特别是在项羽杀害义帝后，原本支持义帝的楚国西半部部落长老更表现出了不安的情势。

张良建议刘邦迅速统一合并这股反项羽的势力。因此，刘邦下令进入楚国和中原交界的政治中心洛阳，在张良的规划下准备向楚地进行政治喊话。

为维持进入关中时所树立的良好形象，刘邦下令军队必须遵守严格的军纪，所到之处不可扰民。这和春秋战国以来的各支军队都喜欢屠城抢掠的作风完全不同，因此，地方长老都非常地感激和支持刘邦。

张良也顺势安排了一场强化形象的"秀"，亲自导演了这场戏，而刘邦凭借高超的演技，顺理成章地成为这次做秀的男一号。

"戏"一开拍，刘邦就马上进入了角色，他立刻宣布为义帝发丧。并脱掉官服，露出白色内衣表示哀悼，而且煞有其事地为义帝举行了祭典，嚎啕大哭了三天。刘邦逼真的演技，果然激起楚地各部族不少同仇敌忾之心，也使他们更加排斥项羽了。

刘邦这个品牌定位的确够高明，以为义帝复仇作主题，也充分显示自己是认同楚国的一分子。自己没有要与楚国为敌的心思，因此天下的敌人不是楚国，而是残杀义帝的楚国叛贼项羽。

从今以后，将是忠于义帝的刘邦，联合天下诸侯共同对抗残杀义帝的楚霸王项羽的局面了。刘邦的这一做法，也使得除了项羽本部和协助项羽杀害义帝的临江王共敖、衡山王吴芮、九江王英布外，楚国的其他部落都有可能响应刘邦的号召而共同对抗项羽。甚至连项羽的这三个死党也因为害怕触犯众怒，不敢明显地表现出维护自己这位残暴领导的意图。

这一策略的成功，很大程度上使日后刘邦进攻彭城的时候，就像进入了没有敌军布防的地方一样。

为了和项羽展开决战，刘邦必须更努力地整合北方的势力。但这时整合的弱点也显现出来了，由于急于整合，刘邦阵营的集结意识显得粗糙而薄弱，虽然不断地在招聘新人，但是由于这些新人太多，培训不到位，导致大部分人对刘邦集团的企业文化吃不透，致使内部的整合一天比一天困难。

进入汉中时，刘邦的军团人数是三万人左右，沿途流亡及逃回中原的大约有三分之一，也就是说刘邦最后的核心部队只有两万上下。

在关中补足的军力，以秦人为主。这时刘邦军团加上原有的部队人数，只有六万不到。

然而项羽光是征齐的主力部队便有十万之众，留在楚地守备的人马最起码有二十万。相比之下，以刘邦的关中军去和项羽争天下，无疑是鸡蛋碰石头了。

为了保证军心，韩信认为只有一个艰难的目标才能提高大家的共识，建立危机意识。韩信不断地和张良等人商量，最终向刘邦建议进攻项羽的大本营彭城，这样相当于同项羽实力面对面地进行决战。

首先我们看一看刘邦在这次决战前一共动员了多少兵力，历史是这么记载的："春，汉王部五诸侯兵，凡五十六万人，东伐楚。"很多人质疑五十六万人这个数字，其实只要仔细计算一下就会发现，这个数字应该是可信的。刘邦当年在关中的时候统兵十万，经过汉中整顿，收其巴人等当地民族为军，后定三秦亦收其兵，完全可以做到翻一倍。此时，刘邦又"劫持"了五个诸侯一起进攻项羽（哪五个诸侯？一直有争议，大概有魏王豹，殷王司马昂，河南王申阳，塞王、翟王，另有陈余军不在此路）。加上刘邦集团倾巢而出，手下重要将领和谋士几乎全到，所以至少五十万兵力是正常的。

彭城兵败后，萧何感叹道："发关中老弱未傅悉诣荥阳"，由此可见，这场大战的兵力损失是比较惨重的，从侧面验证了这次刘邦进军的兵力之多，实属罕见，堪称倾巢而出、全力以赴的一场决战。

关于刘邦进攻彭城时的部署，历史上一直有很多的误解，这里简要说明刘邦东进的计划安排，"汉二年三月汉王从临晋渡"东进。刘邦大概分了三路行军，中路军由刘邦亲自统帅，部将为张良、陈平、韩信，吕泽、张耳、卢绾、夏侯婴以及五诸侯军，是从洛阳直接向东，直取彭城。北路军由曹参、灌婴率领汇合陈余军从梁鲁与中路军会攻彭城。南路军由薛欧、王吸（或有王陵军）自关中出武关走南阳，攻阳夏，向东进攻彭城。

此时的关中并不安稳，章邯军队的残余势力还在负隅顽抗。刘邦留下萧何守关中，周勃围废丘，樊哙郦商转战关中各地，而立韩王信为韩王平定韩地。这里有疑问的是，关于韩信的行踪是怎么安排的。很多人认为韩信此时在关中包围章邯，没有参与彭城之战，甚至认为是把韩王信当成了韩信。

这种说法是说不通的，首先，韩王信为韩王平定韩地，行踪确定。韩信的问题主要是因为《淮阴侯列传》在叙述此段时，只说汉王而未提韩信，但是有一点要知道，在韩信的列传中叙述本身就暗含其人行踪。考证韩信生平我们知道，韩信虽然在汉中被刘邦拜为大将，但是一直到彭城之战都无实际上的领兵大权，其地位只相当于参谋——当然他在替刘邦做全盘谋划，这个期间他的确并没有什么率军出征的实际举动，但他一直跟在刘邦身边。

彭城战败后，韩信收集残兵败将，在荥阳和刘邦会合的事实，更有利地证明其人当时亦在彭城，只不过可以确信的是，因为韩信此时还没有拿到汉军的最高统帅权，彭城之战的失利并不是他的责任，而是刘邦指挥能力的一次失败！

汉二年的四月，汉军的北路军破龙且于定陶，南下砀与刘邦的中路军会师，接着攻下项羽都城彭城，刘邦似乎已经完胜。可是离结果还早！或者说真正的争斗刚刚开始。早在刘邦定三秦的时候，项羽就预感刘邦会东进，不过此时他正带兵进攻自己后翼的齐国。

面对刘邦的攻势，项羽一面派郑昌为韩王，前往韩地抵抗刘邦东进，一面派陈平平殷王在此又布一层防御线。派龙且去抵挡北路军，又派兵距阳夏阻拦南路军。除了南路军史书未明外，其余各路均告失败。而项羽寄以厚望的英布，却趁此坐山观虎斗。

汉军浩浩荡荡，56万大军数月就尽占楚地。此时，项羽陷入前所未有的危机中。

1、面临两线作战。齐国尚未平定，回师救楚，则腹背受敌。

2、兵力的极大悬殊。刘邦诸侯联军56万人，规模空前宏大。项羽此时全部兵力不详，但是必然远少于56万。

3、后方沦陷，孤军深入。此时项羽楚地尽失，没有根基的孤军只能速战速决。

4、远离战场，长途奔波。敌人则以逸待劳，利用防御工事抵抗回师楚军。

5、盟友背叛，政治大环境让自己陷入了极度孤立的状况。

这时，项羽体现出了作为刘邦最大对手的强悍一面，特别是他在军事层面的规划和行动能力。面对如此险恶的局面，项羽一个大胆的战略计划出笼：以诸将率领大军继续平定齐国，作为迷惑刘邦的手段。而自己亲自带领3万精兵绕道彭城后方，以彭城为钓饵引刘邦上钩，然后偷袭刘邦后方，尽灭刘邦军。

项羽的作战计划出来，所有人都楞住了！我们的大王难道缺心眼了？他不但要以3万尽歼对方56万，还要长途奔波，设局偷袭！这可以说是前无古人，后无来者的一个疯狂计划！

彭城之战，关于项羽的行踪由于历代很少有研究者涉足，以致人人认为是刘邦攻下彭城后"收其货宝美人，日置酒高会。"轻敌而致。实际上刘邦虽然得意忘形，但却并未放松警惕。要知道他的对手可是项羽，那个在鸿门宴上差点要他脑袋的西楚霸王，他是不会在这种生死问题上犯糊涂的。

关键的问题是，刘邦集团此时完全料不到项羽的行动会是如此之迅速，在刘邦未下彭城之际，项羽就已经回师彭城西边，断其后路，忽然出现在了刘邦诸侯联军的后方，等待刘邦全部入彭城后，再突然杀出来，给了刘邦联军致命一击。

项羽的此举，长途奔波，绕道千里，断敌后路，攻其不备未被敌人发现任何蛛丝马迹，真可谓是前无古人。这一战，也给了刘邦一次巨大的教训。

打不过，跑为上

此仗对于刘邦来说损失惨重，他仗恃兵多将广，麻痹轻敌，结果掉进了大坑。项羽的军队则充满复仇的斗志，为了收复失地战心高昂。三万精锐楚军在项羽的亲自率领下，从山东经过胡陵（今山东鱼台东南），再赶到萧（今江苏箫县西北），然后直抵彭城的汉军侧背。

真正的决胜，现在才开始！

战斗从拂晓开始，楚军攻其不备，而且勇猛顽强，边打边冲。到了午时，已经将毫无准备的汉军打得大败。在一片混乱之中，楚军一直追到了彭城东北的泗水，逃到此处的汉军纷纷落水，死者多达十万余人。

最后，汉军向南方山地溃逃，楚军追击至灵壁（在今安徽省）以东的睢水上，又歼灭了数十万人。

真是一败涂地，人再多也没用，这时候都顾着逃命了。

刘邦呢？这时候他更惨。我们这位汉王突然就发现了一个真理：已经摘到手的果子，也会从手中掉下来的。

他只率领了数十骑逃出重围，就连老婆吕雉和老爸刘太公都作了项羽的俘虏。

彭城大败来得突然，审食其判断项羽的楚军必来沛县擒抓刘邦的家属，但由于准备不及，只得紧急移送刘太公、吕氏到山区暂时避难。此时刘邦两个孩子均不在身边，审食其只能交代亲戚来照顾他们，自己则带着刘太公、吕氏先行撤离。虽然他已尽了最大努力，但最后还是被楚军抓住了。

刘邦逃离战场后，与夏侯婴火速返回沛县，但审食其等已撤离，此时又正好碰到刘邦两个孩子，只好载到了车上，爷三个共同逃亡。

楚军派来搜寻刘邦家属的骑兵队也在这时候进入沛县，夏侯婴于是亲自操控马车，由数十骑护送刘邦北向逃亡。

眼看楚军在后面穷追不舍，刘邦心急了，心想追兵都是轻骑，我这里却是马车，上面还载着人，如此怎么跑路？于是下令舍弃两个孩子以减轻车子的重量，并可藉此扰乱楚军紧追的意志。但是没有一个部属敢执行这样的命令，刘邦只好亲手把孩子推下去，以求能够安全脱离。

夏侯婴一看，立刻停车，让两个孩子回到车上。即使刘邦大声怒斥，夏侯婴也不为所动。刘邦连续三次推下孩子，夏侯婴也不顾危险地三次停车救回孩子，并大声向刘邦宣称：

"今日情况虽然紧急，但也不能慌乱地盲目奔逃，何况要丢弃无辜的孩子呢？！"

"哎，你……"刘邦快要发疯了。

夏侯婴更是故意放慢马车速度，并要护卫的骑兵跟随着慢慢前进。刘邦大怒，十数次故意举剑威胁夏侯婴，但这位有史以来最忠诚的车夫仍然坚持他的原则，周围的侍卫也表示：

"汉王，我们宁愿战死也要保护公子，绝不后悔。"

刘邦见大家意志坚定，也放手不管，自己蹲在马车上闭目养神。

由于齐心协力，终于发挥出了集体的逃命创造力，他们巧妙地在山区中甩开了楚军的追击，安全地逃离了沛县。从这点来看，楚军的这伙追兵也够笨的，一群轻骑追一辆载着三个人的马车，竟然也能被甩开，他们的上司真是派错了人。比起后来刘邦派去追击项羽的骑兵队，这盯梢水平差得不是一星半点。

但接着还有一件麻烦事，那便是要逃到哪里去呢？仓皇之中他们携带的粮食不多，而且连日奔波，大家也需要休息，如何找个安全的补给地方呢？

睡一觉起来，精神好多了。当夏侯婴提出这个问题时，刘邦思考了半刻后回答：

"我们到下邑去吧！"

下邑在江苏砀山东北，属魏国管辖，目前是由吕氏的哥哥周吕侯吕泽镇守。由于下邑是以前吕公的大本营，在当地的人脉关系良好，吕泽在这次大败后或许还能掌握一些刘邦不知道的情况。

如果项羽知道刘邦在下邑，那么大概不用几天，就会把这个地方攻破了，所以这个行动要非常秘密。但正因为吕泽只有一千多名士兵，小得不起眼，或许项羽反而不会去注意这个地方。

夏侯婴颇为了解刘邦的想法，所以便全心设法由小道进入了下邑。

这段期间，原先投入汉军阵营的诸侯纷纷反叛，魏、赵等均投降了楚军，连关中的塞王司马欣和翟王董翳也逃亡加入到了楚军的行列。

最不幸的是审食其带着吕氏、刘公寻求跟刘邦会合时，却在途中为楚军所擒，项羽于是下令将他们监禁在军营中，以为人质。

最让刘邦高兴的，则是在下邑碰上了张良，真可谓英雄所见略同，下邑是最危险也最安全的地方。

最危险是因为这里根本不堪一击。

最安全是因为这里的人民忠诚度最高，消息不易走漏。

有了张良，大概便知道如何重新再出发了，刘邦为此放心了不少。

根据张良的情报，韩信的本部尚坚守在睢水之南，牵制住了不少楚军，很多流失的军团也已慢慢在那里集结。目前最重要的，是要把军团将领秘密地召到下邑来共商大事。

吕泽的行政能力很强，保密工作做得不是一般的好，刘邦的踪迹一直没有被楚军发现。

当然，这段期间项羽的注意力也无法完全放在刘邦的身上，因为齐国的楚军显然敌不过田横的游击战。项羽南回后，田横这家伙眨眼间就又收复了三齐。所以项羽必须重新整编楚军阵营，以面对新的局势，搜捕刘邦的行动也就迟缓了下来。更重要的是，经过彭城一战，项羽极为轻视刘邦，认为这家伙根本不配成为自己的对手，警惕之心顿时下降了许多。

刘邦因而也可以稍喘一口老气，静下来规划重新出发的策略了。

他下一步的策略是什么？就是坚持二字：坚持目标不放弃。既然与楚争天下的目标已经定下了，也付出了行动，就不能因为一次失败便前功尽弃。

这其实就是企业家最重要的精神。但在坚持的背后，还有另一个词：放弃。为什么既要坚持还要放弃？这就涉及具体计划的调整，既要争夺天下，也要放弃一些错误的行动计划，转而去制定更加合理的行动策略。

这正是刘邦非常可贵的一点，他拥有一个领导者最宝贵的逻辑思维精神，能够看到目标的存在，又能审时度势地采取最为恰当的办法。昨天我可以"进"，今天我也可以"退"。进是为了实现目标，退也是为了完成计划，唯一不变的就是自己制定的那个高高在上的最终目标。

有人问一位企业家他是怎么成功的，他坦率地说："第一是坚持，第二是坚持，第三还是坚持。"当别人都暗笑时，他意犹未尽："第四是放弃。"

放弃？作为一个成功的企业家，怎么可以轻言放弃呢？这是许多创业者可能并不理解的地方，但如果他们读了刘邦的故事，看到彭城之战这里，就会明白其中的真义了。

对这时候的刘邦来说，该放弃的时候就要放弃！这时如果还想着去攻打彭城，无异于找死。最明智的选择就是及时调整，寻找新的方法，千万不要在一棵树上吊死。

范增失宠：用人不要疑，疑人也要用！

范增这个人在历史上算是活得比较郁闷的一位谋士。为什么这么说呢？第一，他有才，却不得用；第二，他出山时的年龄太大了，没能在自己的黄金时期去辅佐一位明主。对立志要成为一名军师或谋士的人来说，如果这两点同时发生在他的身上，还有比他更郁闷的人吗？

他在历史上第一次出场，是分析陈胜失败的原因，说陈胜这人"没有立六国望族后裔，他的势头太小了，所以，项羽和项梁应该立六国的王族后裔为王。"这虽然算是一个好计策，也是一个造反的精神依托，但是随着灭秦的深入发展，六国后裔的问题也就暴露得越来越多。

项梁在世时，还能管着这个由自己拥立的楚王，但后来项梁被章邯杀了，楚王就开始管着项羽了。项羽失去了一把手的身份，而且北上救赵任务十分艰巨，况且，这个救赵的决定也是一些楚国元老们提出的，中间几经波折，楚国庙堂内斗不断，最后导致项羽比刘邦晚进函谷关2个多月。

最大的问题还不在这儿，问题是，秦朝被消灭了，楚王怎么办？那些诸侯怎么办？项羽又是一个政治脑瘫，这不是给项羽添麻烦吗？结果直接导致楚王被项羽杀害以及胡乱分封诸侯。当然，建议是项梁提的，也不能全怪范增，范增的责任是缺乏后续的谋划。

另外，范增虽然有谋略，但在政治上其实比较幼稚，尤其在张良、萧何等人面前，根本不值一提。项羽把楚王杀害了，分封诸侯也不合理，刘邦趁机抓住了项羽的把柄，那么对这个后果范增应该知道啊，可是范增呢？一点反应都没有，或者说一点针对性的建议都没有，从此仿佛人间蒸发了。

在鸿门宴之前，范增提到为什么要杀刘邦时，说了两点：一是入关后，刘邦志向远大，二是刘邦有天子之气。其实这两点是大错特错，并非谋士应该看到的东西。范增根本就没有谈到点子上，因为这个时候，刘邦和项羽已经走到了历史的拐点，冲突开始明显了，但是，项羽在入关后长达半年都没有认识到刘邦是他最大的对手。

不管刘邦有没有志向和天子气，这一点都是基本的事实。也就是说，刘项两家的矛盾是不可调和的，而与志向或天子气无关，范增没有看到这一个层面。

而且，在鸿门宴上，张良辞行，范增却把礼物摔碎怒斥项羽，这明显让张良清楚地看到项羽集团的内部不和，从而给刘邦集团施展反间计埋下了伏笔。这怎么像是一个谋士的所作所为呢？这么基本的问题他都没有想清楚，说明他年龄虽大，却是一个老愤青。

最要命的是，项羽在做许多傻事的时候，范增去哪儿了呢？没有起到谋士应该有的阻止的作用。何况，范增不是一般的谋士，还是项羽的亚父。比如，项羽坑杀二十万秦军，范增呢？要杀秦王子婴（这是一个贤君，在秦地很有人心，杀子婴就意味着得罪秦地关中父老，丧失关中人心），范增呢？分封诸侯时犯下的巨大错误，范增呢？他都没能阻止。

每逢项羽犯错时，范增都没出现。或者说，每当项羽要做出脑残决定时，范增都没有起到谏止的作用。

当然，范增也并非没有良策。当刘邦在楚汉战争中因为断粮而求和时，范增第一次是个像样的谋士了，说，赶快加紧打刘邦，不要求和，否则就没机会了。终于，项羽听了这个计谋，但是，恰恰是这个计谋，断送了范增的一生，因为范增中了离间计。

这个离间计说来也简单，是那种笨蛋都能看出来的小儿科计策。就是楚方的使者去了刘邦那里，陈平给了他一桌好酒好菜，结果一听是项羽派来的使者，就把好酒好菜撤下去，换来拙劣的菜，装腔作势地说了一句："我还以为是范增的使者呢，那就不一样了！项羽的使者不能吃好菜！"

结果，项羽听到了这件事，以为范增与刘邦有私通，就让范增走了。问题也不在这儿，问题仍然在范增。作为一个年龄超过七十的老人，一代有名的军师，这时候像孩子一样赌气，以退休为名就骤然离开了项羽。

一个谋士，居然不知道反间计，也不会化解反间计，难道不是一种巨大的悲哀吗？所以，范增是一个忠心、有谋略但却没有政治头脑的人，他不可能辅佐项羽成功。同时我们也可以说，项羽不但不会识人、用人，他唯一真正想信任的人，也并不称职。

其实，项羽也不想范增离开，但他也认为范增倚老卖老，太不尊重他；何况他也不知道该怎样来留住范增。

这时，项羽的心中感到非常悲愤，他认为大家都在背叛他，没有人了解他。因此，项羽批准了范增的辞职而并没有挽留范增。

范增本来不想离开，但现在又不得不离开。他就带了一个随从，准备先到彭城把自己的行李收拾一下，然后就返回故乡筑屋隐居。但心中的痛苦、怨恨和不满，使他心火上升，旧疾恶化，还没有到达彭城就死在了路上。

项羽这个人的自我意识浓厚，个性强悍，他宁可将自己的感情投诸士兵，也不愿和臣属们有任何情谊。

现代企业，我们到底应该如何用人，是秉持"用人不疑，疑人不用"的原则，还是另辟新径，寻求其他方法呢？

长期在企业内部管理人事，对于企业当中"用人不疑，疑人不用"的原则我很有感触。在企业管理当中，这句话最大的分量不是有效地分配人力资本，更多的是一种精神激励。每当老板们对自己的员工宣称自己的用人标准——用人不疑，疑人不用时，受重用的员工便会有一种受宠若惊的感觉，他们突然觉得自己受到了信任，继而心甘情愿地为老板效力。

古往今来，任何企业的管理都是一样。用易中天先生的话说，曹操乃好老板也。曹操作为一个好老板，是非常会用人的，他十分清楚"争天下必先争人"。曹操的好不仅在于其用人之术，更在于其用人之道。也就是说曹操善于"洞察人性，洞悉人心"。他知道他的将士跟着他出生入死是为了什么，有时候感情的维系比利益的维系更为重要。此时此刻，抛出一些肺腑之言，的确可以鼓舞士气，甚至笼络人心。现代社会，人心浮躁，对员工来说工资、职位、福利等个人利益似乎是人们最终追逐的。但有一个规律是，"人才择贤主而归附"，只有在一个好老板手下工作才会实现自己的人生价值。所以各位老板们也请不要忘记，无论什么时候，赢得人心都是非常重要的一环。如何能更好地提高员工工作的积极性，关键在于老板们对人心、人性的透彻理解和把握。

所以，从这个角度上来讲，企业应该宣扬"用人不疑，疑人不用"的用人原则。

所谓的"疑"，并非是怀疑员工的道德品质，更多的是老板是否愿意放开员工手脚。很多企业有这样一种现象，老板们每天做的事情纷杂得很。甚至连面试、招聘等工作都要一一过问。而这其中有一个潜在的原因就是：他总认为员工们干不好，总觉得他们做得不够彻底，非要亲自过问才放心。事无巨细并不见得一定是好事，尤其是对于各位管理者来说。美国通用电气的前CEO韦尔奇也曾经说过，"管理得少"就是"管理得好"。

作为老板或者管理者来说，经历过的事情比较多，对很多事件有丰富的经验，做事自然迅速并且周全。所以，他们看到手下的员工做事，总会觉得诸事不妥。然而，越不放手，结果就会越遭，员工永远也学不会，做不好。

作为企业的管理者，即使做不到"用人不疑"，也一定要做到"疑人也需用"。只有这样，企业才能建立起自己的人才队伍。

浙江有位李老板，他在北京请客，席间有老板熟识的一位教授、某杂志社的主编，以及跟随李老板多年的职业经理人吴先生。在用餐快结束时，李老板有事提前离开酒席，离开时交待由他的副总吴先生买单。

结帐时，服务员说一共消费了590元，吴先生竟然当着教授和那位主编的面就说："请帮我开870元，税由我承担。"晚上回到家里，老教授总觉得不对，应该给李老板打个电话。于是，他们拨通了李老板的手机，说："李总，我今天看到一问题，我觉得很严重，我认为我应该告诉你，否则，我会睡不着觉的。但我又很为难，不知道该不该说，是关于你的副总吴先生的问题。"

"有话就直说吧，他是我多年的部属了，不管是什么问题，我想我应该能解决好的。""那我就说了，你知道吧，今天晚上你请我们吃饭只花了590元，他却吩咐服务员开了870元的发票。我觉得他是你身边的一条蛀虫啊，这个人用不得。"

"嗨，这就事啊，这不是什么大事。他为什么不多开一千两千的？他不敢。这几百元，就当奖励他吧。他不但会开票，他还很会做事。我只怕那种只会开票不会做事的人，而且那些连票都不会开的人，我根本就看不上。这叫用人要疑，但是疑人也用。"

这个案例中的吴经理知道李老板对他有疑，也知道李老板会用他。所以他的行为总是在李老板能接受的范围之内，而不敢越界。老板知道有些员工喜欢利用职务之便占些小便宜，想杜绝也不可能，如果因为有这些怀疑而不用能干之人，公司将会失去得更多。因此，他"疑人也用"。所以道理就是，如果老板从不对员工有疑，就会让坏人有机可乘，让公司失去控制。

另外，当企业在试用一个还不是很了解甚至是还不很成熟的人时，"用人要疑"就显得非常重要。这不但是企业对这个人负责，而且，还把可能产生的风险降到最低。而疑人要用，就是在其人格、能力不确定的情况下，本着保护人才、爱惜人才的目的，观察他，大胆选拔和使用他，不至于造成埋没人才和浪费人才。

至于如何很好地做到"用人要疑，疑人也用"，它需要企业有一套合理的监督管理制度。没有监督的权力会造成腐败，有了好的机制和制度，坏人不敢做坏事；没有好的机制和制度，好人也会变成坏人。但过分的怀疑，没有制度上的空间，会造成人人自危，不敢做事，捆住了人才的手脚。

第十一章

对峙：意志力的比拼

荥阳对峙：耐力和智慧的比拼

荥阳会战从汉二年的五月开始，到汉四年的五月结束，持续了整整两年的时间，是一场旷日持久的拉锯战，也是一场比拼双方实力的消耗战。此间的得失是显而易见的，也是值得我们细细玩味、细细推敲的。

自从彭城大战项羽集团的3万精锐骑兵部队大败刘邦的56万杂牌军后，刘邦就一路败逃，一直跑到荥阳，才开始组织起了有效的反击。

他选择荥阳来做防守反击的根据地是有一定的道理的。荥阳以西是山区，以东是著名的豫东平原，这样的地形有利于先做好防守，再伺机反击。这就是军事上所说的背山而立的道理，退可守，进可攻。再者，荥阳离关中地区也不远，所以刘邦的军事补给线就会比较短而且十分通畅、安全。反过来说的话，项羽的补给线就会被拉的很长，随时会有被切断的可能性，后勤补给是不安全的。

后来的事实就证明，在这次大会战中，项羽的补给线就屡次被彭越切断，弄的项羽非常被动，先后两次回援救火（这在古代军事理论上来说叫攻其必救），这也是项羽在荥阳战役中失败的重要原因之一。同样反过来说，被刘邦拉拢过来的彭越在荥阳会战中的战功是非常巨大的。

刘邦到荥阳后的第一步，是先组织起了坚固的防守战线。项羽追到荥阳久攻不下，这一攻就攻了一年之久，最后费了好大的力气，才把刘邦从荥阳城里赶了出去。好不容易占领了荥阳，屁股还没有坐热，他的粮道（今河南商丘附近）就被彭越断掉了。他只好又去疏通楚军的补给线。

结果他赶到了之后，彭越掉头过了黄河就回他的老窝去了（今天的河南濮阳地界），闭而不战，拖死你。仗打到这份上，就不好打了。时间项羽是拖不起的，他只好掉头又回到前线。这时候，他辛苦占领了的荥阳已经被刘邦趁虚而入，又夺了回来。

这就是战事的大概情况，很无聊，却很折磨人，拼的是耐力，更是智慧，感觉就是两匹狼在玩弄一只老虎。在历史上，这也称为"一夺一失"。后面的"二夺二失"也基本和这个情况相似，失都失在了彭越断了他的粮道。

你看，这种"持久战"真的是非常头痛的事情。但有时候，看似在耍赖的战术确实能赢得战争，也能赢得其他的事情，比如在职场上，在生活中，利用时间差或者对方的弱点联合应敌，一唱一和，车轮战术，攻其之必救，都属于这种手段的具体应用。

由此，我们不得不想到了另一个问题，当时项羽明知道彭越是必须要干掉的，但他为什么两次都没有把彭越集团灭掉？史书上记载，是因彭越游走于项羽的腹地。"游走"一词说明了当时项羽根本不知道彭越的主力在哪里，他自己也足够了解彻底拿下彭越的难度。且刘邦这个大敌当头，也是项羽顾不上彻底灭掉彭越的一个原因。

刘邦和项羽一共进行过六次大战，而刘邦只胜过一次，就是垓下大战而逼项羽自刎乌江，取得天下。而项羽三十一年来打了七十多次仗，战无不胜，仅仅失败一次就"无颜见江东父老了。"

简单说：刘邦败着败着就赢了，项羽胜着胜着就输了。

这说明，一个人不要止步于失败的阴影，应该不达目标不放弃，重要的是让自己笑到最后，而在整个竞争和比拼的过程中，如何充分利用自己的优势，突显对方的劣势，对于我们的智慧是很大的考验。刘邦这个社会混混级的人物能当上皇帝，必然有他宝贵的可取之处。因为至少刘邦知道，做人不能把面子看得比命重，更不能太自负。一定要重视结果，至于过程，只要不违背天下信义，对具体的手段就无需计较。

战绩上刘邦败得多，可是并没有影响战略的布局。在韩信的谋划下，刘邦始终占据战略的主动，而楚军只是疲于奔命，最后士气丧失。所以一时之败，并不是一世之败；一时之胜，也并不是一世之胜。只有能够笑到最后的人，才是真正的胜利者。

与此相仿的一个人物，就是清末的曾国藩，这是中国近代史上的一个特别的人物。号称"立功、立德、立言"第一人。意即：一生中对国家有功，对民族有道德表率作用，对自身的信仰有新的思想见解贡献。

这句话是在他和太平天国作战初期，由于初次带兵，他又是一介书生，屡次败于老对手太平天国的翼王石达开，甚至在洞庭湖曾经想投水自尽后有感而写。

"屡战屡败"突出的是一个"败"字，说明战者无能，次次战败，让人对其能力产生极大不信任。

"屡败屡战"突出的是一个"战"字，说明战者勇猛，次次战败，但是次次卷土重来不肯认输。

在我们的历史上，的确有很多这样的人，他们决不轻言放弃，决不会被挫折击倒。失败对他们而言，是学习和吸取教训的机会，是下一次努力的台阶。这样的人克服了内心的恐惧和障碍，从而具备了顽强的意志和高远的智慧。他们不是"屡战屡败"的愚人，而是"屡败屡战"的斗士。

大迁回：建立战略优势

在刘邦重振声威以图挽回败局的同时，韩信那边对于自己的任务也完成得相当顺利。攻齐是他既定计划之中的事，只不过被刘邦一度给搅乱了，现在他又很快重组了一支新军。

分兵略地，以一种大迁回战略，"北举燕、赵，东击齐，南绝楚之粮道，西与大王会于荥阳。"不停地在战略上构筑对项羽的包围，前期尽量避免与项羽的决战，在形成巨大的战略优势后，再对项羽进行聚歼。这是韩信的既定策略，早在他的谋算之中。

这充分体现了韩信用兵的特点。他并不追求过早决战，或者说他也并不一定就要跟对手硬碰硬地对战，而是不拘一格，根据战场情况，敌我情况，灵活多样地选择战术，争取以最小的损失获得最大的战果，而且是先建立战略优势，再一举转化为战术优势，将对手彻底歼灭。

比如他的破魏、赵、齐三战，都是临河作战，而且三次都采用了不同的战术击败敌人，可以称得上用兵如神。因为少年落魄，连饭都吃不饱，所以韩信也最理解社会底层人的想法，就是最了解士兵的想法，这让他在管兵带兵上得心应手，深受士兵爱戴和信任，因此，他治下的部队执行力也更强，士兵们对于他的领导充满坚定的信心。

我们知道，韩信从根本上首先是一位天才的战略家，他的军事才能首先表现在军事战略方面。楚汉战争的发展进程和最后的胜利结局，已经证明了韩信就是一位能够从全局着眼，具有深谋远虑的伟大的军事战略家。对这一点，最突出的表现就是在他登台拜将时与刘邦的一段精彩对白上。

关于如何争夺天下，萧何曾经为刘邦制定过一个基本方针。但萧何的整个方针我们看来就会发现，他其实只有计划而无办法，比如养民，再比如削弱楚国等思路和想法，这些别说萧何，恐怕陈平、曹参等手下都能想出来。即便一个很普通的员工，他也知道一家公司要强大，首先得强壮自己，其次要削弱对手。这是形而上的东西，每个人都懂的一些理论，可是理论是如何推导出来的呢？如何践行呢？能做到的就很少了。

但是，如何才能招纳贤才、运用贤才？如何才能使汉由弱变强、让楚由强变弱？这些目标的实现只有计划是不行的，还需要拿出具体可行的办法，也就是要有手段，而且是有效的手段。特别是在军事上，兴师"还定三秦"的时机、对楚作战的方略等一系列问题，在萧何的建议中没有言及，而当时刘邦对此也缺乏清醒的认识，他正处于一种被项羽表面上的强大所震慑的心理状态，其最大的愿望不过是希望项羽能践义帝之约永久地封其为关中王，不要来找他的麻烦。

直到韩信的到来，在登台拜将时一番雄论，回答了萧何所没有能够回答的问题。实际上，正是韩信，为刘邦集团制定了向东夺取天下的方略，也给出了一个如何彻底击败项羽的可行性办法。可以说，韩信投汉以后的第一大功，就是为刘邦筹划东向与项羽争霸的方略，并且率师还定三秦。而在韩信的战略规划中，拿下魏、赵和齐国之地是很重要的几步先手，这意味着能促使刘汉这一方确立对项楚的战略优势，实现从西、北、东三个方向对项羽的夹击。

在《史记·淮阴侯列传》中，记载了刘邦与韩信之间这段异常精彩和经典的对话：

王曰："丞相数言将军，将军何以教寡人计策？"

信谢，因问王曰："今东乡争权天下，岂非项王邪？"

汉王曰："然。"

曰："大王自料勇悍仁强孰与项王？"

汉王默然良久，曰："不如也。"

信再拜贺曰："惟信亦为大王不如也。然臣尝事之，请言项王之为人也。项王暗恶叱咤，千人皆废，然不能任属贤将，此特匹夫之勇耳。项王见人恭敬慈爱，言语呕呕，人有疾病，涕泣分食饮，至使人有功当封爵者，印刓敝，忍不能予，此所谓妇人之仁也。项王虽霸天下而臣诸侯，不居关中而都彭城。有背义帝之约，而以亲爱王，诸侯不平。诸侯之见项王迁逐义帝置江南，亦皆归逐其主而自王善地。项王所过无不残灭者，天下多怨，百姓不亲附，特劫于威强耳……"

只是很短的一段话，韩信就既谈到了项羽的最大弱点，又透露了击败项羽的可行策略，那就是打出正义名号（为义帝鸣不平）、联络诸侯（建立统一战线夹击项羽）。他和刘邦之间这段关系楚汉战争成败的精彩议论，实际上就是此后的四年汉军与楚军作战的总的指导思想。

作为一个杰出的军事家，韩信训练新军也很有一套，他投入了很大的精力去改编汉军，加强汉军的战斗力，很快，这支新军就可以投入使用。这时，刘邦不可避免地起了点疑心，为了监视和控制韩信，他又把心腹曹参和灌婴调配了过去。但是在客观上，刘邦的此举其实也多多少少地壮大了韩信的军队实力，给了他更多的可用之材。

韩信征齐：双管齐下

在刘项双方于荥阳会战时，韩信认为汉军已经准备得差不多了，此时楚汉斗争正激烈，早一点拿下齐国对于刘邦显然更加有利。于是，他于九月率军东征齐国。

齐国这时的领军人物是田横，田横这个人和项羽本就不和，只是由于刘邦在彭城兵败，他才迫于项羽的威力而与之讲和，但并非项羽的真实同盟，在楚汉之争中他并没帮过项羽的忙。不过，田横的心中对刘邦也是鄙视的，他也不想投降刘邦，而是希望割据一方，成为能够自保的独立之地。因此，即使他要站在刘邦这边，也要求保持自己作为割据势力的独立和完整，比如成为诸侯王。

在这个前提下，他对韩信是一直有所防备的。在韩信破赵后，田横预感到了危险，就更加强了各方面的作战准备。这一次韩信进军，他调集了二十万大军屯驻历下（今山东济南），决心与韩信一战到底。

正在这时，刘邦手下的说客郦食其坐不住了，他自告奋勇，前去劝降齐国，认为凭自己的一张三寸不烂之舌，一到齐地，保准让齐人举国而降。刘邦一听好啊，不怕你吹牛，就怕你做不到，马上采纳了这个建议，派他动身。

郦食其来到齐国后，对田横是恐吓加利诱。先用大军压境的现实武力威胁，又用裂土分封的蛋糕进行诱惑。田横、田广本不是项羽的忠实盟友，对率兵前来的韩信心里更觉没有必胜的把握，也就不由地被郦食其给说动了心。

田横左思右想，决心降汉，因此对韩信的汉军就放松了警惕，对郦食其他则觉得是"有朋自远方来，不亦乐乎"，日日与郦食其置酒高会，以为天下从此无忧了。

可是，田横把事情想得太简单了，郦食其这回也有点太天真了。田横并不知道，郦食其前来劝降并非刘邦的本意，只是郦食其毛遂自荐，刘邦不想驳这位酒肉好友的面子，反正这也算是多了一种手段，何乐而不为？

就口头上答应了郦食其前来劝降的请求，但他却没有将此事通知韩信。这表明，刘邦心中还是愿意韩信为他用兵力把齐国彻底平定下来，以达到一劳永逸之功。

当然，对于刘邦如此的用心，郦食其肯定是猜不到的，田横就更加不知道了。韩信对于刘邦的想法也有点摸不透。当他大军压到齐国的边境上时，才听说郦食其已经劝降了齐国，对此他颇感意外，一下子都不知道应该怎么办才好。

进军？似有不妥，别人已经同意投降了；不进军？似乎也不太对劲，老板没说不打。最后，他开始从思想上偏向于退军。

在韩信陷入两难之中时，他身边有一个叫做蒯彻的谋士看出了刘邦的态度和用心，就跑过来向韩信献计了。

蒯彻是范阳人，史书上称他为蒯通，他因为要避汉武帝刘彻之讳，才将名字中的"彻"字改为了"通"。蒯彻其人有非常高的才能，是当时有名的阴谋家，也是合格的谋士，他在观人和辨势方面都有独到的眼光。当初项梁准备攻打范阳时，他依靠自己的三寸之舌先说服了范阳令，又跑去向项梁求情，帮助项梁说降了十五座城池，没有发生交战，使这十五城的老百姓免遭战火。从这点看来，他还是一个顶尖说客。现在，他一眼就看穿了刘邦的意图，于是就向韩信献策。后来他还向韩信献过一个非常重要的计策，就是劝他造反，但韩信却没有采纳。因而韩信被吕后所杀，并且此事还牵连到了他，他又凭借着自己的三寸之舌才打动了刘邦，使自己免于一死。

蒯彻见韩信欲罢兵不攻齐国，觉得韩信此举不可取，就跑来对韩信说了这么一段话：

"大将军啊，您攻打齐国是遵汉王之命行事，而汉王又悄悄地派使者劝降齐国，并不把派人劝降齐国的事通知您，您不觉得这里面有什么不对的吗？现在，汉王也没有命令您停止进军，您如果现在放下齐国不打了，这算不算是不遵汉王之命呢？再者说，郦食其不过是一介书生，单凭他那三寸之舌真就能说降齐国那七十多个城池吗？这还不是全仰仗您大军压到了齐国边境上的威力，没有大将军您的大军对齐国的压力，郦食其就不可能取得这样的成功。大将军您率领了数万大军，经过了一年多的奋战，前前后后取得的城池总共不过五十多一点。如果您不攻下齐国，齐国七十余城的功劳就成了郦食其的了，难道您为将数年，功劳还比不上郦食其这一介儒生吗？"

韩信听完蒯彻的谈话，觉得很有道理，特别是功劳这一点，更是深得他心。他也认识到刘邦在其中有花招，更觉得郦食其的功劳里有很大一半应属于他。他是郦食其劝降工作的军事后盾，可现在一切都好像与他韩信无关似的。同时，韩信也想到，齐国在郦食其的劝说之下即便降了汉，也仍然是一个割据势力，不可能像刘邦自己的势力那样为汉尽心尽力。哪一天楚国再占了上风，齐难免又去降楚。他觉得，对这个墙头草还是彻底端下来的好。这恐怕也是刘邦的真实想法，能一步到位的，就不要再给未来留下隐患了。

而且，现在是大军攻齐的最好时机，田横、田广正和郦食其纵酒作乐，对他韩信的军队疏于戒备，这使韩信攻齐变得容易得多。

韩信主意一定，立即率军渡过黄河，突然向历下的齐军发起了猛烈的进攻。这时的齐军因为齐、汉已经议和而毫无准备，所以齐兵很快就溃散了。韩信在历下消灭了齐军主力之后，立即又率军向齐都临淄扑了过来。

田横、田广，包括郦食其也顿时被突如其来的变化吓得惊慌失措。齐方认为自己受了郦食其的欺骗，怒不可遏，找他要说法。郦食其这人也硬气得很，为了证明自己的清白，跳进大油锅把自己给烹了。

这叫什么？这叫以死来成全自己的名声，就是说我没骗你们，因为我都死了；如果我骗你们，我早就跑了，不会呆在这里等死的。但不管怎么说，这位老兄的下场确实惨了点。对他的死，刘邦多少有点责任。

田横和田广一看汉王的说客在油锅里炖熟了，那后果肯定是严重的，急忙各自率兵仓惶出逃。

韩信又派兵分头乘胜追击败逃的齐军，力求斩草除根。各路齐军在他的打击下一败再败，整个齐国很快就掌握在了韩信的手中。韩信举兵破齐，是听从了蒯彻的劝谏，但这也是他能选择的最好的一个办法了。虽然韩信此举使汉背上了"出尔反尔"之名，还牺牲了一个无辜的郦食其。但是，拿下齐地以后，汉方也正式建立了针对楚方的战略优势，这也注定了韩信后面的态度对于僵持状态中的楚汉争斗的局面无疑会起到决定性的影响。

"分我一碗肉汤！"

项羽和刘邦在荥阳会战中反复对峙，互相拉锯长达两年之久。公元前204年，楚军包围了荥阳，经过长时间的熬战后，刘邦认为形势很危险，就主动求和，结果项羽听了范增的建议，不接受刘邦的请求，继续进攻，形势对汉军极其不利。

刘邦此次怎么脱身的呢？找了个替死鬼。大将纪信和他长得有点像，决定牺牲自己，保护主公，穿了汉王的衣服，坐上车到东门诈降，吸引楚军注意力，刘邦趁机从西门跑出去，逃到了成皋。

项羽听说刘邦降了，本来喜不自胜，结果一看原来是个替身，顿时怒不可遏，下令焚了纪信，立刻率军攻至成皋而且迅速地攻破了这座城池。刘邦只好再次逃跑，发扬打不赢就跑的精神，这回一口气跑到了黄河以北的修武，在韩信的接应支援下，补充实力。同时他也吸引了教训，开始跟项羽打消耗战，一方面深沟高垒抓好防守，另一方面不断地派出小股部队袭击楚军的后勤，用来疲扰对方。

这年秋天，项羽东进开封，留下了部将曹咎驻守成皋，临行前再三嘱咐："刘邦这人奸诈无比，你不要轻易上当，只需守住城池即可，切莫受其激怒轻易出战。"

曹咎说："好好好，我一定听话。"结果项羽前脚刚走，他后脚就受不了汉军在城门外的辱骂，开城出战，在渡汜水时刚过了一半就被袭击，一战而败，不但自己死了，也连累了司马欣和曹翳跟着自杀身亡。

刘邦夺回成皋以后，就屯兵在了广武，补充粮草，扩充兵力。他知道项羽肯定回来。果然没过几天，项羽就带着兵马杀了回来，回师广武。刘邦吸取了"急战则败"的教训，坚守不出，任凭楚军在外面如何叫骂，他老人家脸皮厚，就是听不进。

时间一长，楚军的粮草跟不上了，后勤要出问题，打不了持久战。项羽就想了一个歪招：你老爹和老婆都在我手中当着人质呢，我怎能不派上用场？立刻下命，把刘太公拉了出来，烧开了一口大锅，一边煮锅一边对刘邦喊话：

"你如果不投降，我就把你爹煮了！"

刘邦很镇静地说："当年我们共同反秦，在怀王面前结为了兄弟。所以我爹就是你爹，现在你要煮你爹了，分我一碗肉汤好吗？"

项羽听了顿时愣在当场，哭笑不得。他完全不知道如何应付这样的回答，因为在他的思维里，一个儿子不应对父亲的生死漠不关心。这就是项羽天真的地方，刘邦采用的恰恰是反其道而行之的激将法，表现得对父亲越不关心，在项羽看来刘太公也就越没有什么利用价值，那么也没必要把他杀死了。

由此，刘太公反而保住了一条命。不得不说，刘邦的机智在这件事上表露无遗，虽然让人看着实在"无情"。但正因此，世人做不了刘邦，既无此智慧，也无此胆略。

此后没不久，刘邦就兵分两路，一路留在荥阳与楚军对峙，一路派韩信去抄了项羽的后路，占了河北和山东（齐地），确立了对楚军的战略优势。项羽这时候已经撑不住了，他的军队补给困难，士气低落，眼看就要瞬间崩溃。因为随着这种优势的建立，双方的形势也发生了逆转，拥有更广阔大后方的汉军越来越强，回旋余地缩窄的楚军却越来越弱。

四面楚歌

到了公元前202年秋，楚军粮尽，上到将官，下到兵士，都揭不开锅了，眼看就要宰杀战马，甚至吃死去士兵的肉。无奈之下，项羽向刘邦提出讲和："别打了，我们和吧。"双方约定以鸿沟（在今天河南省的荥县境内贾鲁河一带）东西边作为界限，互不侵犯。和议是达成了，但是后来刘邦很快悔约，因为现在他是优势一方了，为何不速战速决？他听从了张良和陈平的规劝，觉得应该趁项羽衰弱的时候全力消灭他，就制定了最后一战、全力灭楚的计划。

于是，刘邦合三王之力，与韩信、彭越、刘贾会合兵力，追击正在向东开往彭城、处于撤退中的项羽部队。

双方经过几次激战后，决战时机到来，韩信使用了十面埋伏的计策，布置了几层兵力，把项羽紧紧地包围在了垓下。

这时，项羽手下的兵士已经很少，粮食又没有了。一代西楚霸王，终于迎来了自己的终结之日。

楚军虽然在垓下修筑了营垒，但是兵少粮尽，身体疲惫，战心衰弱。汉军及诸侯兵把他们团团包围了好几层。深夜，听到汉军在四面唱着楚地的歌，歌声越来越嘹亮，项羽大为吃惊，说："难道汉王已经完全取得了楚地？怎么汉军中的楚国人有这么多呢？"

四面楚歌之计，正是出自于韩信。

他连夜起来，在帐中饮酒。美人虞姬一直跟在他的身边。项羽还有一匹骏马名字叫做乌骓，他南征北战以来，一直骑着。这时候，此情此景不禁让他有点慷慨悲歌，一边舞剑，一边自己作诗吟唱道："力量能拔山啊，英雄气概举世无双，时运不济呀骓马不再往前闯！骓马不往前闯啊可怎么办，虞姬呀虞姬，怎么安排你呀才妥善呢？"

这一幕历史上的经典场面，确实让人感动，一个英雄到了末路，一代霸王要输在另一个更伟大的帝王手下了！

项羽连唱了几遍，虞姬在一旁应和。两个人的眼泪一道道地流下来，左右侍者也都跟着落泪，没有一个人能抬起头来看他。

当夜，虞姬自杀。

在汉军发动总攻之前，项羽决定突围。他骑上马，扔下主力部队，只带了八百多名骑士跟在后面，趁夜突破了重围，向南冲出，飞驰而逃。

直到天快亮的时候，汉军才发觉对方的主帅跑了，韩信立即命令骑将灌婴带领五千骑兵前去追赶。等到项羽渡过了淮河，身边的楚军骑士中能跟上的只剩下一百多人了，余下的不是被追兵杀死，就是迷路跑散了。

到达阴陵后，项羽也迷了路，去问一个农夫，却碰上了个骗子："向左边走。"项羽带人向左，结果不幸地陷进了大沼泽地中，被汉兵追上了，发现了他的踪迹。这表明，有时候不管多么风云的人物，虎落平阳之时，也难免被鸡犬式的小人物欺负一下。

无奈之下，项羽只好又带着骑兵向东跑。

到达东城时，他就只剩下二十八个兵了。汉军骑兵追赶上来的有几千人。项羽长叹一声，估计这次是决不可能逃脱掉了，就对他的骑兵说：

"我带兵起义至今已经八年，亲自打了七十多仗，我所抵挡的敌人都被打垮，我所攻击的敌人无不降服，从来没有失败过，因而能够称霸，据有天下。可是如今终于被困在这里，这是上天要亡我，决不是作战的过错。今天必死无疑，我愿意给诸位打个痛痛快快的仗，一定胜它三回，给诸位冲破重围，斩杀那些汉将，砍倒他们的军旗，让诸位知道是上天要灭亡我们，而不是我们作战无能！"

众人齐声答应："如大王所愿，我等死而后已。"

于是，他把骑兵分成了四队，面朝四个方向。汉军把他们包围起来，正准备冲锋时，项羽笑道："我来给你们拿下一员汉将！"像风一样冲了出去，杀掉了一名汉军的指挥官，接着带着自己的骑士突围而走。

据说有一名汉军骑将叫做杨喜，在后面继续追赶项羽，结果项羽回头一声怒喝，据说杨喜连人带马都吓得滚翻在地，让项羽跑了出去。

经过一番追杀，项羽最终还是没有去路，到达了乌江。乌江亭长正停船靠岸等在那里，对他说："大王，江东虽然小，但土地纵横各有一千里，民众有几十万，也足够称王啦。希望大王快快渡江。现在只有我这儿有船，汉军到了，就没法再渡过去了。"

项羽笑起来，说："上天要灭亡我，我还渡乌江干什么！再说我和江东子弟八千人渡江西征，如今没有一个人回来，纵使江东父老兄弟怜爱我让我做王，我又有什么脸面去见他们？纵使他们不说什么，我项籍难道心中没有愧吗？"

他又对亭长说："我知道您是位忠厚长者，我骑着这匹马征战了五年，所向无敌，曾经日行千里，我不忍心杀掉它，把它送给您吧。"

项羽做出这个决定后，就命令他的骑兵都下马步行，手持短兵器与追兵交战。在激战中，他看见汉军的骑司马吕马童，惊讶地说："哟喝，你不是我的老相识吗？"

吕马童是吴中人，曾跟随项羽起兵，后来因为觉得项羽赏罚不公平，就投向了刘邦。看到项羽认出了自己，吕马童尴尬地跟项王打了一个对脸儿，就把他指给了汉军的指挥官王翳："长官，这个就是项羽。"

这时的项羽的确表现出了一个霸王应该具备的范儿，他哈哈大笑，说："我听说汉王用黄金千斤、封邑万户的悬赏来要我的脑袋，那我就把这份好处送你吧！"说完，他举剑自刎。

事后，刘邦封王翳为杜衍侯，封吕马童为中水侯，封杨武为吴防侯，封杨喜为赤泉侯，封吕胜为涅阳侯。

值得一提的是，这五个人除了吕马童是吴中人，项羽的旧部，其余四人，都是旧秦军拱卫咸阳的京师军的骑士，正宗的关中秦人。进入关中时，刘邦把这支军队编入了自己军队。在楚汉战争中，作为一支精锐的骑兵部队，交给了灌婴率领。项羽从反秦起家，灭秦而达人生巅峰，最后在死后又被秦人分尸，真可谓是天道循环，人道永恒，也算给了那二十万被坑杀的手无寸铁的冤魂一个交待。

至此，长达四年的楚汉大决战也随之结束了。

当时是公元前202年，项羽死时年仅三十一岁。

项羽为什么输了？

自从项羽战死后，楚国的各部落便纷纷向刘邦投降，但此时只有鲁地拒绝接受招抚，因为早年的项羽曾被楚怀王册封为鲁公，这是他的第一个封地，也是他的第一个正式官职。故此，鲁地拒绝接受招抚。

汉营的将领们此时均主张率领天下的诸侯军队将鲁地歼灭，但刘邦却不赞同，他要稳固他的地位，彰显仁义。他认为像鲁地这种为主人死守情节、遵守礼仪的壮举是最值得推崇的，因此派遣特使拿着项羽的人头，按照礼节到鲁地举行祭拜，并以此来进行招抚。

鲁国的人民见刘邦如此遵守义理，才打开大门向其投降。

刘邦下令按照鲁公的礼节在穀城厚葬项羽，并且亲自到那里祭拜。他感叹他们两人由推翻秦朝暴政的共同目标而最终成为宿敌，更为争霸天下最终以至于一决生死……但自始至终项羽都是他心中最尊重的敌人。看到这种结局，加上思念已故的那些兄弟和下属，刘邦也不禁悲从中来，哭了个稀里哗啦。

那些项氏的长老们也全数被赦免无罪，并保留了原来地位。这也算是刘邦的仁政的一种体现。

此时，张良的生死至交、以前对刘邦也有恩情的项伯也被封为了射阳侯，其余的重要长老则分别被封为桃侯、玄武侯、平皋侯，并赐以"刘姓"以表示王室的恩宠。

就像项羽生前所说的一样，刘邦是楚人，所以他不会给楚国长老们太大的难堪的。

反观项羽的一生，称的上是个天生的战争机器，作战时效率几乎空前绝后，为世人所敬仰。但遗憾的是他绝不是位优秀的经营者，所以他最后的惨败其实也是必然的。

刘邦最大的对手项羽死了，死得惊天动地，被无数后代的文人骚客所怀念、激赏。比如李清照就说："生当作人杰，死亦为鬼雄。至今思项羽，不肯过江东。"充满了英雄豪情，以及对项羽的崇拜敬佩之情。

但是，项羽的死，又是毫不足惜的，甚至可以说，是没有任何价值的，也是一个必然的结局。

从表面上看，项羽公司的破产是被竞争对手刘邦的公司在市场上打败了，败在了其政治层面的幼稚和对武力的盲目迷信。但项羽公司的破产从其一开始就已经注定，其实质是败在他的内部——公司管理的混乱。我们从以下几点对项羽公司进行分析，能发现项羽公司破产的必然及对我们现代企业管理一点点启示。

第一，战略上讲，项羽公司没有明确的企业战略目标，走到哪儿算哪儿。

在项羽的公司发展处于顶峰时，他的战略目标好像是告诉亲朋好友自己发达了，他要衣锦还乡："富贵不归故乡，如锦衣夜行，谁知之者。"

到最后公司破产时，其目标好像是证明给员工看——我是经营高手，我做促销活动从来没有失败过。今天公司破产是竞争太激烈了，不是我不会经营。他说："吾起兵至今八岁矣，身七十余战，所当者破，所击者服，未尝败北，遂霸有天下。然今卒困于此，此天之亡我，非战之罪也。"

作为一个管理者，一个领袖，到自己失败时都不知道自己的目标在哪里，更不知道谁是自己真正的竞争对手，放弃了打败竞争对手最好的机会。到最后快破产时，竟然还认为是老天爷不给他机会。

我们现在很多人也不是如此吗？走到哪儿算哪儿，错过一次又一次的发展机会，计较于一时的得失，表面上看我们活得还可以，今年又增加了多少营业额，实际上离死亡却越来越近了。到最后破产时都不知道自己为什么会失败？跟项羽一样，认为是竞争造成的，是经营环境不好，不能怪他自己不会经营。

第二，从项羽公司的内部管理来看，没有任何良性的沟通氛围，也没有健全的沟通机制。

比如建议他定都关中的人，他不但不采纳其建议，反而因为对方发了几句牢骚（"人言楚人沐猴而冠耳，果然。"），就把人烹了。别人给他提了不同意见，他不但不能听进去还把提意见的人给杀掉。这就造成了项羽的公司再也无人提建议而导致言路堵塞，内外失聪。

这说明，项羽既无内在的自知之明，也无外在的逆耳之言。

我们现在很多老板及管理者都有这个特点，在其创业发展的初始阶段，都能认真与人沟通，听进别人不同的意见。但当事业有所成就时，就只能听歌功颂德的好话，听不得半点不同意见。到最后变成没有人讲真话，没人反映真实的问题，只讲老板想听的好话，听到的永远是形势一片大好。我们管理者不但要营造一个好的沟通氛围，更要建立一个好的沟通机制。让我们管理者能真实地了解市场，知道组织内部的运营状况。

第三，项羽不知道分工协作，也不善于用人。

项羽公司好像只有项羽一个人在工作，看到项羽起早贪黑事无大小地在不停工作。其原因是项羽认为别人都干不好，只有自己才能干好，确实其工作能力也非常强，基本上把工作都能做完。

但项羽公司就没有招聘员工吗？有，如副总经理项伯（远房亲戚）、高级幕僚尊为老师的范增、营销总监级别的钟离昧、龙且、周殷、司马欣、曹咎及韩信、陈平等。

但是因为得不到发挥重用的机会，韩信与陈平两位同志跳槽到竞争对手刘邦公司去了；司马欣及曹咎因有恩于项羽个人而得到重用，让他们去守战略位置的根据地市场，结果丢了；项伯很早就成了刘邦公司安在项羽公司的间谍，而营销总监周殷在最关键时候跳槽到刘邦公司；真正忠诚的范增老师及钟离昧因流言蜚语而不被信任得不到重用。

项羽相信自己的亲戚朋友并重用对自己有恩的人，这就导致有才华能力的人在他这里得不到重用而被迫跳槽，忠诚的人不被他信任反而遭到严加防范。我们今天的一些管理者不是仍然犯着相同的错误吗？

把合适的人放到合适的岗位，善于用人。"重视人才，以人为本"不仅仅是口号，真真正正地理解人是资源，而不是成本。人力资源工作是我们一切工作的基础，没有一个优秀的团队，就如同我们在沙滩上建楼一样——根基不实。我们不但要建立一个"以人为本"的氛围，更要建立一个科学的用人机制体系。

比如，有一份调查表明，那些从宝洁公司出去的人，可以组建多个类似宝洁的公司，但是宝洁仍然不可战胜，其根本原因是其人才培养的体系机制是无法复制和战胜。

第四，项羽公司的考核机制不明确，其赏罚的依据完全依据他自己的个人喜好。

韩信曾经对项羽有过一次非常到位的评价，他说项羽"至使人有功当封爵者，印刓敝，忍不能予"，是指项羽手下人有功当奖时，项羽把印刻好了，留在手上都磨掉棱角了，仍然舍不得奖给有功的人。

在楚汉两个公司的竞争中，项羽公司的员工好像大多数都默默无闻。究其主要原因，还是项羽公司的员工没有积极性。

为何没有积极性？其主要因素是员工拼死拼活地工作，没有任何回报，其积极性可想而知。真正有功劳、功劳大的人没有奖励，而那些没有功劳的及功劳小的人，却因与项羽私人感情好，或者对项羽有恩反而有奖励。司马欣就因早年在项羽叔侄落魄时帮过忙而得到较大奖励，而在项羽公司建立上立了很大功劳的田荣、陈馀等，因平时有点不太听话及常年在外与项羽不够亲近而没有任何奖励。因为奖励不公平，田荣、陈馀等人一气之下辞职单干。反过来与项羽公司竞争，平白无故制造出更多的竞争对手。因为与田荣、陈馀等公司的竞争，而忽视了真正的竞争对手刘邦公司。

田荣、陈馀等人的辞职对项羽公司而言是非常重要的转折点，也是项羽公司破产的重要因素。而造成这种结果的根本原因是项羽公司考核不明确不公平。

我们今天有多少的管理者及老板，仍然犯着与项羽一样的错误。考核没有依据、不透明、不公平，其考核的依据就是老板的个人喜好、个人感觉。这样的团队有何战斗力？员工会有何积极性？

作为一个管理者，我们不一定能亲自做到攻城拔寨、能争善战，而是需要我们能为组织制定一个非常明确的战略目标；更需要我们能从谏如流、善于倾听，营造一个良好的沟通氛围及沟通机制；还需要有能力发现人才、使用人才，把合适的人放到合适的岗位，给人才一个施展才华的空间；需要我们能做到赏罚分明，建立非常透明公正的考核机制。

历史反复证明了这些简单易懂的道理，也不停地惩罚着那些不能做到的管理者。我们管理者要从古人的教训中，吸取一些经验和心得。

那么，项羽失败的自身因素还有哪些呢？

楚汉争霸，刘邦后来居上，战胜了不可一世的楚霸王项羽，人们不禁要问，雄极一时的项羽为什么会失败？势单力薄的刘邦为什么会成功？要说一个人会失败，必有失败的个人原因，我认为项羽的失败有以下这些因素：

第一，不识人才，错过人才。

从司马迁笔下不难看出，项羽是一个十分有才华的人。不过也正因如此，致使项羽极度的自负，认为自己是最棒的，其他人微不足道。也造成了他与刘邦的最大差距——不识人才。项羽事必躬亲，喜欢逞个人之勇，看不到人才的重要性，搞得自己十分辛苦。譬如打仗，项羽逢战必到，好像奔命一般。后来还中了陈平的反间计，疏远了范增，成为一个彻头彻尾的孤独者和固执狂。

第二，有时太过残忍，有时又过于妇人之仁。

从坑杀20万秦军的事件中，我们体会到了项羽骨子中的残忍。可以说他性情残暴，杀人如麻，虽然所杀之人皆为挡住他成功之路的人，但也令人感到十分恐怖。但事到鸿门宴这样的关键时候，却下不了手杀掉刘邦，刘邦因此得以逃脱，这次的放虎归山，为日后留下了隐患，终使自己葬身于刘邦之手。

第三，小肚鸡肠，心胸狭窄。

项羽的外在形象是很好的，他身高八尺，力能扛鼎，具有"力拔山兮气盖世"的气势，可是在打败秦王朝之后，却表现得十分抠门，舍不得将许多职务任命给跟着自己打江山的兄弟。他的公司缺少激励机制，终于使得士气低下，人心涣散，他的事业也就江河日下。于是，项羽虽常胜，但人越来越少；刘邦虽常败，但人越来越多。也可以这样说，项羽个人超强的武力使他成为那个时代最厉害的将军，他的性格却决定了他没有成为帝王的能力。

第四，目光短浅，缺乏远见。

项羽说过，"富贵不还乡，如衣锦夜行"，就是说富贵了如果不还乡，就像穿着很漂亮的衣服在夜里行走，就没什么意思了。如果一个人追求成功，只想炫耀给别人看，说明这个人不是信心不足，就是虚荣成嗜。信心不足，就是水平欠缺的一种表现；虚荣成嗜，则是不够务实的表现。好表现，某种意义上说是目光狭隘，站不高，看不远。例如项羽在鸿门宴上没有杀刘邦，有相当大一部分原因是因为他没有预估到刘邦的野心与实力，目光短浅，不可否认。

第五，关键时刻赌气，不会示弱。

垓下之战失败后，项羽主力丧失殆尽，但不代表他就一点机会都没了，因为江东还是他的地盘。乌江亭长就劝项羽东渡，收拾局面，聚拢兵员，以期东山再起。但项羽却以"无颜见江东父老"为由予以拒绝，在乌江自刎。

由此可见，项羽是一个十分重视自己面子的人，处处一副不切实际的假贵族作风。真正的英雄应该在逆境中也能够坚忍不拔，不屈不饶，总结经验教训，以待东山再起。在一时的成功面前狂妄而又自大，在一时的失败面前则悲观绝望的人，即便能取得一时的成功，也很难获得最后的胜利。留得青山在，不怕没柴烧，笑到最后的人才是最终的赢家，才能在最后登上最高的山峰。

第十二章

恩威并施：创业难，守业更难

刘邦为什么是赢家？

大风起兮云飞扬，

威加海内兮归故乡，

安得猛士兮守四方！

这是刘邦当上皇帝以后，回老家邀请父老乡亲饮酒时唱出的一首《大风歌》。这首歌非常准确地唱出了刘邦起伏跌宕的一生，也唱出了他的胸怀，向我们暗示了他得以成功和能够真正地持久地第一次统一华夏民族这个大"公司"的原因。

一个在亲人的眼中"无赖，不治生产"的逆子，在范增的眼中"贪于财货，好美姬"的无德之辈，在项羽的眼中根本不配称为对手的中年男人，在乡里间"纵横肆虐"的匪类，竟然于起兵的几年间，便统一了中原大地，举行了盛大的登基大典，创建了威名远扬的大汉王朝，成为中国历史上第一个稳定王朝的统治者，而且是这个伟大帝国的开创者。

人们不禁要问，在秦末汉初这个英雄辈出的大舞台上，豪杰四起，强手如林，为什么只有刘邦成为最终的赢家，他脱颖而出的原因何在呢？

比起运筹帷幄决胜千里，刘邦比不上善谋略的张良；比起安抚百姓，刘邦比不上萧何；比起沙场征战奋勇杀敌，刘邦更加比不上韩信。

然而，刘邦将这些人才"为我所用"，从而让自己成为庞大的"刘邦集团"的首领。这便是他成功的关键："治于治"而非"治于人"。他的为人极其豁达，知道自己一个人的能力是有限的，只有知人善用，发挥他们的才能为其所用，才能将一块蛋糕越做越大。这才是一个卓越的管理者最应该具备的素质。

项羽在乌江自刎，一首《霸王别姬》千古回荡：

> 力拔山兮气盖世，
> 时不利兮骓不逝。
> 骓不逝兮可奈何，
> 虞兮虞兮奈若何！

我们现在回头看，当然会觉得这是一段凄美的爱情故事。这首歌难掩楚王项羽在即将失败前的悲痛和遗憾之情，但同时也说明，项羽的落败实则是历史之必然，因为他最迷恋的就是这种"盖世之气""拔山之力"，并不具备真正的优秀管理者的品质。

在回顾楚汉战争的全程时我们就会发现，刘邦知人善用，不管什么人才，都能在他手下如鱼得水；而项羽，却只有一个范增可用，还没用到关键处，总是让范增处于半退休状态，即使只有一个人才可用，项羽仍然"用人生疑"，犯了管理的大忌。最终，落逃的项羽跑到乌江，被刘邦的诸路大军合围。

"天之亡我，我何渡为！且籍与江东子弟八千人渡江而西，今无一人还，纵江东父兄怜而王我，我何面目见之？"西楚霸王，只落得一个乌江自刎的下场！

对比两个人我们发现，西楚霸王之死首先在于他迷信武力而不懂用人，用现在的话讲项羽虽有强大的实力但不懂管理，最终"项羽集团"管理不善而破产。而刘邦虽然只是"市井小人"，但其属下众多，很快建立起了一个庞大的"高效组织"，并广招贤才为其所用。用现在的话讲，刘邦有人际、善沟通、懂管理，于是他的团队的正能量越发强大。

西汉建立之后，刘邦成为一个伟大的明君。他下令迁都长安，而不是其他任何旧城，不单单是因为关中的地势易守难攻，更重要的原因在于刘邦要昭告世人，商周已去，秦朝不复，他要给全国人民在心理上减压，一方面避免动荡，另一方面拉拢人心，这就叫文化，叫"价值生产"。他在管理上总是能够站在最高的视角来制定策略，而不是拘泥于某些功利的手段层面。刘邦的这种思想从他一起兵就能看到了，他是一个希望减少徭役赋税、"与民休息"的领导者。所以，建国后的刘邦，下令开垦荒地，使得全国的农业经济迅速恢复，让整个国家开始呈现富强与安定的局势。

由此我们总结，战争的胜败，人是最重要的因素，企业的成败亦是如此。你是不是尊重"人"比你是不是强调资本的运作更重要，更关键。刘邦不但尊重自己的手下，而且还尊重自己的国民，这就是项羽与他的差距。

晚年的刘邦其实并不幸福，活在猜忌之中，因为他不知道下一个会造反的是谁。彭越、韩信、英布先后被杀，虽然三个人都有该杀之处，但刘邦难免因此而被后人送上一些骂名。但我们如果从他的角度来看这个问题，或许就能理解了：

公司是你率领大家打下来的，大股东是你，法人代表也是你，突然有人想对你取而代之，夺了你的财产，你会怎么做呢？我相信你的第一选择也是让他出局。

当然，诛除一些功臣（即便有罪）很难摆脱家族式企业的弊端。当皇帝之前，刘邦的眼界是开明的、开阔的，他深知如何借助有才能的人为自己打天下。然而攻城容易守城难，建国之后的刘邦事业渐渐变的狭窄与自私，他的思维也从"建国"逐渐转变为"建家"，"国天下"逐渐成为"家天下"，用尽心思巩固"家业"，比如白马盟誓，非刘不王，便是他与诸臣的约定。直到他临死前，还在为大汉帝国的未来能否由刘家人继续做主而担忧，甚至想下诏杀了樊哙，因为樊是吕后的妹夫，在自己死后，必然成为吕家人的强大臂膀，而成为刘室的巨大威胁。

西汉建立前后的刘邦所反映出来的不同思维的转变，则是现代社会中家族式企业的统一弊病。建国的时候有最亲信的人集体帮助，然而一旦王朝建立，这些昔日的功臣反倒成了皇权最大的威胁，除之不忍，不除难安。罗贯中在《三国演义》的开篇精辟地概括了"天下事"——"天下大势，分久必合，合久必分"，从现代的角度考虑，这实则是对家族式企业的警醒，家族式管理是最危险的经营方式。

不过，总的来说，刘邦不但成了赢家，而且还成了一个弱势的大赢家，在短短七年间就完成了从布衣到贵族的逆袭。他所具备的上述特点，不管是优点还是缺点，都在他成为这个大赢家的过程中起到了决定性的作用。

他建立的汉帝国经历两汉，前后持续长达四百多年，塑造了一个神奇而又伟大的王朝。与此同时，我们也不能忘了，刘邦是中国历史上第一个平民出身的皇帝。从平民到皇帝的转变，他的成功过程，曾经让多少人跌破了眼镜，也让多少人既嫉且恨，不能客观地评价他的能力，而只是以一句"流氓"或"厚黑"概之，显然这是非常不公平的。

在风云变幻、英雄辈出的那个年代里，刘邦之所以可以异军突起、扫清政敌、一统天下，从而名垂青史，靠的并不是一个显赫优越的出身，也不是过人的聪明才智，更不是作战的勇猛刚烈，而是一种对于人心的掌握和利用。

刘邦非常懂得经营人心，他的身边始终存在着一个出神入化的"智囊团"，他擅长"以柔克刚""以阴克阳"之术，擅于运用权术之道，知道何时进、何时退，以至于总能在关键时刻化险为夷，渡过难关，掌控大局。

这也就是刘邦始终贯彻的"人心"路线。一个精明的政治领袖，一个传奇式的人物，一个充满神话色彩的帝王，在他的背后隐藏的却是丰富多彩、变幻无穷的管理哲学。

对残余势力：区别对待，不搞一刀切

刘邦登基成为汉高祖，但此时的刘邦深知一点，皇权所面临的威胁还未消除，甚至是才刚刚开始。一旦他掉以轻心，便如同短命的秦朝一般，其基业就会顷刻间消失于历史的洪流之中——自己辛辛苦苦打下的家业，就落到了别人的手中，就像嬴家与项家的天下那样，被众人分食之。

"攻城"之后，刘邦就为"守城"采取了很多措施，以扫平帝国即将面临的"内忧"。这一点，各个朝代的开国皇帝之间都有着很大的相似之处。在统一了天下、坐稳了宝座之后，就开始秋后算账了，有功的封赏，有罪的杀伐，建立一个稳定的统治和管理秩序。

第一件事，当然就是消除那些残余的贵族抵抗势力，除恶务尽，尽快统一政权于汉室。

公元前198年，刘邦将六国残余贵族与名门豪族均迁至关中。这一举动实则是在昭告天下——普天之下莫非王土，对大汉王朝威胁最大的六国残余必须被紧紧地控制起来。

这一招看似简单，同时又颇为巧妙。一方面，刘邦没有斩杀六国残余贵族，因为没有一个合适的借口可以顺应民意地来消除后患，如果大动干戈难免留下"好战"和"残忍"的名声，使大汉人民人人自危，前有项羽之鉴，不可不防；另一方面，如果任其发展，肯定也会留下后患，刘邦这个皇帝也做的不安稳。

怎么办？使其迁离其地，失去强大的资本，然后把他们就近看管起来。于是，在娄敬的建议下，这些残余的"后患"被迁到了关中。

这一刀砍得非常狠，六国旧贵族们失去了他们经营数百年的社会基础，来到了一个完全陌生的地方：关中。即便要造反也是有心无力。当然刘邦不仅让他们失去了社会基础，还等于将他们放在了自己的眼皮底下，一旦他们有所异常或者行为不检，立马就有了杀他们的理由，这对他们是一个极大的震慑。

但是，当刘邦在处理齐国的流亡领袖田横时，就有点进退两难了。

刘邦知道田横在齐国声望非常高，如果任由他在外岛活动，恐怕日后会给齐鲁之地的治理带来巨大的隐患，刘邦于是派出特使赦免了田横，并召他入洛阳。田横不想去，但是看刘邦的架势是不会罢休的，又担心岛上因他的缘故而遭到战乱，只好和两名门客一起到洛阳拜见刘邦。

还有30公里到达洛阳城时，一行人在驿站休息。

田横叹口气，对跟随他的两名门客说，刘邦想控制的只是他本人而已，只要证明自己死了，他也就不会向岛山的军民去施以武力了，人们就能获得太平的生活。

说完，田横就自杀了，门客马上就把他的头割了下来，放在了木盒子里，通过使者去向刘邦禀报了这件事情。

刘邦感念田横的贤名，于是就令田横的两名门客为都尉，带领二千人组成的仪仗队，以王者的礼仪为田横出丧。

葬礼完成以后，两名门客一起跪在田横的墓旁边，也自杀了，表示要在阴间继续追随田横。

刘邦得到消息后，那是相当惊讶，更加觉得田横的门客果然都很牛，于是就派人到田横残余部队所在的岛上通知了这一噩耗，并宣布他想召见和重用其余的五百人。

想不到的是，这五百名门客听说田横为保护他们自杀了，都非常地哀痛，大家一块儿自杀了，来表示自己的节气。

对田横的特殊礼遇，显示出刘邦这时已经开始关心社会伦理风气的塑造了。他必须灌输一种忠诚的文化，尊敬那些值得尊敬的敌人，才能最大程度地收服当地的人心，确立汉朝的统治。

第二件事，赢得人心，安抚民心。

如果六国的残余算是威胁大汉王朝的"硬势力"，那么人心和民意就成为威胁大汉王朝的"软势力"。其实后者更具有威胁性，一旦丧失了民心，就等于自己的统治失去了民意的支持，大汉王朝必将和秦帝国、项楚集团一样，瞬间变得岌岌可危了。作为从反秦战争中得利的一员，刘邦当然知道庞大的"秦氏集团"是如何覆灭的，也十分清楚项羽是怎样一步步丧失百姓支持的。

除了减轻徭役赋税，"与民休息"这些可以为人民带来切实利益的举措之外，刘邦还不忘伺机巩固一下皇权的至高无上——不但让人民能得到切实的好处，消除他们造反的意图，还要让他们永远忠于皇权。

这和如何给员工建立忠诚感是一样的，想让人们对你忠诚，除了给他们满意的工资，保障他们的生活水平，最重要的就是你的自身形象了。你得在员工的眼中成为一个值得崇拜的人，为你效命觉得很荣幸，这样就有了建立忠诚感的文化根基。

首先，刘邦将父亲刘太公尊为太上皇，并且每五日拜见一次，让人们知道刘邦是一个有道德和十分懂得孝道的君子，而非一开始那个在父亲和邻居眼中的"无赖"。这等于告诉世人：我不但拥有了天下，而且也变得五讲四美、道德高尚了。

当然，聪明的刘邦不仅是为了表达这一点而已，太公的属官了解刘邦的用意，于是就借机告诉这位受了一辈子苦的老头："天下只有一个皇帝，即使您是皇帝的父亲，也是大汉的臣民，岂有皇帝向臣民行拜礼的说法呢？"

当刘邦再次拜见太公时，刘太公就出门迎接，并且退行至堂内，表示我虽然是你爸，但本质上也是一个臣子啊！当然他心中未必很爽。

刘邦见状，赶紧下车去搀扶父亲。于是，刘太公就对所有人说："天下是皇帝的，我岂能坏了礼法？"

这是一次完美的作秀，既告诉世人刘邦很孝顺，又再次强调了刘邦九五之尊的身份。所以此事一出，便传遍全国，成为国人讨论的热门话题。人们知道，即使连皇帝的父亲都不能凌驾于皇权之上，我们这些平民百姓又如何敢、又怎能去藐视皇权呢？

这才是刘邦尊太公为太上皇真正想要做的事情和要达到的目的。刘邦要让所有的臣民知道，皇权是不可侵犯的。对外如此，对内也是如此。所以这是人心的确立，权威的建立。一个大公司上了市，稳定下来，董事长就会给自己包装一下，确立绝对的领导地位，才能放心地交给有能力的人去管理，刘邦就是这么做的。

不久，又发生了两件让刘邦可以借机表现一下的事件。

项羽的军团将领里面有一个叫季布的，楚国人，在刘邦项羽开战时，曾经好几次都逼得刘邦颠沛流离，但季布仍然紧追不放，对他毫不放松地继续追击，恨得刘邦的牙根直痒痒。季布是项羽的忠诚将领，核心幕僚，当然也非常有能力，算是项羽死后的漏网之鱼。

刘邦对他恨得死去活来，为了抓住他，悬赏千金来通缉他，而且放出狠话来，要是有人敢护着季布，一律诛除三族，绝不庇护。

为了活命，季布不惜牺牲形象，剪掉了自己的头发，成为奴仆，卖身到了鲁国之朱家的府上。朱家是鲁国的名门，一直以来都很讲义气，而且胆子也非常大，喜欢做一些冒险之事，常常救人于危难中。在当时，这是一种任侠好义的精神。

朱家不是傻子，很快认出了季布，但仍然不动声色。为了不让人发现他，就把他分派到田野中去工作，并暗中进行保护。

但这样下去也不是办法，听说刘邦近臣中，夏侯婴是最讲义气的，为了解救季布，朱家于是就一个人来到了雒阳，拜见当时已封为滕公的夏侯婴。

他向夏侯婴请求饶此人一命，认为季布并没有犯什么罪，只是在很尽职地工作罢了，是一个不可多得的人才。皇上已经统一了天下，就不能因为个人的恩怨而委屈这些人才了。何况如果把他逼急了，万一他投靠了皇上的敌人，那就是在给自己找麻烦了。

言下之意："季布这种人你杀了没用，逼急了咬人，不如做个顺水人情，吸收到汉家庙堂，为汉家服务。"

夏侯婴是个实在人，认为朱家讲得有理，季布有能力，很忠诚，但毕竟项羽死了，而且这人也没对刘家干过什么太过分的事，不至于非得弄死他，于是就非常爽快地答应为季布求情。由于夏侯婴和刘邦交情特殊，于是经常有单独见刘邦的机会。见了面后，他坦然地将朱家所讲的话向刘邦报告，并说这件事朱家已经自首了，表现很好，没有对朝廷隐瞒。

朱家的义气感动了刘邦，他马上就下令赦免了季布，并给了他一个郎中的官职。不但不杀，还让他做官。

当刘邦想召见朱家时，朱家已经因为害怕逃走了，从此以后再也没见过他的踪迹。

季布活命了，他的舅舅丁公听说此事，心情很不错。丁公以前也是项羽的将领，在彭城之战的时候，他在彭城西边包围了刘邦，双方就这么打起来了。刘邦当时情况危急，就派人去跟丁公讲和。

丁公被说服了，收了刘邦的礼，然后故意放过了他。项羽灭亡后，丁公也是东躲西藏，四处流窜，过着朝不保夕的艰苦生活。所以一听季布都被赦免了，还当了官，大喜过望，自以为有恩于刘邦，一定会得到更好的待遇，就主动出来向刘邦投降，想着被封个一官半职的。他想，我可是在关键时刻放过他一命的，等于给他当过间谍啊！不说让我当个朗中令，也得给我一个郡守干干吧？

但是这件事的结果却让人大跌眼镜，丁公一露面，即被逮捕，马上就被杀了。

刘邦的理由是：丁公这人以前在做项羽属下的时候，对于项羽不够忠心，才使主人丧失了天下。这种人是不能用的，一定要用来杀一儆佰，告诉世人，只有忠诚，才有活命的资格。

在汉帝国刚成立时，有一个叫娄敬的人驻守在陇西一带，负责和异族之间的贸易工作，因此对边疆防务及外交事宜，他有很多自己的看法。

刘邦召见娄敬的时候，娄敬表示他绝不赞成把洛阳定位为京城，虽然洛阳在和平时期是可以拿来建都的，但是眼下的情势，还是应该选择关中作为京都重地。在乱世，若能掌握关中，无疑就相当于得到了扼天下之喉、压服天下之背的优势。

刘邦虽然认为他说的很有道理，但因为牵涉的范围太广，一时不能下决定，于是就跟各位大臣进行商议。此时，多数开国功臣及将领，大多数都是函谷关以东的人，许多人的老家都在丰地，所以都不愿意把京城定在关中。

刘邦也很犹豫，一时无法决定，就私下问张良："子房，你看这件事到底怎么做才好？"

张良笑着表示："我自己非常同意娄敬的看法。"

在这种战略的层面上，刘邦一向都是非常信任张良的。他马上采纳其建议，决定以长安为京都，并下命令驾车西入关中，开始进行有计划的建设。

事实上，娄敬的看法非常正确，关中之地易守难攻，是乱世建都的不二选择。汉帝国刚成立的头几年，异姓诸侯在外，各地还有叛军，北有匈奴，并不是一个和平盛世。刘邦想通了这一点，就把娄敬拜为了郎中，赐姓刘氏，所以这人后来就叫刘敬了。

张良的身体一直都不好，加上多年劳累，导致病情加重，很多朋友劝他要学会享受生活了。

有人对他说："子房啊，既然皇帝都承认你的功劳，你更应该趁此机会多为自己争取一些富贵了。"

创业的时候你替老板付出这么多，现在公司上市了，你不要求多给你一些分红？

但是张良却很坦然地认为，自己能在韩国灭亡时不惜千万身家，也要为韩国报仇，现在只凭着自己的口舌之才就能成为皇上的老师，这对于一个丧失故国的人而言，已经是最高的身份和地位了，自己也非常满足，所以不愿意像世俗之人那样去追求更多的名利。

从这里可以看出来，张良虽然深受刘邦的重用，却没有丝毫的个人野心，因此张良从始至终都是刘邦最为放心的一名极重要的核心幕僚。

立好榜样，也要立坏榜样

我们可以发现，在处理季布与丁公一事上，特别在他们的待遇对比上，刘邦做足了文章。我们都知道季、丁二人都曾是项羽的大将，也都曾在战争中击退过刘邦。尤其是季布，英勇善战，刘邦对他可谓是无比痛恨，然而，最后他并没有将季布处死，反而拜为郎中，为什么呢？

首先一点，当刘邦被项羽追杀时，韩信、彭越皆未出兵相救，季布在追击过程中表现出来的英勇和能力，让刘邦大为感慨。他是一个识才和惜才的管理者，不忍就这么真的处死季布。当然，这个理由还不足以让"心胸狭隘"的刘邦放过姓季的，因为刘邦要借此机会赏识忠臣，让所有的大臣能够忠于自己的统治，出于这个想法，才最终饶恕并重用了他。

随后的丁公便没有这么好的运气了，虽然他曾经对高祖有恩，可还是避免不了做刀下鬼的下场。原因我们说了，只有一个，丁公在做项羽的臣子的时候不忠。

在刘邦看来，一个对前任老板不忠之人，又岂会忠于我呢？

对这两件事的处理，刘邦树立了一个好榜样，还有一个坏榜样。一方面他要让所有的大臣们尊重皇权，不仅要尊重还要敬畏，即使对于自己有恩只要不忠就不会落得好下场。另一方面笼络人心，当时的朝廷之中心存二心的人并不多，刘邦要安稳这部分人，就必须给他们树立一个正确的榜样，让他们在为自己办事的时候能满怀希望——即使像季布这样曾经让皇帝怀恨在心的人，只要忠诚能干，就能得到提拔。

从这点来看，刘邦表现得非常具有管理手段。有一位先哲曾经将人类分为两种人，一种人制定规则，而另一种人遵守规则，但要实现两者的结合，就需要制定规则的人有"治人"的能力，"治人者劳心"，必须有足够的控制力将需要遵守规则的人牢牢地约束在规则之内，这就是管理之道。

毫无疑问，刘邦就是这样的人。作为一个皇帝，一个最高统治者，他深刻了解"权威"的含义，权威既包含着规矩的至高无上，又必然会有"威"的成分，也就是说，单凭修养、品质、能力树立起来的权威还不够真实，如果企业领导人仅仅是以"满足需求"的方式树立威信，反而会将员工的胃口撑大，因此恩威并重才是权威之道。

一个有权威的领导者是什么样的呢？他必须在恰当的时候足够强硬，比如对丁公，对六国旧贵族，强硬到不容许你有任何反抗，有任何抵触，有任何辩解，这样才能保证做到令行禁止；另一方面，就是对规则的无比尊重。这个规则是什么？有功必赏，有罪必罚，人心为上！

做到这些，管理者才有控制力。

分封是一门大学问

刘邦建国之后的"守城策略"可谓如火如荼，家业打下了，就要守。杀丁公，拜季布，先为皇权的巩固打下基础，然而当面临论功行赏的时候，刘邦又有了自己的"小心眼"。功臣自然是要赏的，这个红也是要分的，不赏不足以稳军心，不分不足以稳住这些共同打下的股东们。

然而，如何赏才合理、才安全呢？张良、萧何、曹参这些大功臣已经分封了，众多的中小功臣还未处理——"日夜争功不决"，这些人已经开始吵闹了，私下争功不休，大眼瞪小眼，都在等着皇上的决定，此事已拖延不得。

在灭了项羽之后，其实最让刘邦担心的就是韩信这股强大的力量了。在他看来，韩信从来都不是"自己人"。因此如何对待韩信，是他日夜考虑忧思的问题。

不过让刘邦稍微放心点儿的是，他的嫡系班底骑兵团司令灌婴和步兵团司令曹参，是韩信军团中的两大团队。尤其是灌婴的骑兵团，在垓下的那场决定性战役中，就有五位将领获得了项羽的尸首，这个功劳是相当的大，至少在表面上冲淡了韩信的独功，让刘邦的心里好受了些。

在当时，打完仗、灭完项羽以后，刘邦借口说功劳和分封情况的评定要有一段时间，就让各诸侯都先打道回府了。大家都在极愉快的气氛下，班师凯旋回到各自的封国。

为了防止韩信的力量过于强大，给汉帝国的稳定带来麻烦，张良、陈平建议刘邦带领禁卫队找机会夺取韩信30万部队的兵权。只要刘邦亲临军团中，灌婴、曹参就会全力协助，这样一来，要制住韩信并不困难。

刘邦的亲信告诉他，韩信军团在返回齐地之前，计划先到齐国的西南巡视，并在定陶城驻营。"好机会啊！"于是，刘邦带着禁卫军噌噌地奔着定陶就去了，借口说要犒劳军队，就直接冲进了韩信的大本营，夺了他30万大军的指挥印信。

这已经是刘邦第二次夺走韩信的兵权了，可见对这位军事战略天才的严重不放心。

韩信一看，灌婴、曹参都是站在刘邦这一边儿的啊，我算老几？反抗无用，因此他也不反抗，很坦然地就把兵权交付于刘邦，只保留了那一丁点直属部队的指挥权。

可能觉得就这样夺了他的兵权挺像一种强盗行为，刘邦的心里也不落忍，于是就把韩信改封为楚王，不再让他当齐王了。事实上，这是一种利益交换。你把军权给我，我把另一个王给你。楚地比齐地大多了，韩信又是楚国人，所以这个交易看起来还不坏，史载韩信听到这个命令时，还挺高兴。

这又一次反映了韩信在政治上的幼稚与天真。

临江王共敖死后，他的儿子共尉继承了他的位置。因为这个叫共尉的小孩并不想向刘邦投降，刘邦就派了卢绾和刘贾率军去开战。结果当然不出意外，共尉成了俘虏。这个隐患也就被消除了。

于是，项羽当年封的诸侯，除了燕王臧荼在刘邦和项羽之间一直都保持中立外，其余的灭亡的灭亡，向刘邦投降的投降，基本上都让他摆平了。

他登基以后，就下令大赦天下，宣称与秦的暴政说再见，表明汉帝国的治理方式是仁慈和温和的，绝对没有那么多的苛捐杂税，也没有那些折磨全国人民神经的劳役。

西汉前期无为而治的治国方针，就从这时开始了，刘邦制定了这项政策，并长期为惠、文、景三代后世皇帝严格遵守，直到武帝刘彻时期，才出于主动进攻匈奴的需要，调整了这个治国理念。但到了武帝的孙子宣帝上台后，又恢复了休养生息的思路。

由此可见，经过几百年的战国征战和秦末的社会动乱之后，刘邦一眼就看出百姓真正需要的是什么，从而采取了正确的管理国家思路，保证了汉帝国的稳定发展。这是他做出的了不起的贡献，恐怕这也是项羽做不到的。

正如我们前面所说，在对韩信、彭越、张耳、英布等大军团的领袖进行了分封后，其他的分封天下的工作并没有立即进行。在"刘氏管理思维"中，一定要赏的人必须赏，但要适当地赏，而应该赏的人，尽量少赏，能不赏则不赏。为什么他在立国初期会如此呢？因为分封实则就是在分化皇帝自己的权力，为他的刘氏家族埋下隐患，再者说，国土就这么大，至少现在不会增加了，如果你一块我一块，分疆裂土，所有的有功者都来咬一口，哪里够功臣们去分呢？

想必那几天，刘邦一定失眠，对着地图痛心疾首，不管哪块地方都不舍得拿出去。要知道分封出去的土地，中央就再也收不到什么税了；中央只能从直属的郡县中拿到田赋商税，封国的财政都是由封主来打理的，甚至于他们也都有自己的相国和行政管理团队，就和分公司是一回事。

他向张良讨教策略："为之奈何？"

张良笑着说："大封当然不可，但不封也是不行的。因为你不封，他们就要造反了。"

刘邦大惊。

在张良的建议下，刘邦为了安抚人心，首先封了他最讨厌的雍齿。大家都知道我们的主公对于雍齿那是恨之入骨，此人曾经几次三番地使刘邦受窘受辱，背叛主公，刘邦早就想杀雍齿而后快，可偏偏他又立下了不少军功，还是丰地的老乡。

这一点，群臣都是知晓的。所以刘邦封他为什邡侯以后，大小功臣的心都放下了："就连雍齿这样的都封侯了，皇上并没有忘记我们，一定会厚待我们！"

究竟怎样分封？这在刘邦集团的内部也有过争论。

比如在汉三年，郦食其就提出要封六国后人，但张良却坚决反对。张良看出了天下大势，他认为，自秦灭六国建立统一帝国以来，虽然帝国随即崩溃了，但大一统则安定、分封则可能导致无休止战争的社会共识，其实已经开始形成了。如果再立六国，"所谓割己之有而以资敌，设虚名而受实祸也"。

也就是说，六国后人绝不可立，否则就会重蹈项羽之祸。对此，刘邦深以为然，十分赞同。

所以，刘邦准备好的分封之策，与项羽和春秋战国时的分封大有不同。功利性比较强，而且布局长远。当刘邦大败于彭城，让项羽追得到处跑时，为了争取一切可以争取的力量，他就打算"捐关以东"之地，作为拉拢一些武装集团分封王侯之用。这是为了保命，制止劣势，联合一切可用的力量来对抗项羽。对内部的自己人，刘邦在战时则利用"封爵""封邑"网罗人才，稳定内部。

所以在战时，分封只是刘邦的权宜之计，是为其夺取政权这一总的目标而服务的。天下到手后，分封则成了控制的需要，而不是像春秋战国、项羽的分封那样是为了分裂和制衡。

刘邦明白，异姓之王是不得不封的，因为当时鼓吹分封、要求分封的大有人在，这是春秋战国留下的风气，社会认同感尚强，且实际上他们已经结成了一股不可低估的政治势力。这里面的人包括了韩信、彭越和英布等。他们是异姓功臣，能力强，势力大，又有一定民心的支持。

因此，刘邦的选择是：应该封的异姓之王，不能犹豫，必须封。

其次，刘邦也十分清楚，对于这些实力派人物，包括手下的那些其他的有功臣将，也不能全部都优容有加，甚至放纵他们的欲望和要求。全部满足他们立王封侯的奢望也是不可行的。所以，必须有选择地进行分封和犒赏。

这可以看成是刘邦成功的一大"秘诀"，他在创业成功后的分红策略上，表现得非常灵活和恰到好处，比项羽要高明得多了。项羽的分封是在给自己找麻烦，埋隐患，刘邦的分封则是用来打击敌人、安抚人心和削弱功臣的力量，稳定自己的统治。

同样一件工具，在项羽手中用着烫手，在刘邦手中却可以变成打击敌人的锐利武器。

2月，刘邦在曹州济阴县的氾水北岸设坛，正式登基为皇帝以后，经过周密准备的大量的分封行动就开始了。

除了楚王韩信、梁王彭越、淮南王英布、赵王张耳外，还正式晋封了衡山王吴芮迁徙为长沙王，都临湘，韩王信为韩王，都阳翟，粤王无诸也改称闽粤王，统辖闽中地，并正式承认了中立的燕王臧荼的诸侯地位。

刘邦正式把首都迁到了雒阳（洛阳故城），杀了之前被俘的临江王共尉。

5月夏，为了恢复民生及生产作业的正常化，刘邦皇帝下令各诸侯及军团进行裁军复员工作。为了摒除将领的投机心态，不久，刘邦在洛阳的南宫，设酒宴款待各功臣和诸侯，加深一下感情，并且让大家来评价一下自己成功的原因，一副平易近人的样子。

王陵的观点代表了这些团队骨干的想法："皇帝，你成功是因为大方，愿意把所得的战果归属于有功者，并与大家共分天下。"

刘邦听了，却摇头笑道："不，我不过是善于用人罢了。像张良、萧何、韩信这三个人，他们都是世间少见的奇才，却可以为自己效劳，而项羽只有一位范增，都不能好好用，这是他失败的原因，也是我成功的原因。"

其实，兴汉三杰固然重要，但是就像王陵说的那样，刘邦经常以"与人共分天下"的策略来争取各路英雄好汉的支持，的确是楚汉相争刘邦胜利最主要的关键因素。

但是，从上面可以看出，虽然王陵讲中了要点，切中要了害，刘邦却死活不想承认了，最主要的原因是现在已天下太平，时局变了，时势不同，皇权也统一了，作为老板，自然就不会再把自己兜里的钱掏出来白白送给大家。在这个时候，就不能再与手下谈"共有天下、分享政权"的问题了。

如此说来，刘邦容人乃至成功的能力，似乎源自于他深藏不露的"权术"和在管理上的机变选择。他总是能够发现最合适的办法，而不是去选择那些"人们公认的道路"。这就不仅仅是一种机变能力了，而是世间稀有的战略头脑的体现。

白登之围：逆境中的选择

在内部安定之后，刘邦开始关注边疆之乱，尤其是北方问题。匈奴的侵扰在当时已成为中原的心腹大患，早在始皇帝时期，蒙恬军团就已经到草原与匈奴对峙。

在楚汉战争的几年间，匈奴这边也发生了很大的变化。最大的一个转变，就是原来各自独立经营的匈奴部落，被冒顿单于整合统一成了一家超级草原帝国，力量顿时成倍增加。

刘邦觉得，这个问题不除不快。可他还没来得及准备好了，派驻到代郡驻扎马邑的韩王信就因战败而降，投降了匈奴人。在降匈以后，韩王信与匈奴共同举兵入关，进入雁门关，攻下了太原郡。

刘邦一听心凉了一大半，韩王刘信何许人也？亲信！自己亲手封的王。这小子不但大败，还投降了匈奴，丢人现眼，丧己士气，不给以颜色，势必会引发朝廷内的慌乱。

怎么办？

亲征！

公元前200年，刘邦亲率前锋部队，进驻晋阳，由步兵组成的主力大军在后跟随，尚未赶到。此时正值寒冬时节，中原士兵哪能抵得住如此的寒冷呢，史书记载有些士兵甚至将手指都冻掉了，而匈奴人早已经适应了这种天气。这时，危险已经悄悄降临了。

匈奴人在初期的交战中有所保留，故意佯败撤退，将汉军往北吸引。刘邦两次派人去侦察，第一次派出的兵士回来报告说，冒顿单于的部下全部是老弱病残，没有什么作战能力。有人便趁机进言：

"陛下，我们可以大举进攻，先发制胜。"

刘邦对此还是深有怀疑，又派刘敬前去侦察。刘敬带回来了一个不同的消息，他告诉刘邦，匈奴这么怯战，必定有隐情，前面肯定有精兵埋伏。

"陛下，我们还是小心为妙。"

但是刘邦此时急于攻打匈奴以安定军心，做出了一个错误的判断。明摆着这是匈奴人设下的一个圈套，他硬是毫无顾忌地上当了。不但下令立刻拔营前进，攻打匈奴，还将刘敬关了起来。

不过，他很快就尝到了苦头。

刘邦亲自率领的骑兵部队刚到达平城，立马被包围了。匈奴人铺天盖地而来，骑着骏马，吹着口哨，势不可挡。汉军拼力死战，保护皇上逃过一劫，但刘邦最终被冒顿单于的四十万大军包围在了白登山（今山西省大同市东北马铺山），围得如同铁桶一般，一只苍蝇也飞不出去。

深处险境中的刘邦才开始后悔当初没有听从刘敬的劝告，但眼前更重要的问题是，如何才能逃出匈奴的包围圈？"虎落平阳被犬欺"，虽然刘邦贵为大汉的皇帝，提剑斩白蛇，布衣夺天下，此时也只能唉声叹气，为之奈何了。

在这种情况下，活下去、跑出去才重要，至于怎么解决匈奴的问题，并不是现在他要考虑的了。

这就是历史上著名的"白登之围"，刘邦的部队被围了七天七夜，全军上下饱受煎熬。幸运的是，匈奴人不擅长打攻坚战，汉军的阵地防御能力此时发挥了作用，所以虽被死死围困，匈奴人也没有办法拿下白登。

陈平这时站了出来，说："陛下，冒顿单于的妻子阏氏爱财，而且她很受单于的宠爱，我们不妨送她金银珠宝，请她吹吹枕边风，或许会起到出奇不意的效果。"

刘邦大喜，顿时觉得逃生有望了，遂采纳了陈平的计策，决定以智脱身。他派出一个使者，悄悄潜进匈奴军营，前去拜见阏氏，带去了很多的财物。这一招果然奏效，阏氏在晚上趁冒顿高兴的时候对他说：

"两主不相困。今得汉地，而单于终非能居之也。且汉王亦有神，单于察之。"

汉地就算打下来，大王您能长期居住吗？不能。而且汉王也是一个很厉害的人，希望您好好考虑一下。

冒顿单于一想，对啊，再加上降匈汉人与他约定的会师时间也过了，对方还没来，又听说汉军的主力部队也快抵达了，到时匈奴可就有被反包围的危险。出于种种考虑，他下令将包围圈松开一个口子，放汉军撤退。

回到长安之后的刘邦意识到，这是一场持久的危机，不像国内战争那么容易解决。长期的战争绝对是不可取的，一方面刘邦已经见识到了匈奴的实力，另一方面，汉朝立国不久，民力疲敝，国力的恢复需要时间。所以必须在战略上解决这个问题。

刘敬这时已经被放出来了，还被封为了关内侯。他再一次出手，提出了"和亲"的政策，他说："与其陷入长期的战争泥潭，双方杀得你死我活，不如结为亲家，每年赐给他们一些中原的财物。这样，既能避免交战，还可以用这些财物换取他们的马匹，双方都有好处。"

在提出这个策略时，有一点刘敬是没有说破的：和亲本身便是一种血亲控制战略。嫁给匈奴单于的公主生下的儿子如果成为下一任单于，无疑就具备了一半汉人的血统，而现在的汉朝皇帝就成了他的外公，自然对中原就具备了天然的亲近感，更利于汉朝去控制匈奴的政策，这对于化解匈奴人的敌意十分有效。

刘邦一拍大腿："这个主意不错。"

他选中了长公主，想把自己的大女儿嫁给冒顿。但是吕后不答应，整天哀哭求情。谁也不想让自己的闺女嫁到大草原那种苦寒之地去。刘邦没办法，只好挑选了一个宫女生的女儿作为大汉公主，派到匈奴去和亲。

冒顿单于很高兴，在公主到达后不久就立其为阏氏，地位相当于大汉的皇后。这么看来，那位吹枕边风让老公放掉刘邦的阏氏可谓是为了一点财宝丢了自己的宠幸了，损失不小。

与其麻烦不断或者彼此大耗元气，拼个鱼死网破，不如干脆一点，我们合作。从现代管理的角度看待"和亲政策"，我们就更容易理解这种"合作博弈"的本质了。和亲当然不是为了所谓的和平，其本质还是竞争，双方仍然想吃掉对方。只不过换了一种竞争方式，在双方现在都无法保证能击败对方时，各退一步，接受一定的条件，那么都可以获利，至少利益不会减少。

该打的时候应该坚决打，但该和的时候，也要毫不犹豫地和，这样才能取得利益的最大化，保证长期战略目标的实现。

因此，双方讨价还价，达成共识，进行合作。"利益的交换"既是妥协的结果，又是达成妥协的条件。我们纵观西汉王朝和亲政策的推行，既有力地保证了西汉对于匈奴长期战略的实施，并且也最终实现了双方攻防地位的根本性的转变，这难道不是和亲政策成功的证明么？

亲征陈豨：对背叛绝不宽容

帝国成立后，韩王信被派驻到了代郡，任务是防御匈奴。但却在双方的战争中被匈奴打败，并且投降了匈奴。韩王易主，不再效忠于汉帝，当然会为草原上的新主人分忧解难，以求得到更多的回报。于是，韩王决定策反陈豨，并派王黄与曼丘臣前去，通过策反他来打击汉朝，增加自己的力量。

陈豨何许人也？简单来说，在韩王信反后，刘邦封他为列侯，主掌赵国的兵事与财政，也是赵国的相国，还兼管代国的事情，权力相当大。但同时，他也是一个不折不扣的贪官污吏，很多案件都与他牵扯上了关系。

这人在赵地独掌大权久了，又传出了贪污的风声，刘邦很生气，但又不太相信，就派人去调查他。

他正心虚呢，韩王信的策反使者就来了，为求自保，他决定答应这个建议。

从这一点上看，陈豨完全是一个愚钝的人。陈豨根本不用这么敏感，更不用为求自保想要推翻刘邦，这种想法注定了他不可能成功，因为他不懂如何去揣度刘邦的心理。刘邦当时只是稍有怀疑，对他还是以信任为主的，不相信他会贪污，即便真有一些贪钱的行为，作为开国功臣的一员，刘邦深切信赖之人，恐怕也不会对他采取什么行动，参照萧何的自贪行为——有功之臣贪点小钱，刘邦反而很高兴，这意味着你没有大志，对皇权构不成威胁。

所以在调查时，刘邦也并没有采取什么对陈豨有威胁的措施。他只要在刘邦面前认个错说点好话，这场灾祸是可以避免的。要知道，朝野之中的贪官污吏多了去了，刘邦怎么可能在大汉还未稳固的时候就开始大面积整肃这些贪官呢？乱了帝国基业，岂不是毁了自家的房子？

这个道理，陈豨并没有意识到。他很害怕，认定刘邦一定会杀了自己。而且，他只有归顺韩王信才可能自保。于是这个迂腐之人又做了一件傻事，在公元前197年10月太上皇（刘太公）死后，陈豨竟然称病没有去参加葬礼，要知道连梁王彭越这样的被刘邦猜忌的人都去了，陈豨却不去。

这不明摆着给刘邦难看么？此举也让刘邦开始怀疑他了。甚至，此时的刘邦已经下定决心，要除去这个"隐患"。

有时候，一个人只要做错了一件事，产生了一个错误的判断，那么这一念之差，就会让他后面事事皆错，无法回头，直到掉进深渊，粉身碎骨。

老板打天下是这样，中层主管看人脸色做事，也是如此。做人处事，最重要的就是判断力，学会猜对手的心思，也要懂得猜老板的想法；要明白怎样洞察环境，选择最正确的路线，才能保平安，做成事。

陈豨为什么有如此胆量敢于造反呢？因为他的实力确实很强，有一定的资本。也正是因为这一点，他在做出了错误的判断以后，高傲地认为只要行动迅速，就能成功，这叫得意忘形。

很快，陈豨自立为王并联合韩王信起兵造反，大军一起，一度攻占了聊城，匈奴也南下进攻大汉。腹背受敌的刘邦醒过神来，马上亲自上阵，让周勃负责领兵。此时，刘邦想让韩信跟随自己前去征讨，然而韩信却以身体有恙推脱了，这也为韩信后来的死埋下了一个大伏笔。

刘邦的大军刚走，韩信则派人密书给陈豨，希望在关键时刻里应外合，借机推翻刘邦的统治。这说明韩信此时也产生了错误的判断，走错了关键的一步棋。

如此一来，陈豨更有底气了。既然起兵，那我非要推翻大汉不可。他很有自信，认为自己必胜，再不济，也可以割据一方，成为一个独立王国的主人，安享富贵。

他说："就算我打不下南边的土地，杀不死刘邦，但我至少可以守住自己的地盘吧？"

陈豨自立为代王后，汉军来伐。高祖十一年（前196年）冬天，汉兵在曲逆击斩了陈豨的部将侯敞、王黄，又击破了陈豨的部将张春率领的军队，拿下了聊城，斩首一万多人。

随后，太尉周勃进军，平定了太原和代郡。到了高祖十二年冬，陈豨的末日来临了，他在灵丘被樊哙的军队杀死。

刘邦在此次出兵讨伐的过程中顺便做了几件决定性的部署。

第一件事，丑化陈豨，稳定军心。

陈豨这个人自然没有什么民意基础，人们都知道他是一个贪官污吏，道德败坏。至少在起兵造反之时，朝廷通过一系列的舆论宣传，已经给陈豨坐实了这些罪名。所以刘邦出兵讨伐，一是为国平叛，二是为民除害。刘邦大军出师有名，民心就有了。

另一方面，民心的基础固然重要，然而一旦让军队意识到陈豨是一个有实力且难以对付的人，军心也很容易涣散。因为军人总是很务实的，他们是实力至上原则的遵守者。在那样一个朝代，易主并不可怕，可怕的是你跟随了一个没有实力的主，战争的结果就很不乐观了。就像诸侯军当时不敢跟项羽对阵一样。

刘邦从一个街头小混混成长为大汉的帝王，当然深知这个道理。在到达邯郸之后，刘邦就仔细地为部下分析了战局，并且对邯郸这个要地详细地讲解。

他说："邯郸南有漳河做防，是一个战略要地，但陈豨却选择了别的地方作为重点布防要点，这人是没有前途的。"

部下听了，均认定陈豨必败，军心就得到了巩固。

第二件事，稳定当时的局势。

刘邦出兵的时候，常山郡的二十五个城已经被陈豨攻下了二十个。不但如此，各郡的郡守都开始担忧，陈豨下一个攻打的目标，会不会就轮到自己了？刘邦知道，这种恐惧的情绪一旦蔓延开来了，对帝国民心造成的威胁是很致命的，处理不好他们就容易临阵倒戈，岂不坏了大事？

这就是雪崩效应，如果有人开始投降，并散布这种恐惧情绪，让各地官员认为叛军不可战胜，那么就容易引发大规模的投降潮，加之还有异姓诸侯王在背后蠢蠢欲动，汉朝就真的危险了。

正值此时，赵国的丞相上奏，要惩罚常山郡守以及郡尉，刘邦当然要小题大做以稳定局势。这是他最擅长的。当着很多人的面，刘邦只问了赵丞相一个问题："他们造反了没？"周昌说"没有"，刘邦就对群臣说："此人有远见，晓大势懂大局。"便饶恕了他们，并将他们官复原职。

这句话虽然简短，但却非常有力，对于各郡的郡守也是一个极大的震撼。皇帝如此宽容，那么大势如何？高祖亲自带兵讨伐陈豨，军心大振，那么大局如何？存有害怕情绪的官员都在思考。陈豨想要推翻大汉并不容易，而各郡的郡守都在大汉的范围内，谁先造反，谁就会挨打。即便战局不利，刘邦被打败恐怕也需要很长时间，所以要叛变也不是现在的事。

那么，只要跟随皇上，才能够获得最大利益，取得胜利。刘邦又宣布："平叛有功之人必赏之！"大局就被稳定了下来。

此外还有一件事值得分析，刘邦命令周昌在赵国寻找几个人才，让他们领兵打仗。刘邦此举显然不是真的为了寻找人才，而是为了另一场作秀。

论打仗，周勃已经足矣，那么为什么要在赵国寻找人才委以重任？刘邦是要让赵国的子弟们知道，赵国与汉同盟，正借他们的力量为汉打仗。这叫"统一战线"。周昌找来了四个壮士，带他们去见皇上。刘邦第一句话便将他们骂的狗血喷头："竖子能为将乎！"但是骂归骂，刘邦还是让他们去带兵，并封他们为千户侯。

为什么这么骂？刘邦是想让天下人知道，赵国连"竖子"都在帮皇上打仗，还被封了侯，那么赵国的百姓、其他封地的子民自然就更加为刘邦卖命了。一句话，竟蕴藏如此高明的政治目的，达到了建立统一战线的效果，陈豨岂能不败？

第三件事，从各个方面瓦解陈豨的势力。

在这次战争中最让刘邦兴奋的是什么？是在他得知王黄和曼丘臣都是商人出身的时候。王黄和曼丘臣也就是韩王信派去策反陈豨的人，他们后来成为陈豨最得力的将军，几乎统领了所有的军权。为什么刘邦听到这个消息异常振奋呢？因为商人重利，更关注金钱而不是地盘。

刘邦的主意马上就来了：与其费力地攻打你们，还不如花钱消灾。

负责领兵的周勃这边打得如火如荼，陈豨的两员大将也在金钱的诱惑下逐渐开始动摇了，他们被收买了，所以很快战争就有了结果。对于这些帝王的策略，刘邦早已经玩得出神入化。你说这是心术也好，权术也罢，不得不承认的是刘邦用得很好，既要在战场上解决问题，也要在其他方面去瓦解对方的势力，打乱敌人的军心，效果是显著的。

三种方式展示权威

对于现在的企业管理也是如此，一个领导者能够让下属感受到他的关爱，那他就是一个有吸引力的领导者；一个领导者能够让下属感受到他的严厉，那他就是一个有能力的领导者；一个领导者能够让下属感受到他的关爱与严厉，那他就是一个有威信的领导者。一张一弛，张弛有度，在各个方面都展示自己的手腕，这便是卓越领导者的管理之道。

在震慑不服从的下属时，这一点尤为重要。

一个优秀的领导者，他不但本身具有超强的权威，并且能将自己的权威变成一种意志力，像电流一样传导给自己的追随者，从而使整个团队都变得坚定并且体现出一种强大的服从力。

权威通常由三种方式来展现：

第一，人格形象。人格魅力强大的领导者，他可以通过精神和内在的修养而获得的一种无形的人格力量与感召力。陈豨造反，是在挑战刘邦的人格形象，但刘邦却成功地运用自己的手段，让自己的人格魅力在叛乱发生地更加高大，结果就是没有百姓支持陈豨的叛乱，进一步证明了刘邦的权威。

第二，视听形象。人的视听形象是人格形象的外在表现形式，也就是我们平时所说的"口碑"。刘邦的口碑怎么样？看来陈豨是不了解的，如果他真了解，就不会这么着急就发动叛乱了。刘邦早在起事时，就已"忠厚长者"的形象闻名于世，说明他是一个很宽容的人，豁达，常有大度。这表明他和项羽不是一路人，项羽残暴，对反对者斩尽杀绝，但刘邦却知道如何在达到目的的同时，又能建立一个好名声，这就是为什么他要在平叛时充分地利用这一点，建立统一战线，而不是将反叛者全部视为仇寇。

这就表明，一个人能否树立良好的口碑，是证明他的领导艺术水平高低的重要标准。而且"口碑"不能只是说说而已，还要在行动中表现出来。

第三，智能形象。刘邦作为领导者，他具备很出色的发展眼光和创造性的思维，不但能看到事物的现状，还能预见事物的变化和发展趋势，从别人趋之若鹜的地方看到风险，又能从别人避之唯恐不及的地方看到利益。

这是管理智慧的表现，所以他面对叛乱者，既展示权威，又能务实地收买对方的军心，以智慧瓦解敌方阵营。只有这样的领导者，才能率领他的团队无往不胜，总是领先一步，走在别人的前面。

成功的领导者之所以能够成功，不仅仅因为他们所具备的能力，还因为他们拥有这样震慑力强大的权威。他们擅长高效率地解决事情，又善于沟通，持有一种无比开放的态度。也就是说，好的领导者，他们的权威经常不是高高在上的，而是令人信服，容易亲近，让人不由地拜服在他的能力和魅力之下。

第十三章

权术：兔死狗烹的真相

韩信：功高无二，无土可赏

在汉帝国建立的过程中，韩信的功劳有多大？用八个字可以总结："功高无二，略不世出。"萧何对他的评价则是"国士无双。"也就是说，天下没有第二个这样的人才，谁得到他谁就能赢。

我们也可以这样说，如果没有韩信，别说打败项羽，可能刘邦只能在汉中待一辈子。这样一个人，一旦成功以后，他不功高震主、让上司感到惧怕，显然是不太可能了。刘邦对他是既信任、既重用，又存有很强的疑虑和提防。

在韩信略齐之时，项羽已进入困境，刘邦的形势也好不到哪里去，双方在荥阳对峙，胜负取决于韩信的倾向。这时，谋士武涉、蒯通都曾经劝韩信自立为王，与项羽、刘邦三足鼎立。

武涉说："您只要不攻打项王，项王愿意和您和平共处，当然您能站在项王这边，一起攻打刘邦，那就更好了。"

蒯通说："大王你好好想一想，您现在的实力举足轻重，倾向于谁，谁就能得到天下，这是无可质疑的。正因此，汉王和项王才都求着你，依靠你。只有这种局面不被打破，您才能从中获利。一旦项王被灭了，汉王得了天下，您就失去了利用价值。所以不如自立为王，与汉楚三方鼎立。"

但是韩信的回答是："汉王一向厚待于我，对我有知遇之恩，我不能对不起他。"出兵南下，把项羽灭掉了。

论实力论谋略，韩信都足可以与刘邦平分天下，但最终却因谋反罪死于吕后之手，被诛除三族。一代"王侯将相"，死时年仅三十三岁。这也正应了上面我们对他的分析：他是一个优秀的军事战略家，但在政治领域，他不是一个好的谋略家。

说韩信死于吕后之手这是事实，但如果没有刘邦的默许，萧何不敢献计，吕后断然也是不敢动手的。因此杀掉韩信的幕后主使，其实还是刘邦。

刘邦为什么要杀死韩信这个开国最大的功臣？

这其中，功高盖主当然是一个最重要的原因，但韩信的处事方式也逐渐给予了刘邦要杀了他的更直接的理由。如此看来，更像是韩信自己把自己害了。

韩信是如何将自己一步一步推向火坑的？

第一步，有兵不救激发矛盾。

项羽攻破荥阳之后，刘邦命令韩信增援，韩信只是口头答应，却迟迟不肯发兵，导致刘邦非常不满。最后，刘邦带着夏侯婴前去韩军突袭调兵，成功地调走了韩信的二十万精兵，只给他留下了几万残兵。

这样的事情发生过好几次，刘邦催他发兵相救，韩信基于战略的考虑，一直没有迅速听命行动。在这个过程中，双方埋下了很深的猜忌，由此开始，韩刘之间矛盾的种子生根发芽了。

第二步，在和谈成功时，武力灭齐。

对于齐国，刘邦也想除之而后快，但经过分析之后，刘邦认为齐国不可除只可"降"，与齐保持友好的关系，先解决项羽这个问题，至于齐国最终的解决方案，要等灭项之后再做商讨。

刘邦不灭齐有自己的原因，一则齐国势力雄厚，要想吃掉齐国必然会引发持久的战争，而此时项羽的问题还未解决，一旦激化双方的关系，反而对项羽有利。再则，汉军正与楚国打得如火如荼，不可开交，若两线作战，汉军有被夹击的危险。

于是刘邦与郦食其最终决定智取。

面对这一策略，韩信自然会有自己的想法，如果配合刘邦的战略部署，他认为会产生三方面的不利影响：

1、"说齐"的战略韩信无法参与，实施这个策略的人也是郦食其，韩信顶多算是个助攻，最大的功劳肯定会给郦食其。

2、韩信自己的兵马不可能得到壮大，而且对于齐国的土地，在齐王投降后，韩信很难分到一块。

3、这点也是最重要的原因，韩信基于军事方面的考虑，认为必须武力灭掉齐国，才能将齐国的资源牢牢控制在汉方，才能充分地用于对楚战争。如果齐国只是投降，那么汉军南下灭楚时，齐国就是一个隐患，谁也不知道齐王会不会在背后给汉军来一刀。

综合以上的考虑，韩信是不同意说服齐国投降的。最后，他干脆抓住齐王决定投降、放松警惕之时，突然灭掉了齐国，然后功劳、土地、兵马全归自己所有了。

这样一来，韩信就犯了刘邦的大忌，他不请示就擅自行动。对于一个君王而言这意味着什么？目无君主，并有据齐自立、拥兵自重的倾向。刘邦的"家天下"战略，从一开始就遭到了韩信的挑战，注定刘邦在未来不会放过他。

当然，刘邦也未必不同意韩信灭齐，因为当韩信攻打齐国时，刘邦并没有下令停止，郦食其自己跳进大锅烹死后，刘邦也没有责备韩信，表现得不置可否。要知道郦食其可是刘邦的好哥们，这么一个重要的谋士因韩信而死，刘邦没有一点发火的迹象，说明他本身对于齐国被灭掉的这个结果，是十分满意的。

只不过，刘邦在满意结果的同时，也对韩信存了戒心。

第三步，居功请封，触及刘邦的心理"禁区"。

韩信一人灭齐，功劳自然也是韩信一人的，此时韩信的实力大增，军队扩充到了三十万，还牢牢盘踞着齐国的土地。但这时候的韩信有实无名，占据着齐王的位子，却没有刘邦的册封。韩信得到的一切都没有群众的基础，也没有法定的名义，说明这个局面持续下去，对他十分不利。

此时，当刘邦命他南下，夹击项羽时，韩信就直言上书，请求刘邦封其为假齐王。此时的韩信拥兵自重，刘邦又正与项羽对峙，箭伤还未痊愈，他感到了这位自己一手提拔重用的部下，正对自己进行"要挟"。

你不来支援，反倒请封，这不是赤裸裸的威胁么？是不是我不封你，你就要自立为王了？当然，这些看似无理的要求，在韩信这边也是有所考虑的，刘邦此时正困于战场，需要韩信的支援，此时请封的成功率比较大，刘邦给也得给，不给也得给。但无法避免的则是刘邦对于韩信的不满势必会升级。

韩信没有考虑到这一点，他的表现更像是一个职业经理人的思维：我的贡献有多大，你就要给我多大的报酬。我不是你的奴才，而是你请来帮你做事的。

遗憾的是，刘邦作为最大的老板，不会像韩信这样思考类似问题。在张良等人的劝说下，刘邦封了韩信为王，韩信的如意算盘成功了，但成功只是短暂的。因为灭掉项羽之后，刘邦随即亲率禁卫军直奔定陶，中军帐中夺取了韩信的军令。

没了兵权，韩信自然也就不敢反抗。此时的刘邦仍然心存顾忌，毕竟韩信是开国的第一功臣，这时还不能太过分地对待他，因为可能引发其他功臣的猜度，不利于稳定局势。于是，他想了一个办法：迁封韩信为楚王。

韩信本就是楚人，如此一来，刘邦的这个举措无论从面子上还是从道德纲常上都说的过去，还给群臣留下了一个开明大义的印象，可谓一举多得。韩信自己也很高兴，认为楚王比齐王好。这又是一种职业经理人的思维，这也决定了他没有察觉到危险的靠近。

第四步，不度时局，行为不检，最后酿成大祸无法挽回。

在韩信在改封楚王之后，收留了他的朋友钟离眜。钟离眜何许人也？项羽当年手下的大将，如今的朝廷重犯。这不是明摆着告诉别人自己有谋反之心么？朝廷正在通缉此人，韩信隐瞒不交。等到刘邦下令让他交人时，韩信才把钟离眜的人头交了上去，可惜为时已晚，刘邦借陈平之计

"假游云梦"，突然逮捕了韩信，并将其降为淮阴侯，让他搬到长安去住，等于把他完全架空了。

此时，韩信总算有点明白了：皇帝怀疑我！

第五步，羞辱和慢怠樊哙，最后又意图谋反招致了灾祸。

贬为淮阴侯之后的韩信，一点没有改变他的骄傲之心。他居功自傲，以为自己功高盖世，刘邦不敢拿他怎么样。他常常不朝见，也不出行，一个人安静地待在长安城内，贵气逼人，不但对周勃、灌婴等同级别的官员感到不齿，还羞辱了刘邦的重臣、吕后的妹夫樊哙这样的举足轻重的人物。

在去樊哙家做客时，樊哙跪迎于他，说："大王您能驾临我的寒舍，我真是感到十分荣幸。"这表明樊哙是十分尊重他的，给了他很大的面子。韩信此时至少也应说些客套话，让樊哙有个台阶下。但他表现得十分傲慢，好像"你跪着迎接我就是应该的"这种感觉。

此举很快传遍长安城，在朝野之上，韩信也就失去了官员们的支持，慢慢地就被众臣孤立了。

公元前197年，陈豨受到韩王刘信的煽动谋反，刘邦亲自率兵征伐，韩信却称病不去。不去也就罢了，偏偏又写了一封密信给陈豨，告诉他自己可以里应外合。这个计划是，在夜晚的时候假传圣旨，释放囚犯，并且率领他们袭击吕后，占领京都。

听起来很妙，符合韩信善于出奇的用兵风格。然而，韩信的一位门客因为得罪了韩信而被囚禁，决心揭发自己的主公——他的弟弟将韩信的计划告诉了吕后。

吕后得知之后，把萧何叫来商量怎么办，最后萧何设计，将韩信骗到了长乐宫的钟室之内把他杀死。

至此，韩刘之间的一场明争暗斗落下了帷幕，刘邦大获全胜。

我们知道，韩信确实是很有能力的，也曾经有过天赐良机，但他为什么没有自立为王呢？

一是他没有太大的野心；二是他被自己的信仰约束住了。

"汉王遇我甚厚，载我以其车，衣我以其衣，食我以其食。吾闻之，乘人之车者载人之患，衣人之衣者怀人之忧，食人之食者死人之事，吾岂可以乡利倍义乎！"这就是韩信对这个问题的回答。

回顾韩信的仕途，他的人生甚是坎坷，怀才不遇，三易其主，最终才得到了刘邦的赏识并且很快得到了重用。他报恩的心理非常重，比如在他封楚王之后做的第一件事，就是报了当年落难时的一饭之恩，赐予千金，对于当年让他受胯下之辱的屠夫，他也没有报复，还认为这是一种"恩情"，让那个屠夫做官。

由此我们可以看出，在韩信的信仰中，他是一个知恩图报的人，诛杀自己主公的事情，他是绝不会做的。他情愿在刘邦手下当一个被软禁的功臣，也不想背负骂名去自立为王。当然，直到最后，他发现自己已经被刘邦抛弃，不可能再重用他时，才动了谋反的念头，可这时他一无兵权，二无地盘了，谋反又有什么用呢？这充分表明了韩信在政治方面的幼稚和天真，所以到死才明白了"狡兔死，走狗烹"的道理。

而在刘邦这边，夺权、削王、软禁、杀头，每一步都走的很巧妙。在对付有问题的功臣时，刘邦的思路是分步走，既提防你，限制你，又会给你自省的机会。他从来不会一步到位，这也充分体现了刘邦比较宽厚的性格。

遗憾的是，韩信缺少政治头脑，意识不到这一点，体会不了刘邦的用意。他一直沉醉于自己的功劳中无法自拔，最终落到了吕后的手中。可惜的是，吕后不是刘邦。吕后处理自己讨厌的人，从来都是一步到位的，对韩信和彭越都是如此。

彭越：一步走错，步步错

在汉朝建立的过程中，给我们留下印象很深的一个人还有彭越。彭越在战争中对刘邦的支持是最直接的，这人出身较为卑贱，盗贼起家，打法也比较灵活，号称"中国军事史上游击战的始祖"。在荥阳对峙中，刘邦正面与楚军相持，彭越就在后边骚扰楚军粮道，并且两次迫使项羽回援，帮助刘邦缓解压力。

然而，在合围项羽的垓下之战前，韩信、彭越两人乘势邀功让刘邦好不自在。虽然如了他们的愿，但不满之心已经充斥于胸了。

通过陈豨的叛乱，刘邦借吕后之手除掉了韩信这个心头大患，但问题还没有解决，因为在异姓诸侯王中，彭越的势力还在，而且不管从哪个方面看，彭越比韩信更不值得信任，他的出身和打法决定了刘邦对这种比较贼的人向来是无法信赖的。

刘邦这时的眼睛就盯向了彭越。恰好彭越此时做了一件让刘邦大为恼火的事，在讨伐陈豨时，皇上亲征，彭越却只派了他的手下前去参战，感觉他是不愿倾尽出力，且有看热闹的倾向。

这么做的结果，就是让刘邦觉得他留了一手。如果陈豨赢了，彭越因没有全力参战而能求得自保，甚至仍然能够安享荣华富贵。如果刘邦赢了，彭越因自己也出兵了，朝廷也说不出什么来。

刘邦左思右想，认为彭越的行为不轨，典型的墙头草，一则如果彭越若有谋反之心，派去增援刘邦的军队会在汉军失败之后果断倒戈，在背后给自己来一刀；二则即便这人没有谋反之心，其忠诚度也已经大打折扣了。

有了这两条，刘邦决定无论如何都要给他一个警告。于是，他当即派人前去斥责，命其立刻增兵，帮助剿灭陈豨。

使者带来了刘邦的意思，严厉申斥他的所作所为，然后走了。彭越这个人虽然打仗很贼，但当官却没有头脑，心眼很直。刘邦只是派人骂他一顿，并没有要动他的意图，但是他心慌了，害怕刘邦真要动手。

不幸的是，此时又发生了两件让他感到惊慌的事。

他的手下有一个叫做扈辄的大将，他告诉彭越，如果这时前去认错，必然会被刘邦杀掉，建议他不要去找皇上求饶，至少不能亲自当面解释这件事，否则必被皇上扣留。彭越一听更加恐慌，听取了扈辄的建议。

其实，这时如果他好好认错，还是能与刘邦相安无事的。刘邦此时要的只是一个说法，并没有认定他会谋反。

另外一件事最为致命，他的手下有一个太仆（相当于今天的交通厅长）犯了罪，彭越要杀他。这名太仆为了保命，就逃跑了，跑到刘邦那里，告彭越意图造反。

刘邦正生气呢，把柄就送上门了，他岂能放过？马上下令收了彭越的兵权，派人秘密把他逮捕，免了梁王的封爵，贬为平民，并发配去四川。

这样一来，彭越等于一无所有，什么地位、名利、身份、荣誉，全消失了，辛辛苦苦帮助创业得来的回报竹篮打水一场空。好在他保住了一条性命，更重要的，四川是一个好地方，蜀地做为大汉的边陲，流放囚徒之地，向来匪徒众多，刁民遍地。发配到这里，不但能保命，若能重拾发家时的法宝，还有可能东山再起，割地为王。

如此一来，刘邦此举就是放虎归山了。

这个隐患刘邦没有想到，但是还有吕后。

吕后乘车从长安到洛阳，正好在路上遇到了被押解赴川的彭越，两人在路边相见。彭越一看，心生一丝侥幸，心想若能向吕后解释这件事，请她向皇帝代为求情，未必没有转机。他就向吕后诉说了心中的委屈，一再澄清自己绝无反意。并且最后说，若皇上真想惩罚自己，希望不去四川，而是回老家。

吕后答应了，痛快地将他带了回去，然后就去找刘邦，劝他杀掉彭越。吕后说，彭越盗贼出身，不是一个简单的人物，若只流放而不杀头，难保将来不出问题。因此既然要做，就做到底，斩草除根，别给他留机会。

刘邦恍然大悟："还是老婆想得周全，就这么办！你去处理吧！"

吕后随后找了一个人，一个跟随彭越一块发配去四川的舍人，授意他污蔑彭越。这名舍人心领神会，马上揭发彭越谋反。这件事就坐实了，吕后成功地给彭越施加了一个谋逆的罪名，并交给廷尉审查。

廷尉是个聪明人，没怎么审判就定了罪，将其处死！

从这件事来看，刘邦对于彭越的认识，没有吕后深刻。什么人该放，什么人该杀，吕后比刘邦还要明白一些。当然，刘邦的思路还是分步处理，而吕后却一步到位：既然这人不用了，那就直接杀掉，避免后患。

在彭越这件事上，吕后已经显示出了她果断而又残忍的一面。

她是绝不会放虎归山的，病虎可以放出去，放到哪儿都不怕，因为它折腾不起风浪，没什么威胁。但是一只活蹦乱跳的虎就不行了，要么让它给你看门，要么就毫不犹豫杀了它。

"你没有别的选择！"

这就是吕后在杀彭越的问题上给刘邦的建议。

英布：一部丰富的背叛史

从刘邦的"家天下"策略实施开始，韩信、彭越相继下马，但异姓诸侯王中还有一个人，他就是英布。在异姓诸王中，相比于韩信和彭越，英布的实力是最小的，但威胁却最大。为什么呢？因为英布有丰富的背叛史：

先背叛了章邯，投向了项羽，又在最后背叛了项羽，投向了刘邦。

那么现在刘邦必然会想到一个问题：你将来会不会背叛我呢？所以对英布，从长远来看，是不除不快，必然要铲除。

从英布本身来说，他向来坚持一种极为务实的原则，谁的实力强就依附谁，谁的实力小就欺负谁，典型的仗势欺人、傍大树的生存原则。和韩信一样，英布也是一种经理人思维，但他与韩信不同的是，韩信有高尚的职业道德，知恩图报，一忠到底。英布却完全相反，没有什么道德水准，也没有职业素养，生存至上，信奉的是丛林法则，优胜劣汰。

从发迹开始，他就懂得明哲保身，在跟随章邯和项羽的时候，都是保持半独立的状态，不怎么听从调遣，坐山观虎斗，为的就是能够在战争结束之后归附于那一个实力强大的君主，投向最后的赢家。

　　然而，英布这人的耳根比较软，这是他的弱点。他与项羽之间本来就有矛盾，不怎么和得来，被刘邦的谋士利用了，说客一来，迷迷糊糊地就投向了刘邦。项羽此时也犯了一个大错，没有展开感情攻势，反而杀了英布的家人，断了他的后顾之忧和回归的后路，让其彻底投向了刘邦阵营，结成了大仇人。

　　公元前196年，吕后在长乐宫杀掉了淮阴侯韩信。同年夏天，刘邦又借吕后之手将彭越杀了。英布立马慌了，十分害怕。他立即集结军队以备不患，派出哨探打听邻郡的消息，以防皇上派人来捉拿自己。

　　有了前人的悲惨下场，此时的英布已经下定了决心要造反，他认为如不造反，自己早晚必死。"韩信、彭越和我都是当年合围项羽于垓下的人，现在那两位已经被刘邦杀了，剩下的就只有我自己了，皇上下一步一定针对我。"

　　英布打定了主意，就先把军队布置好了。刘邦对此也心知肚明，除掉英布的心意已定，但刘邦的做事风格非常明确，没有一个合适的名义绝不动武。而一旦动武，必将彻底铲除。所以他还需要一个借口，一个合情合理又合法的理由。

　　不久，英布最宠爱的妃子生病了，有一个叫贲赫的人想要借机拉拢这个妃子，以求得到高升。但事情传到英布的耳中却变了味，醋味很大的英布怀疑贲赫与爱妃之间有苟且之事，于是下令去抓捕贲赫。

　　贲赫慌乱之下跑到了长安，告发英布有造反的迹象。

　　每当这种时刻，总有小人跳出来。所以不管是大老板，还是管理者，用人一定要小心，要有一双火眼金睛，就是防备这种两面三刀的小人。既不要用他们，也要远离他们。

　　这样一来，刘邦就有足够的理由来"讨伐"英布了。他先派人暗中查验，看到了英布集结的军队，也探明了英布战前的准备。

　　刘邦就封了贲赫为将军：既然是你告的密，出卖了你的主人，那我就给你升官，让你加入征讨的军队，还怕你不用心效命吗？

　　这样的用人方式就是厉害，凡是这种告密者，他们在打击自己的告密对象时往往非常卖力，不但不会留情面，反而会将之置于死地。因为这是一种你死我活的对决。

刘邦还召集了将领，商议解决英布造反的事情，为的就是要得到将领们的支持，给这次战争一个合理的名义并且聚集军心。滕公夏侯婴就举荐了他的一位门客尹薛公，让他分析了一下当前的局势。

尹薛公是个能人，提了一个建议："皇上，英布一定会东夺吴国，西取下蔡，把辎重财宝迁至越国，然后他自己则跑到长沙去。"

"你确定？"

尹薛公自信地说："一定。"

"好，那就由你来制定作战方针。"

英布果然如此，平叛战争开始不久，他就中了刘邦的圈套，最终在兹乡百姓的民宅里被杀了。

我们重新来审视刘邦的"家天下"策略，可以发现，汉高祖确实是一位城府极深的领导者。人们在读史时，每当看到楚汉相争的这一段，经常误认为刘邦没什么谋略，也没什么能力，依靠手下一群天才级别的人物，凭借自己的用人技能才得到了天下。其实不然，虽然"汉初三杰"的作用确实很大，当刘邦真的站在问题的第一线，亲自处理事情时，我们可以发现他冷静的头脑和长远的布局。

尤其在汉朝建立后，他在铲除异姓诸侯王中的表现，从韩信到彭越，最后到英布，一步一步走得都很顺利，名正言顺，既消除后患，还不给后人留下把柄。

韩信实力最强时拥兵三十万，占据齐国要地而且还被封王。彭越自不用说，虽然实力没有韩信那么强大，但占据了山东与河南之间的中原腹地。至于英布，战争胜利之后获封淮南王，拥有九江属地以及庐江、衡山、豫章三郡实力，也是一方强大诸侯。加上英布久经沙场，老练狷獗。这三个人，每一个人的实力都是非常强大的。即便项羽单独面对他们，也会心生忌惮。事实上，项羽正是死在这三人的夹击之下。

所以从总的过程来看，刘邦选择自上而下地杀掉韩信、彭越和英布，这样的策略是最正确的。先杀实力最强的韩信，扣上一顶谋反的帽子，这样彭越、英布两人即使意识到了危机，也得三思是否要用叛变这种大逆不道的方法来反击。韩信叛变尚且不行，他们若叛变也就只有死路一条了。

那么在韩信死后，他们的判断就是，叛变必死，而不叛变尚有机会可活。于是，两大势力被刘邦暂时稳住了。

除掉了韩信，刘邦接着去铲除彭越。这个过程也是很快的，在吕后的协助下，一步到位解决掉了梁王。英布还没反应过来，彭越就已经被剁成了肉酱。那么此时，英布就是想要反抗，也孤立无援，掀不起多大的风浪了。

一切都已成为定局。没有韩信、彭越的支持，英布的名声又不怎么好，他自己造反只能是一种跳梁小丑的行为，白白送给刘邦一个除掉他的名义。

务实的英雄

刘邦驾崩于公元前195年，即高祖十二年的四月二十五日，享年六十二岁，葬于长陵，谥号为高皇帝，庙号是太祖。

本来刘邦的年龄就大，四十多岁才起兵，五十多岁才当上皇帝。在平定英布叛乱时，又中了箭伤，回到长安就病情加重了。治疗了几次，都不见什么成效。

吕后无奈，又找来了一个名医。刘邦问他病情，医生说能治，刘邦一听这人的口气，就知道自己不会好了，气得大骂医生：

"朕以布衣提三尺剑取天下，此非天命乎？命乃在天，虽扁鹊何益！"

说完，赏赐给医生五十金，打发他走了。

作为一个皇帝，能说出这种话是很令人敬佩的。刘邦在生死问题上表现得十分豁达，命是上天给的，如果注定让我死，就算找来扁鹊这样的名医也没啥用，所以我就不看医生了。

刘邦做出了一个决定：拒绝治疗。

吕后看着弥留中的刘邦，问他死后的人事安排："萧相国死后，由谁来接替呢？"

刘邦说："曹参。"

"陛下，曹参之后是谁？"

刘邦说："王陵可以在曹参之后接任，但王陵的智谋不足，可以由陈平辅佐。陈平虽然有智谋，但不能决断大事。周勃虽然不擅言谈，但为人忠厚，日后安定刘氏江山的肯定是他，一定要用他做太尉！"

这段临终前的人事安排，再一次向我们显示了刘邦看人、识人和用人的高超水平，能看清手下每个人的优点与缺点，并量才而用。

吕后又追问以后怎么办，刘邦有气无力地说："以后的事你不会知道了，也不用管了。"

刘邦死在长乐宫后，吕后和审食其四天不发丧，然后秘密地商量："诸将与帝为编户民，今北面为臣，此常怏怏，今乃事少主，非尽族是，天下不安。"

什么意思呢？两人有一个担心，功臣们是与刘邦一块起事的，当年的身份没什么不同，现在却都是刘家的臣子，平时就没少发牢骚，今后他们伺奉的是一位少主，皇帝年幼，那更了不得，不把他们全杀了，天下不安啊！

这是要把功臣都杀光的想法！

有人听说了，赶紧告诉了郦将军。郦将军一听吓坏了，去求见审食其，对他说："吾闻帝已崩，四日不发丧，欲诛诸将。诚如此，天下危矣。陈平、灌婴将十万守荥阳，樊哙、周勃将二十万定燕、代，此闻帝崩，诸将皆诛，必连兵还乡以攻关中。大臣内叛，诸侯外反，亡可翘足而待也。"

审食其听完也出了一身汗，慌忙去见吕后。于是，赶紧为刘邦发丧，并且大赦天下，避免了一场刘邦死后可能发生的王族与功臣集团自相残杀的大动乱，没有发生秦始皇死后的秦朝的那种自掘坟墓的事情。

总的来说，刘邦为我们这个民族创立了不朽的基业。第一次真正的统一，而且是持久的大一统帝国，就从他这里开始。另外，他开创的汉朝奠定了中国封建社会的主要文化，既以黄老之学为始，辅以儒家等其他诸多思想，最终在汉武帝时期形成了儒家思想影响下的中国传统的文化制度，一直传承到清末，并深刻地影响着今天中国人的生活。

他所创建的大汉王朝，也是汉族、汉字、汉语和汉文化的奠基者。一个"汉"字，就是我们炎黄子孙的代名词！一个朝代的名称，竟然成了一个民族永远的记号。这就是刘邦最大的贡献，在他离世以后，一个如此伟大的时代就开始了：大汉帝国，大汉民族，一个无所畏惧、敢于挑战世界的时代，一个雄伟壮丽、充满生机与活力的时代，开始屹立于东方！

直到今天，那仍然是一个传奇的、令人无限向往的时代！汪洋恣肆、铺张扬厉的汉赋，气势磅礴、恢弘壮丽的汉式建筑，长袖飘飘、衣裾渺渺的汉服，积极进取、勇于事功的汉人，他们一同构筑起了浑厚博大和质朴凝重的大汉雄风。

这个时代的创立者，就是刘邦，一个布衣天子，一个伟大的民族复兴者！

被遗忘的力量

在最后，我们关心的是，一个公司的创立者对于公司的未来发展会产生的重要影响，一如刘邦对于汉帝国和汉族的影响一样，这是一个重大的不容回避的问题。

创始人在某种程度上，可以说是企业的象征。他是企业的精神领袖，具有一般的职业经理人无可比拟的影响力。比如刘邦，无论韩信的能力多么强，功劳有多大，他也无法超越刘邦对于这个帝国的影响力，因为刘邦才是王，是皇帝，是这个基业的创建者，他的一举一动，都会对后世的规则和发展方向构成重大的影响。

今天，我们可以看到很多伟大的企业创始人，比如任正非的华为，牛根生的蒙牛，张朝阳的搜狐，丁磊的网易，李彦宏的百度，陈天桥的盛大等，他们是企业的创立者，不但决定着这些企业的命运，还让企业的运营深深刻上了自己的性格，永远携带着自己的烙印！

今天，有些人创业为什么失败，为什么很快就倒下了？

刘邦可以让他学会很多被忽略的智慧。

第一，关于梦想：

一定要有梦想，不管你的梦想是"彼可取而代之"，或者"大丈夫当如是"，都要勇敢地为自己确立一个目标。这个梦想要从今天、从现在就开始，不要拖到明天，不要"想想再说"。

梦想未必只有高学历和高智商的人才能有，这样的人拥有许多得天独厚的条件，但恰恰是这群人，他们的创业成功率并不高。像刘邦、朱元璋这样没有读过太多书的人，反而就成功了。项羽的出身就非常好，楚国贵族世家，起跑线很高，可最后却失败了，因为他自身拥有许多缺陷，人格并不成熟。

所以对于创业者来说，书读得多与少都没关系，就怕他不在社会上读书。你看刘邦，他大字不识几个，但他的社会经验极其丰富，是一个可以在社会上读书的人。

人有了一个梦想，也就随之产生了信心。有了信心，也就有了意志力。因为凡是巨大的成功，靠的往往不是能力，而是韧性，能够持之以恒地把一件事做到长久，做得很好，这就既需要智慧，也需要汗水。

第二，关于毅力：

如果你不能承担苦难，不能在艰难的相持阶段忍受艰苦，那么你即便不失败，也很难取得较高的成就。

阿里巴巴的马云深知创业的艰难，他说："今天很残酷，明天更残酷，后天很美好，但绝大部分人死在明天晚上。创业很艰难，所以，每个人都不要放弃今天。"马云在他最困难的时候没有放弃，一直坚持了好几年，所以才有了现在的阿里巴巴。

他曾经很感慨地回顾自己的经历，举了一个爬山的例子，他说，如果有100个人在创业，那么就好比100个人在攀登悬崖。其中，有95个人很快会悄无声息地坠到崖底，你会毫无察觉。在另外的5个人中，有4个人是在攀到高处的时候坠落下来的。只有一个人会成功，但是他仍然不知道自己什么时候会坠落，你能做的，就是坚持下去。

第三，关于团队：

不是我们一定就需要别人的帮助，而是我们需要与其他人共同完成一个同样的梦想。现在许多人失败，并不是因为他的项目不好或其他因素，而是由于他自己太聪明，像项羽那样，聪明到会骄傲地说："我不需要其他人，不需要助手，我自己可以解决一切问题。"然后赢着赢着就失败了。

太聪明的人，他们往往想法和主意太多。想法太多的人，他们的心理活动是很丰富的，也是很浪漫的。但他们会左思右想、瞻前顾后，表现在行为方式上那就是摇摆不定、迟疑不决，会走错棋，会行妇人之仁。等到他最终明白时，好机会被别人捷足先登了。

所以，要找一个优秀团队来帮助自己，别觉得自己太聪明。要为自己找一个萧何，一个张良，再找一个韩信，和他们一起做事，让他们参与决策，尽可能地集思广益。以一个团队的模式去行动，才能做出最快的判断，做出最好的选择。这恐怕是我们今天的创业者最需要做的事情，是一切成功者都要遵循的原则。

附录

刘邦生平大事记

★公元前256年

刘邦出生于沛地的丰邑中阳里（当时属于楚国，今天江苏的丰县）。

★公元前209年10月

刘邦在沛县揭竿而起，成为秦末农民起义主要领袖之一。

★公元前208年

刘邦受楚怀王之命，西征灭秦。

★公元前208年

刘邦击败秦郡守。

★公元前207年

刘邦在蓝田之战中消灭秦都城的主力军队。

★公元前207年12月

刘邦首先入关推翻暴秦，约法三章稳定局势。

★公元前206年

刘邦受封为汉王，建立汉国，汉朝由此打下基础。

★公元前206年

同年，刘邦拜韩信为大将军，"汉中对"出炉。

★公元前206年

刘邦采纳韩信"明修栈道，暗度陈仓"之计，平定三秦，占领关中。

★公元前205年

彭城之战受挫。

★公元前203年

刘邦成皋之战以少胜多，击灭楚大司马曹咎和塞王司马欣。

★公元前205年–公元前202年

韩信先后灭魏、灭赵、灭韩、灭燕、灭齐。

★公元前203年

荥阳突围。

★公元前202年

鸿沟议和。

★公元前202年

垓下之战击败项羽，灭楚国。

★公元前202年

平定南方。

★公元前202年2月

刘邦登基称帝，建立汉朝，定都洛阳。

★公元前202年5月

刘邦迁都长安。

★公元前202年

分封闽南王和东越王，实行少数民族自治政策。

★公元前202年-公元前195年

陆续下达一系列诏书，实行休养生息政策治理天下，恢复生产，发展经济。

★公元前201年

平定临江王叛乱。

★公元前201年

平定燕王臧涂叛乱。

★公元前200年

韩王信叛乱，匈奴入侵。

★公元前200年

北征匈奴，迅速平定韩王信反叛势力，先击败匈奴先头部队，后因增兵未到，轻敌致白登围。

★公元前200年

制定礼仪。

★公元前199年

与匈奴和亲。领兵亲征，平定韩王信的余寇，击败韩王信与匈奴的勾结势力。

★公元前199年

刘邦下令将六国共十万余贵族和豪强迁徙至帝都关中周围，以加强管理统治，消除六国地方原王族及贵族复辟势力。

★公元前198年

处理赵国相贯高谋反事件。

★公元前197年

平定赵国相陈烯叛乱。

★公元前196年

吕后采纳萧何之计，杀韩信，刘邦听说后，"且喜且怜之"。同年，诛杀梁王彭越。

★公元前196年

封赵佗为南越王，巩固南方的统一局面。

★公元前196年

划闽南国与南越国交界处一部分土地，成立东越国，分封少数民族织为东越王，实行少数民族自治政策，同时使各少数民族异姓王互相牵制。

★公元前196年

平定淮南王英布叛乱。

★公元前195年

归故里，作《大风歌》。

★公元前195年

作《鸿鹄歌》。

★公元前195年

下求贤诏，寻访全国贤才。

★公元前195年4月25日（公历6月1日）

刘邦驾崩，终年62岁或53岁，葬于陕西长陵，庙号为"太祖"，谥号为"高皇帝"。

图书在版编目（CIP）数据

谋天下. 刘邦篇 / 高原著. —北京：中华工商联
合出版社，2019.8
ISBN 978-7-5158-2545-8

Ⅰ. ①谋… Ⅱ. ①高… Ⅲ. ①企业管理—通俗读物
Ⅳ. ①F272-49

中国版本图书馆CIP数据核字（2019）第160518号

谋天下·刘邦篇

作　　者：高 原
责任编辑：于建廷　王 欢
责任审读：傅德华
装帧设计：王玉美
责任印制：迈致红
出　　版：中华工商联合出版社有限责任公司
发　　行：中华工商联合出版社有限责任公司
印　　刷：三河市九洲财鑫印刷有限公司
版　　次：2020年3月第1版
印　　次：2023年9月第2次印刷
开　　本：710mm×1000 mm　1/16
字　　数：220千字
印　　张：17
书　　号：ISBN 978-7-5158-2545-8
定　　价：46.50元

服务热线：010—58301130
团购热线：010—58302813
地址邮编：北京市西城区西环广场A座
　　　　　19—20层，100044
http://www.chgslcbs.cn
E-mail:cicap1202@sina.com（营销中心）
E-mail:y9001@163.com（第七编辑室）

凡本社图书出现印装质量问题，
请与印务部联系。
联系电话：010—58302915